哲商的力量

学欣 著

復旦大學出版社

笔者与领导科学泰斗、《领袖论》作者詹姆斯·麦克雷戈·伯恩斯（James MacGregor Burns）先生合影

序一
在自我修炼中提升企业家境界

杰克·韦尔奇有一句名言:“多一点领导,少一点管理。”通常人们习惯于把管理和领导当作一回事,似乎管理者等同于领导者。实际上,管理与领导是存在差异的,正所谓“管理靠科学,领导靠智慧”。领导学是从管理学科中分离出来的,领导与管理的区别曾经是争论的热点问题之一,当然谁也无法否认管理与领导的关联度较高。从提升领导境界的角度说,在管理实践中不断修炼是企业家提升领导力的必由之路。罗欣博士所著《哲商的力量》,以个人感悟为基础,从理论的视角对民营企业家提升领导力问题进行了有益的探索。

民营企业家在我国是一个引人关注的新群体。目前,在市场经济体制机制还不够成熟的情况下,民营企业家的修炼和个人选择非常关键。因为在当下,个人价值追求及其原则坚守,是要付出成本并要冒一定风险的。比如,碰到政府的管制,用金钱去贿买,不仅可以实现企业收益最大化,甚至可以名利双收。但把利益作为最终目标的企业家,终究不能成为有境界的人。“大商谋道，小商谋利”，优秀的企业家必定是对人生对社会有深度思考的人，是有哲学思维的人。要使企业久盛不衰，企业家不仅要有领导理论和管理实践，更要有胜人一筹的哲学智慧。比如，企业界的名人李嘉诚说过“小企业做事，大企业做人”，柳传志则说“办公司就是办人”。成功企业家必须懂哲学，这样才能适应瞬息万变的时代，才能在企业竞争中立于不败之地。

《道德经》中有过对领导境界的相关描述：“太上，不知有之；其次，亲而誉之；其次，畏之；其次，侮之。”有人将这四种管理类型称为哲商、儒商、法商、草商。罗欣博士在书中也提到了哲商、儒商、草商的问题。这种境界论与冯友兰先生的人生四境界论呈现一种基本对应的关系。自然境界：凭本能的需要而存在，对人生的了解极为有限，因此大都是“顺才”或“顺习”，活在没有意义、无思无想的状态中。功利境界：此时人的思想意识已大大加强，为达到目的会进行一系列的设计，并有步骤地实施其计划，但毕竟只是为了谋取一己私利，只有“小我”，没有“大我”。道德境界：此时人舍利而求义，将个人与社会相连接，确认个人是社会的一分子，个人之“小我”融化进社会之“大我”中。天地境界：人不是为个人，也不是为社会，而是“事天”、“知天”，从而在一个最大的范围内来认识问题，进入随心所欲而行事、无不合规合矩的状态。

企业家境界是企业核心竞争力的重要来源。企业要避免倒闭的命运，必须靠一种精神活跃于市场中，在众多市场要素中善于抓住财富真正的源泉，在复杂多变的竞争环境中逐步壮大起来。企业家境界及其精神追求产生巨大作用的案例在我国随处可见，浙商的成功就是一个很好的例子。经济学家吴敬琏说：浙江是一个有炽烈企业家精神的地方，浙商的创业欲望和创业能力，就是一种资源和竞争力。他们每到一地，带去的是实干的精神，留下的是当地的就业率和税收额，更为重要的是，浙商的理念和价值追求犹如一颗启蒙的种子，在许多地方开花结果。

“企业家精神”是一个容易产生歧义的概念，意在表明企业家在市场竞争和压力之下所形成的心理状态、价值观念、思维方式和精神素质等。拥有良好企业家精神的人，才能在生产和经营活动中展现出优秀的品质，比如：有梦想，敢于冒险，有敬业精神、合作精神和强烈的社会责任感等。企业家崇高的理想和坚定的信念是事业成功的基础，拥有理想和信念的企业家能获得强大的精神力量，依此他就能坚韧不拔、排除万难、自强不息地执着奋斗，这是企业家不断攀登事业高峰的动力源。

当前，企业家群体要从自己所处的社会地位出发充分认识肩负的历史责任，要有紧迫感和使命感，只有如此，才能有不断完善、提高自身能力和水平的迫切要求，也才能勤于学习、不断进取，最终肩负起自己的历史使命。罗欣博士在书中以哲商使命感作为驱动企业家能力发展的基础，从而构建民营企业家能力发展的模型，并提出了民营企业家精神培育和战略领导力提升的逻辑架构。企业要实现“五子登科”，即要有胆子：横刀立马有胆识；脑子：运筹帷幄善思维；票子：左右逢源会运作资本；圈子：高朋满座人脉好；位子：兼济天下，社会认同高。同时，企业家战略领导力是由五个力构成的，即愿景力：拨云见日；道德力：明德致远；决策力：当机立断；整合力：聚沙成塔；控制力：张弛有度。这种深入浅出的表述方式，为企业家的成长和精神世界的塑造提供了一个有效的路线图。

哲学家从思想和理论上研究世界是什么、人生的意义何在，而企业家是在生产经营具体工作中体验世界的本源和人生的价值。大凡成功的企业家都注重理性思考,都具有一定的思想深度,拥有哲学家、思想家的素质。《哲商的力量》正是以哲学和精神为研究路径,为企业家确立崇高理想和坚定信念提供了理论武装。崇高的理想追求犹如一种强大的精神动力,将为事业成功奠定基础。企业家只有具备了深厚的哲学素养才能以执着的精神献身企业,以伟大的人格魅力凝聚员工,才能最终站在哲学的高度把握企业经营,使企业发展壮大。

奚洁人

奚洁人(1947—),男,汉族,上海市人,教授、博士生导师。1982 年毕业于华东师范大学哲学系,现任中国领导科学研究会副会长、上海市领导科学学会会长、《现代领导》杂志编委会主任等职。享受国务院政府特殊津贴,国家社会科学基金项目学科评审组专家。上海交通大学、华东师范大学等院校兼职教授,上海市科学技术委员会特聘“浦江计划”学科组评审专家。

序二
重新认识新时期的民营企业

中国面临着深化改革的一系列问题。在经济层面，至少有两个问题要解决。一是国有企业应当干什么？怎么干？二是民营企业究竟是什么？怎么看待这个新的群体？罗欣博士新著《哲商的力量》，有助于我们解决第二个问题。他的核心观点是：民营企业发展，不是靠与权力结盟，而是靠创新、修炼、试错，不断完成由草根到儒商再到哲商的转型。我觉得这个概括符合实际情况。因此，竭诚向读者推荐这本书。

中国民营企业的发展经历了艰难曲折的过程，至今仍面临着多重压力，既有来自传统意识形态的歧视，又有来自既得利益阶层的挤压，还有来自舆论环境的是非。我们虽然一直倡导各种所有制经济平等竞争，但实际上国有企业凭借其政治上的强势，实行无边界的扩张，挤压了民营企业的生存空间；我们虽然承认民营经济对中国经济的巨大贡献，但民营企业在融资和法律保护方面却没有得到应有的支持；我们虽然认可民营企业解决了就业问题，提升了经济总量，但至今还有不少人仍然沿袭

《资本论》的固定思维，视民营企业家为剥削员工的资本家。要解决这些问题，取得共识，只能靠实践。因为实践是检验真理的唯一标准。《哲商的力量》列举大量事实，向人们展示了这样一个基本现状：民营经济是中国实行改革开放走向市场经济后的产物，它以分散在民间的资本为基础，以优秀的民间创业者为先锋，以广大的人民群众为动力，历经30年的风雨，逐步形成了今天的发展格局。中国特色社会主义道路、理论、制度的核心是坚持人民主体地位，是坚持解放和发展社会生产力，是最广泛地动员和组织人民群众投身社会主义现代化建设。人民是社会、国家发展的根本动力，真正有创新力、创造力、贡献力的经济形态源于民间，源于人民。民营企业家与广大的员工一起联手，去创造财富，去解放自己。因此，可以理直气壮地说，改革开放后涌现的民营经济，其实质就是人民经济。

然而，这样一个明摆着的现实问题，我们至今仍未取得共识。我们今天遇到的很多问题，是与没有取得共识直接相关的。比如，民营企业生存环境的问题，民营企业边界的拓展问题，民营企业的地位问题，民营企业家所应该获得的社会尊重的问题。民营企业的这些生存的困境，与自身的创新能力、变革能力、国际化能力、产业传承能力等结合起来，使民营企业面临内外双重考验的局面。能否成功突围，有待于改革的深化，有待于民营企业自身的创新。

不能说党和政府不重视民营经济。中共十六大将民营企业的创业者和管理者界定为“社会主义建设者”，十八大又强调“各种所有制经济依法平等使用生产要素，公平参与市场竞争，同等受到法律保护”，强调“权利公平、机会公平、规则公平”。果真如此，民营企业的发展思路应当越来越清晰、发展机遇应当越来越广阔、发展势头应当越来越强劲。但为什么至今仍碰到重重的阻力呢？我认为，一方面是人们的思想观念的转变需要一个漫长的过程，利益格局的调整则更为艰难；另一方面是民营企业自身还处于成长阶段，民营企业的体制机制有许多问题要解决，有许多毛病要克服。与其埋怨社会不理解，不如加强自身修炼，提升自己的战略领导力。罗欣博士回顾并梳理了民营企业的发展轨迹，完成了这本具有反思性和学理性的著作，应当是一件值得祝贺的事情。本书既有对民营经济发展历史的回顾，又对民营企业生存现状作了哲学思辨和探索。通过这种思辨和探索，我们期望中国的民营企业能够引发更多的社会关切，能够赢得更多的尊重，能够获得更加健康的发展环境。

保育钧

保育钧(1942—)，男，蒙古族，江苏南通人。现任中华民营企业联合会会长、品牌中国产业联盟副主席等职。曾任人民日报社副总编辑兼华东分社社长、全国工商联副主席、全国政协副秘书长、第十届全国政协社会法制委员会委员等职。

前言
FOREWORD

书稿初成，不禁回首当年，往事历历在目。

20世纪90年代初，一个人、一只书包、三百块钱、三本书，开始了我在上海的求学之路。从文科的英语教师，转入科学工程与管理，开阔了眼界，丰富了学科研究的手段，但是由文转理的学习难度不言而喻，经过三年苦学，1998年，于同济大学获得了工学硕士学位。三年求学的过程中，上海充满无限可能的各种机遇，激发了我在上海创造人生辉煌的热情，从而放弃了能让我回家过安稳日子的铁饭碗。我凭着一股子闯劲和置之死地而后生的勇气留在上海奋斗。没有户口、没有档案、没有选择的我只能进入一家民营企业，从此开始了我的民营企业生涯。如今，自己也成了老板、民营企业的战略领导者，其间经历了打工者、创业者和领导者等多重角色，一切恍如昨日。

这些年来，我自认为只做了三件事情：别人想不到的事情，别人不愿做的事情，别人不敢做的事情。时代的恩济，朋友贵人的相助，让我做成了这三件事，在上海立住了脚跟，打下了一片属于自己的天地，有幸获得了三个第一：创办上海金海岸融资租赁有限公司，成为上海租赁创业第一人；提出并实践了城市奥特莱斯概念，成为城市奥特莱斯第一人；攻读并获得领导学博士学位，成为上海浙江商会拥有领导学博士学位的第一人。在这些荣誉的背后是创业的艰辛，这种艰辛也是当前我国所有民营企业家的切身体会，经营民营企业着实不易，这或许是我国绝大多数民营企业家的心声。为什么？因为，中国民营企业是被矮化的“孺子牛”，生存发展面临着重重困难。

我国民营企业生存发展极其不易，在发展过程中深受国有经济、集体经济和外资经济的挤压，于多重挤压中突出重围，杀出一条血路，并取得辉煌成果，民营企业家群体可歌可泣。平常人只看到了民营企业家风光无限的一面，却难以看到民营企业家创建、经营和管理民营企业的辛酸苦楚和艰难历程。民营企业就像鲁迅笔下的“孺子牛”，吃的是草，挤出来的是奶，为社会创造了 60%的就业和近 70%的税收，可获得的金融资源却不到 5%。民营企业在发展过程中蒙受了太多的不公正，遭受了太多的诬化，经常被与“权钱交易”、“暴发户”、“制假造假的不良商人”等词画上等号，触碰到了太多的“玻璃门”、“弹簧门”，这些不公和偏见给民营企业的发展造成了重重阻碍。

在这样艰难的条件下，我国的民营企业仍旧获得了长足的发展，体现出民营企业具有顽强的生命力。有句话说，民营企业通常是给点阳光就灿烂，给点雨露就茁壮。以此来形容我国民营企业的顽强生命力再合适不过。那么，我国民营企业顽强的生命力源自何处？从外因方面说，民营企业顽强的生命力来源于改革开放，植根于市场经济的土壤，获得了一点点政策的阳光雨露后，便开始了茁壮成长；从内因方面说，民营企业能有顽强的生命力和良好的发展潜力,与民营企业的全体员工分不开,更与民营企业的领导者息息相关。拿破仑有一句名言:“绵羊统率的狮子军团永远无法战胜狮子统率的绵羊军团。”这句话凸显了一个组织中领导者的作用。唯物辩证法讲,内因决定外因,外因通过内因起作用。因而,民营企业具有顽强生命力的决定因素是民营企业家,民营企业家对于民营企业的重要性毋庸置疑。

2008 年经济危机以来,国内的经济形势受世界经济形势的影响,也出现了一些波动。我国部分民营企业的经营出现了一些问题,民营企业的发展面临着危机。在这种形势下,作为民营企业领导者,是选择逃避,还是选择移民海外做“寓公”? 作为当代经历磨难最多,唯一堪称“一代”的创业者们,绝对不能逃避和退缩。因为我们身负家庭、民族和国家的使命,我们必须为中国市场经济的发展承担与自己社会角色相应的责任,我们必须把企业的发展融入社会的进步当中去,我们必须不断地向社会传递正能量。要做到这些,我们需要先提升自己,因为企业最核心的竞争力是领导者的战略领导力,通过社会教育和自我教育,追求哲商的境界、头脑和觉悟,并以此来指导我们的行动,发挥出哲商的力量,因为哲商的力量将会是改变中国未来命运的力量。

何为哲商? 在古希腊城邦时代,大哲学家柏拉图在《理想国》一书中构建了一个正义的王国,这个王国由哲学家担任国王,其被称为哲学王。他认为,让哲学家当国王来统治万民,是因为哲学家具有利他精神,不以自身的荣辱得失来考虑国家问题,哲学家会运用哲学的思维思考国家前途,用哲学的眼光看待国家问题,用哲学的智慧来处理国家大事,这样的国家才是正义的王国。于是,借助哲学王的概念,我提出了哲商的概念。简单地说,哲商就是具有哲学头脑和哲学智慧的商人,是哲学家和商人的混合体。与其他商人相比，哲商更倾向于能整合社会资源，以创造多赢的格局为经商目的，为社会各阶层谋福祉。

哲商的形成并非是一蹴而就的，而是一个渐进的过程。改革开放30多年来，万千草商征战商场，优胜劣汰，存活下来一批能管理、会创新的儒商；又在儒商中脱颖而出一批挣脱家天下思想的桎梏，勇于为社会、为国家、为民族承担使命的商人，他们超越了儒商的境界，成为哲商。哲商是继承了传统美德而又具有利他精神的具有哲学头脑的现代商人。

从草商到儒商再到哲商，并不是一个简单的名称变化，它意味着民营企业战略领导力的提升，民营企业家领导力的提高和境界的上升，也暗合了基于价值观的领导在企业发展中的实现。为了更鲜活地体现上述几点，书中除了对浙商的案例分析外，更多的是对领导学理论的创新运用。为此，笔者在本书中引入了博弈论的工具，运用P-G理论和LMX理论，在枯燥纷繁的理论中发现了在企业领导教育中最行之有效的领导力提升方法，为不善于理论总结的民营企业家同行们找到了一条可行的战略领导力提升的路径。

本书填补了国内学者在民营企业领导学理论研究领域的空白，是笔者对民营企业战略领导力的提升方法所作的尝试性的总结，希望能够抛砖引玉，让更多的同行和专家能够关注这个领域，并为这个领域的研究作出贡献。越多的人理解民营企业，越多的学者研究民营企业领导力，就会有越多的民营企业家成为明天的哲商。如此一来，民营企业这只蒙羞的“孺子牛”终将会高高昂起头，为中国市场经济的发展和完善做出不可替代的贡献。

罗　欣

目录
CONTENTS

第 1 章
哲商有道：领导者的顶级智慧

一切对人类有意义的事物皆存在于战略之中。在古代中国、古希腊，“战略”都是行军打仗的艺术；时至今日，战略的外延空前拓展，战略领导力成为商业奇才弄潮时代商海的不二法门。

商海沉浮——民企掠影
价值探索——学术之用
战略之道——领导之本
领导之道——有律可循
生存之道——运筹帷幄

哲商的力量

那是最美好的时代，那是最糟糕的时代；那是智慧的年代，那是愚昧的年代；那是信仰的时期，那是怀疑的时期；那是光明的季节，那是黑暗的季节；那是希望的春天，那是绝望的冬天；我们全都在直奔天堂，我们全都在直坠地狱。

——［英］狄更斯《双城记》

第1节　商海沉浮——民企掠影

1978年12月，党的十一届三中全会召开。这是中共历史上具有重大转折意义的一次盛会，以此为起点，中国人民迈入改革开放和社会主义现代化建设的新时期。随后，改革开放的春风吹拂神州大地，全国各地的民营企业如雨后春笋般纷纷出现，迎风而长。在我国社会主义市场经济建设大潮中，众多民营企业在商海几经沉浮，或昙花一现、华丽谢幕，或直挂云帆、横济沧海。

一、在鲜花与荆棘中前行

自1978年改革开放开始，中国的经济发展步入快车道。伴随着中国经济和社会的全面发展、社会主义市场经济体系的确立，我国的民营经济获得了前所未有的发展机遇。民营企业也逐渐成为中国特色社会主义建设事业的一支重要力量。民营企业在对我国经济发展的贡献度、财政纳税、增加就业和社会责任方面也发挥着越来越重要的作用。

据全国工商联统计发布的《中国民营经济发展报告 No. 6 (2008—2009)》显示，截至 2009 年，我国民营企业数量达到 657.42 万户，注册资金 11.74 万亿元，利润 5 495 亿元，民营经济已经成为我国社会经济发展中不可或缺的一部分。在社会责任方面，民营企业参与我国的光彩项目 19 188 个，到位资金 1 864 亿元，培训人员 442 万人，安置就业 540 万人，带动脱贫 1 012 万人，公益捐赠 1 383 亿元。可以说，改革开放以来，中国的民营企业获得了长足的发展和进步，取得了辉煌的成就，于国于民都做出了应有的贡献。

然而，我国民营企业在发展过程中面临的种种困难也是显而易见的，甚至有不少企业在发展过程中，由于没能处理好战略决策、企业管理、接班人培养等问题，而遭遇种种挫折，甚至导致企业破产倒闭，实在可惜。

长期以来，我国的民营企业都是在夹缝中生存发展起来的，其发展所面临的困难可想而知。回顾改革开放以来的历史，在这 30 多年的市场经济发展进程中，数不尽的民营企业如颗颗流星般华丽地划过历史的天空，在国人心中只留下段段记忆，真可谓潮起潮落、沧海桑田。

河南的亚细亚、沈阳的飞龙、山东的三株和秦池、珠海的巨人、广东的太阳神、深圳的爱多、北京的南德等，一大批曾被国人寄托希望的民营企业光芒散尽，淡出人们的视野，空留企业领导者的一声叹息，英雄迟暮，令人叹惋。这些企业给经济学家、企业家、各界学者留下了太多的问题和思考，人们总结了这些企业迅速衰落的原因，诸如产权不清，制度不全；定位不准，盲目扩张，管理不善；机制不健全，授权不充分；激励不到位，凝聚力不强等。可笔者以为，归根结底主要是企业管理者出现了问题才导致或加剧了企业出现各种各样的危机，最终促使企业走向衰败。

在20世纪末的中国民营企业风云史上，山东的三株药业绝对是一个绕不开的名字。1994年8月，吴炳新、吴思伟父子在山东济南创立三株公司的时候，怎么都不会想到他们会创造出中国保健品行业最辉煌的历史。直到现在，三株的辉煌传奇和其瞬间衰落的故事一样都是经典的商业案例。

从1994年到1996年的短短3年间，三株的销售额从1个多亿激增至80亿元；从1993年底的30万元的注册资金到1997年底的47亿元的公司净资产。三株在全国的所有大城市、省会城市和绝大多数的地级城市注册了600多个子公司，在全国的县、乡、镇有2 000多个办事处，拥有15万销售人员。迅速崛起的三株不仅达到了自身发展的顶峰，更创造了保健品行业史上的纪录，其年销售额80亿元的业绩至今在业内仍然无人可及。但是，三株兴得快，败得也快。1997年，三株全国的销售额比上年锐减10个亿。1998年，常德闹出“八瓶三株口服液喝死一条老汉”事件。1999年，三株的200多个子公司已经停业，几乎所有的工作站和办事处全部关闭。2000年，三株企业网站消失，全国销售近乎停止，至此，三株走向了黯然落幕的地步。其实，在1997年，吴炳新在三株的年终大会上就总结了三株的“15个大失误”，首当其冲的是管理问题，他痛斥高度集权的管理制度，然后又指出公司的战略、经销、经营、决策等方面存在的问题。然而，他虽然指出了公司的高度集权的管理制度等问题，却忘了这一套高端集权的管理体制是在他的领导下建立的。当企业面临公关危机时，三株也没有能及时调整策略，最终导致企业走向失败。

纵观三株、亚细亚等民营企业的发展历史，可以发现其发展轨迹有着惊人的相似：先是一炮打响，继而迅速发展，接着盲目扩张或陷入各种争斗乱局，最终又迅速跌落神坛，走向衰败。

通过对其发展过程的深究，发现在这些企业的兴衰成败的历程中都会有一个关键性的人物在里面，如亚细亚的王遂舟、沈阳飞龙的姜伟、三株的吴炳新、爱多的胡志标等，这些人在这些企业的发展中起到了至关重要的作用，他们为其所在企业立下了汗马功劳。

但所谓成也萧何，败也萧何，这些企业的衰落也与这些企业领导者有着莫大的关联。可以说，以三株为代表的民营企业在发展过程中的失利，是中国民营企业家们在发展过程中付出的学费，十分昂贵，我辈须当珍惜。说到底，就是在企业发展过程中，企业领导者的领导力出现了问题，从而导致了企业的发展战略出现了较大的偏差，最终导致企业走向衰败。由此凸显了我国民营企业在做大做强的过程中，民营企业领导者领导力水平的高低对企业发展的重要性。

二、寻找偶然中的必然

商场如战场，胜则为王，败则为寇。但失败绝非命运，成功亦非偶然。民营企业要在商场征战中生存下来不易，要做商场的常胜将军更难。

然而的确有那么一群人，在改革开放的大潮中，挺立潮头，劈波斩浪，带领各自的企业一步步走向成功，迈向辉煌。原因何在？这些企业领导者的领导能力强，善于领导和团结公司团队，抓住企业发展的机遇，适时调整企业发展战略，带领企业步入正确发展的道路。

目前，就全国范围内的民营企业而言，联想的柳传志、海尔的张瑞敏、阿里巴巴的马云、华为的任正非、百度的李彦宏、吉利的李书福、娃哈哈的宗庆后、万达的王健林等人是我国民营企业家中的翘楚，他们像常胜将军一样，带领各自的企业在所涉及的领域纵横捭阖，叱咤风云。

就笔者身边的企业家群体而言，复星的郭广昌、杉杉的郑永刚、华东电器的郑荣德、分众的江南春、均瑶的王氏兄弟等人，以他们为代表的新浙商群体，在上海乃至全国不断书写着浙商群体的商业传奇。民营企业的战略领导力在他们身上得到了很好的体现，他们中的部分人已经跨越了儒商阶段，进入了哲商阶段，从哲学的思维角度去考虑和管理企业事务，他们是本书研究中国民营企业战略领导力的调研对象。

一人强则企业强，一人弱则企业弱，这是我国民营企业发展过程中的突出现象。在改革开放30多年的发展历程中，我国绝大多数的民营企业深深打上了企业创始人的烙印，企业创始人为企业定下了发展基调，规划了发展道路，塑造了企业文化和企业精神等，企业的兴衰成败很大程度上依赖于创始人个人的能力高低。从这个角度看，民营企业的战略领导力很大程度上就是指民营企业领导者的领导力。因此，我国民营企业领导者或创始人的领导能力和领导水平，在很大程度上影响着其企业的发展过程的顺利与否。

改革开放以来的30多年，让国内大多数的民营企业家们如坐过山车般，经历了大千世界的缤纷绚丽、荣辱得失。当繁华落尽，那些一时间曾在商界叱咤风云的民营企业家们人到暮年，回首往事，是否会为自己开创的事业眨眼间烟消云散而有所遗憾？如果放到时间的长河中，与古今中外的古老企业相比，又是否会有一番别样的体会？

2011年6月，胡润在上海发布了《胡润全球最古老的家族企业榜》，全球100家最古老的家族企业上榜。第一名是日本大阪寺庙建筑企业金刚组，它成立于公元578年，已有1 400多年的历史。第二名是日本小松市饭店管理企业粟津温泉酒店，它成立于公元718年，已有近1 300年的历史。第三名是法国的Chateau de Goulaine，成立于公元1000年，经营葡萄园、博物馆、蝴蝶收藏。第一百名也有超过225年的历史，它是美国的酿酒企业拉瑞德酒业公司（Laird & Co.）。

从分布的国家看，这100家长寿企业主要集中在欧洲、美国和日本。这些国家的共同点在于，它们都有较为稳定的商业环境和保护私有财产的政策。尽管这些国家都有过很多战争或动乱，法国有拿破仑战争，日本有幕府之乱，美国有独立战争，以及后来很多国家都经历了两次世界大战，但这些家族企业还是在历史的剧变中幸存了下来。在这100家长寿企业中，英国17家、法国16家、美国15家、意大利14家、德国14家、日本10家、荷兰3家、西班牙2家。遗憾的是，没有一家华人企业上榜。我国俗语说的"富不过三代"在华人商业组织发展史上再一次得到了验证。

据新华网2006年报道，民营企业平均寿命是7.5年①。

① 林景新. 中国民营企业平均寿命7.5年 为何会患上国企病[EB/OL]. 新华网，http://news.xinhuanet.com/fortune/2006-10/13/content_5197939.htm，2006-10-13.

7.5年与100年相比十分短暂，与1 000年相比好似昙花一现。我国民营企业寿命之短，与国内的种种环境因素有关，更与民营企业创始人的领导力水平有关。国内众多企业喊出建设“百年企业”的口号，可真正能做到的又有几许？

古人云：“穷则变，变则通，通则久。”在市场经济和各种法律法规愈来愈规范的中国，企业如何能健康、长期地持续发展，是国内众多民营企业家关注的问题。在外部条件不断趋于规范和透明的情况下，在外部竞争日趋激烈的形势下，作为民营企业的领导者，唯有转变思维，加强自身的修炼，提升自身的领导力水平，完善民营企业的传承方式，向着百年企业的目标踏实前行，一步一个脚印，一步一个台阶，百年企业庶乎可期。

第2节　价值探索——学术之用

21世纪，随着中国市场经济进程的不断发展，中国的民营企业也在飞速地发展。面对政治经济体制改革的深化、国际化全球化的挑战、日新月异的市场环境、激烈的竞争形势，我国民营企业单纯依靠传统发展策略已逐步失效，更不用说依靠其与国内外同行狭路相争，同台共舞。

一个企业的兴衰成败与企业领导者的领导力水平息息相关，对我国的民营企业而言更是如此。那么，我国民营企业领导者的战略领导力如何，其战略领导力能否适应新形势下的市场竞争等一系列问题便摆在国内学者的面前。国内学者在这方面的研究尚处于起步阶段，对民营企业战略领导力的研究几乎是一片空白，充满演义和猎奇性质的新闻报道倒是常常见诸报端，但是不具有真正的借鉴意义。

本书从我国政策环境背景和企业生命周期角度分析我国民营企业战略领导力，期望能通过对民营企业的历史和现状的总结以及博弈论与领导学理论的创新性结合来填补这个空白。同时，考虑到面临着激烈的市场竞争形势，提出了民营企业领导者战略领导力的开发与提升的路径，这也是本书的实践价值所在。

作为一家民营企业的领导者，笔者在企业的日常经营管理中，对于如何提升企业领导者的战略领导力，有些感悟，亦有疑惑，因而希望能够通过对民营企业战略领导力的专题研究，找到开发与提升民营企业战略领导力的途径，为本人解惑，与同行共勉。

一、完善领导学科建设

领导学是一门综合性、应用性的新兴学科，进行跨学科研究是其学科发展的必然选择。博弈论的引入，让本书所作的研究成为探索性的、跨学科的研究。

在领导学的研究中引入博弈论，能使领导学理论得以改进，从而更真实地反映领导活动的全过程。通过博弈论的引入，进行整合创新，产生新的模型，使其更贴近领导过程的真实状况，并对基于价值观的领导实现具有重大理论意义和实际指导作用。这种跨学科理论的引入，将大大提升领导学研究的科学性程度，有助于研究方法更贴近真实领导活动，其研究成果对于指导领导活动实践将更加具有操作性，为作为民企核心竞争力的民企战略领导力的实现路径提供理论上的支持。

一门学科成为独立的学科，其必要条件有道、学、技等三个方面。具体到领导科学而言(参见图 1－1①),包括基础科学、技术科学和应用科学。其中,基础科学又衍生出领导学、部分领导交叉学科,以及领导哲学、领导史学、领导心理学、领导经济学、领导人类学等;技术科学则包括由领导工程学、领导方法学、领导技术学和领导评价学组成的方法学科与由领导统计学、领导测量学、领导计算机技术构成的工具学科;应用科学分为各层次应用学科和各类型应用学科,前者由基层领导学、中层领导学、高层领导学和宏观领导学组成,后者则包括行政领导学、企业领导学、农业领导学和军事领导学。

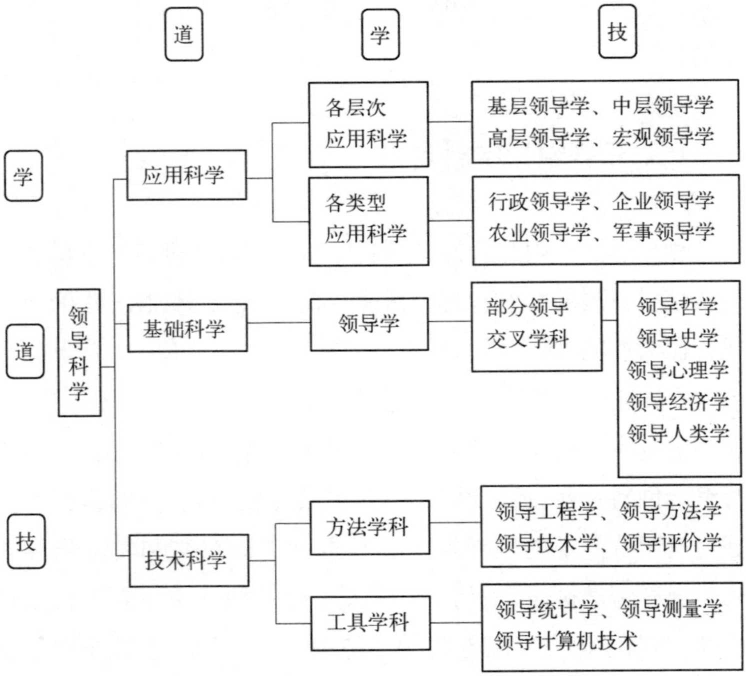

图 1－1　领导科学学科体系

① 姜平. 论领导科学的结构体系及运行规则[J]. 理论与改革,1995(3).

企业领导学是领导学的应用型分支理论体系中的重要领域，如何发挥战略领导力在提升企业核心竞争力中的核心作用，以及如何提升企业战略领导者的战略领导力，将是本书所探讨的问题。中国目前对民企战略领导力的研究还停留在较为基础的层面，缺乏独立的经验研究成果，并且已有的研究成果没有构成完整的体系。本书对中国民企战略领导力的研究填补了国内领导学学科应用建设之空白，为领导学在企业实践领域的开拓做出了理论贡献，从而有助于完善领导学的理论体系。

二、顺应民企发展需求

目前，民营经济已经成为国民经济持续增长、快速发展的重要带动经济成分，成为转型时期中国经济增长格局的一股重要力量。但总体而言，目前仍然是民营企业发展的初级阶段，民营企业家普遍缺乏全球化竞争的历练。尽管在一些特殊的环境和条件下，一部分民营企业家取得了令人瞩目的成就，但在他们的身上以及他们的领导活动中或多或少地存在着先天不足甚至是缺陷。这些不足和缺陷迟早会成为他们企业发展的障碍甚至是毁掉企业的定时炸弹。提升战略领导力已成为进入新经济时期的中国民营企业必须面临和重视的问题。本书通过对民营企业战略领导力发展情况的历史阶段性总结，为民营企业战略领导者的战略领导力的提升提供借鉴，从而促进民营企业自身的向前发展。

领导力问题是学界和业界长期以来共同关注的焦点性话题，在他们对领导学的探讨过程中，对民营企业的战略领导力问题却鲜有提及。然而，在中国改革开放30多年的经济发展中，中国的民营企业在管理的层面，尤其是在领导力的层面，既有许多宝贵的经验，也有惨痛的教训。对于学理层面的梳理，缺乏相关的论证和探讨，因此，对民营企业战略领导力的研究依然存在着巨大的空白。

时代在发展，社会在进步，民营企业的发展处于蒸蒸日上的阶段，我们如何充分利用好当下得天独厚的时代优势，创造有利于中国国民经济的民营企业发展格局，培育有中国特质、富有中国传统美德又兼备哲学头脑的民营企业领导者，就成为当前至关重要的一个课题。

提升民营企业战略领导力水平对民营企业个体来讲，具有壮大自身实力的意义，对民营企业整体而言又具有增强民营企业地位与影响力的意义；同时，对地方的经济发展与履行社会责任具有特殊意义；对我国未来 10 年战略机遇期的发展具有一定贡献作用。

企业家素质是充当企业领导者的个体，为完成特定的职能、职责所必须具备的并完全用于从事领导企业活动的自身条件。对民营企业而言，民营企业战略领导者是民营企业发展的舵手，民营企业战略领导力的提升对民营企业的社会地位的增强和社会影响力的扩大具有重要意义。对于民营企业提高社会认同度，从而进一步提高民营企业的社会地位和社会影响具有重要作用。

与国有企业相比，民营企业在发展的过程中面临的一个重要难题是如何克服长期以来人们对非公有制经济的偏见，赢得社会的认同和信任。社会在认识和接受民营企业的过程中，民营企业家本人的形象与素质状况，直接代表着企业的形象。所以，提升民营企业战略领导者个人的素质，有利于社会和公众通过民营企业家本人的素质来认同和接受民营企业，使民营企业能更容易地获得良好的社会形象和社会影响力，更加顺利地经营和发展。

民营企业战略领导力的提升可以增强民营企业的凝聚力。民营企业要实现快速发展，就必须首先进行制度创新，我国民营企业绝大多数是家族企业，提升民营企业战略领导力可以有效解决家族式管理的弊端和增强内部激励机制。

民营企业战略领导者个人的素质、能力和修养在企业制度创新中发挥着决定性作用。民营企业要兼顾发展地方经济和增强社会责任两个层面。提高民营企业战略领导力，壮大民营企业自身，这将会对当地的经济发展产生带动作用，增加就业岗位，增强民营企业的社会责任感，从而为发展社会公益事业，回报社会做出更大贡献。“在投资规模上，截至 2010 年底，民营经济城镇固定资产投资总额超过 12 万亿元，年均增速高达 34.5%；从对外贸易来看，去年我国民营企业出口总额超过 4 500 亿美元，5 年涨幅超过 200%，占全社会出口总额的 30% 以上，已经成为我国对外贸易的主体；从税收贡献来看，2010 年全年，个体私营企业完成税收总额 11 173 亿元，5 年年均增速达 22.2%。”①

民营企业战略领导力的提升，是全球经济竞争白热化情况下紧跟国家战略、增强国力的必由之路。党的十六大报告提出：“二十一世纪头二十年，对我国来说，是一个必须紧紧抓住并且可以大有作为的重要战略机遇期。”②“全面建设小康社

① 中华全国工商业联合会. 中国民营经济发展形势分析会在京举行　黄孟复出席并作主题演讲[EB/OL]. http://www.acfic.org.cn/publicfiles/business/htmlfiles/qggsl/bgt_qggslyw/201101/24146.html，2011-1-19.

② 江泽民. 全面建设小康社会，开创中国特色社会主义事业新局面[R]. 新华网，2002-11-8.

会是党和国家到二〇二〇年的奋斗目标”，“抓住和用好重要战略机遇期”①。“十二五”规划纲要也指出我国发展仍处于可以大有作为的重要战略机遇期②。“未来5年，我国民营经济发展将进入关键时期。”③民营企业的领导者应紧跟国家发展战略，要懂政治、明政策，结合企业自身实际发展企业。

本书从改革开放30多年来不同时期的民营企业发展中的战略领导力、不同生命周期中的民营企业战略领导力等角度，分析了民营企业在这些特定的背景下对战略领导力的要求，并分析了中国民营企业战略领导力的现状，认为我国民营企业战略领导力水平与欧美发达国家比相对较低。为此，本书提出了开发与提升民营企业战略领导力的可行路径。

第3节 战略之道——领导之本

“战略领导力”由两个部分构成，一是战略，二是领导力。简单来说，领导力就是领导者所具备的领导团队的能力，而战略则是一种带有全局性、长远性和统领性的规划。战略领导力是民营企业的核心竞争力，是民营企业发展不可或缺的一部分。

---

① 胡锦涛.高举中国特色社会主义伟大旗帜，为夺取全面建设小康社会新胜利而奋斗[R]. 2007-10-15.

② 中华人民共和国国民经济和社会发展第十二个五年规划纲要[EB/OL]. http://news.xinhuanet.com/politics/2011-03/16/c_121193916_2.htm, 2011-3-16.

③ 黄孟复.中国民营经济发展形势分析会[EB/OL]. http://www.china.com.cn/zhibo/2011-01/18/content_21754976.htm, 2011-1-18.

一、战略之前世今生

“战略”在中国古代、西方以及日本最初都带有战争的意味，是备战的艺术，是作战的艺术，更是将领统领军队的艺术。在和平与发展成为时代主题的今天，“战略”成了生活化的用语，广泛运用于政治、军事、商业、职场，甚至是生活中，表示统领性、全局性、长远性的规划和布局。

清朝文学家陈澹然在《寤言二·迁都建藩议》中有句名言：“不谋万世者，不足谋一时；不谋全局者，不足谋一域。”在这里，“谋”讲的就是谋略，或者战略。

说到战略，这本是一个军事术语，最早见于西晋初史学家司马彪所著的《战略》，原意是“将军指挥军队的艺术”。司马彪《战略》一书完成后，后魏赵蕤《战略》和明代茅元仪、徐子等人都曾运用其“战略”一词的意思①。在古希腊语中，战略的最初词源是“strategos”，其原意也带有“将军”、“军队”的意思，更可以引申为“将军指挥军队的艺术”。可见，无论是在西方还是中国，“战略”是战争的产物是不容置疑的。

战略从战争中产生，长期用于军事领域，因而，从这个角度来说，“军事战略”等同于战略。

中国的《孙子兵法》是对军事战略思想进行全局筹划的开山著作，《始计篇》提到“夫未战而庙算胜者，得算多也；未战而庙算不胜者，得算少也。多算胜，少算不胜，而况于无算乎！吾以此观之，胜负见矣”。这实际上就是中国最经典的军事战略思想的

① 徐子《战略》见《武备全书》，茅元仪《战略考》辑入《武备志》。

体现——在战争之前进行缜密的分析、谋划、比较，就容易在战争中取得主动。因此，在古时候的战略就带有“兵略”、“鬼谋”、“兵法”等意味。

一种思想或一类现象只有被提升到理论研究的高度，并被当作一门学问进行研究的时候，才是其科学化、规范化的开始。同样是战争的助推，三位军事理论家结合自己的亲身经历对军事战略进行了系统的梳理。

世界历史上最先明确提出战略概念的是普鲁士军事理论家比洛(Adam Heinrich Dietrich von Bulow, 1757—1808)，他在1799年所著的《新战争体系的精神实质》中，将战略与战术加以区分，并赋予其定义：“战略是关于在视界和火炮射程以外进行军事行动的科学；而战术是关于在上述范围以内进行军事行动的科学。”①德国著名军事家克劳塞维茨(C. von Clauseweitz, 1781—1831)认为：“战略就是为了达到战争目的而对战斗的运

比洛(Adam Heinrich Dietrich von Bulow, 1757—1808)，普鲁士军事理论家。主要著作有《新战争体系的精神实质》、《新军事原理》和《新战术》。

图 1-2　比洛及其简介

① 转引自[苏联] M·A·米尔施泰因、A·K·斯洛博坚科. 论资产阶级军事科学[M]. 北京：军事科学出版社，1985：30.

用。”[①]瑞士军事历史学家 A. H. 若米尼(Antoine Henri Jomini，1779—1869)提出：“战略是在地图上进行战争的艺术，是研究整个战争区的艺术。”[②]

从国外三位学者对战略的定义来看，比洛从外延角度对战略做出的定义显得浅显，且这种粗浅的划分并不确切。当然，这种定义的局限性是时代所致，我们不能用当代的眼光苛求前人。克劳塞维茨对战略的定义，似乎模糊了战略与战术的区别，尽管他也区分两者的差异：战术“至少有一半的情况是人们亲眼观察到的”，而战略“一切都必须依靠猜想和揣度”。

在这里，有必要介绍一下若米尼，有过实战经验的若米尼是19世纪上半叶资产阶级军事科学的两大代表之一，他被恩格斯称为军事领域“全世界公认的权威人士”。然而，国内学术界更多记得的是克劳塞维茨，却不知若米尼为何人。殊不知，其《战争艺术概论》一书影响颇大。因而，正如笔者上文所引用的若米尼对战略的定义，一定程度上已经朝着战略的全局性、根本性这种最核心的属性接近。作战的关键在于全局，在于战争取胜的根本，若米尼对战略的界定已经意识到全局性作战的重要性。

真正提出战略这一本质属性的非毛泽东莫属。1936年，毛泽东在《中国革命战争的战略问题》中指出：“战略问题是研究战争全局的规律的东西。”[③]可以说，毛泽东对战略的表述，奠定了现代中国战略定义的基础。从军事角度对战略的定义，毛泽东超过了国外同行——他提出战略具有全局性、根本性的特点。

---

① [德]克劳塞维茨. 战争论(上)[M]. 北京：商务印书馆，2004：155.

② [瑞士]A·H·若米尼. 战争艺术概论[M]. 刘聪、袁坚译. 北京：解放军出版社，1986：87.

③ 参见《毛泽东选集》，第一卷。

二、战略之天下普及

从词源学角度看，“战略”一词是日文借用古汉语的“战”、“略”之形对英文单词“strategy”的意译，后又通过清末民初的翻译引介风潮，传入了汉语语境，成为战争指导的专有术语。而在此之前，中国的传统兵学更愿意用“兵略”、“兵法”等字词来指代战略现象①。20 世纪 60 年代，战略思想开始在商业领域运用，并与生物进化思想共同成为战略管理学科的两大思想源流。

20 世纪 30 年代以后，“strategy”在西方出现了泛化趋向，这种趋向因第二次世界大战变得更加明显。20 世纪 50 年代，伴随着“冷战战略”、“和平战略”、“道德战略”、“心理战略”等词汇的出现，各种“去战争化”的战略定义开始不断涌出。笔者姑且称之为“泛战略”。

在我国，战略概念的泛化始于 20 世纪 80 年代，但其泛化速度、程度在极短的时间内超过了其他国家。因而，有学者提出了大战略的概念：“大战略是政治集团、国度或国度联盟开展和运用综合国力以完成其政治目的的总体战略。”②“大战略”实际上与笔者所称的“泛战略”是两个概念。“大战略”指的是党和国家的根本战略。

在和平与发展成为时代主题的今天，对军事思想的关注已经成为军事领域的研究范畴，而由军事战略理论不断延伸而来的“泛战略”则成为今天的主题。由于战争已经不是今天生活的主题，但丰富的战略思想却成了人类思想文化宝库中一大取之

---

① 姚有志. 战略概念的学术再思考[J]. 新时代国防，2008(11)：1.
② 吴春秋. 大战略学[M]. 北京：军事科学出版社，1998：23.

不尽的源泉，于是今天的学者们往往将军事智慧运用到政治、商业、职场甚至是日常生活中，原本带有军事色彩的“战略”一词，其内涵和外延就被空前地放大，用来指代统领性、全局性、长远性的规划和布局。

在今天，各类与战略相关的著作不断涌现，而这些著作中的“战略”，已经不仅仅指军事意义上的战略和战术，而是与西方大战略、国度战略的概念相接近，也就是现在所说的“大战略”。

中国共产党十六次代表大会报告中首先提出“战略机遇期”的概念，多次提及“战略”一词。在此后的发展中，战略被运用到多个领域。有学者对我国战略运用作出了概括和分类(详见表1-1①)。

表1-1　战略分级分类

级　别	名　　称	释　义
核心战略	国家发展战略 国家安全战略	顶端的
一级战略	“三步走”战略 现代化发展战略 可持续发展战略 扩大就业发展战略 促进就业发展战略	线性的
二级战略	科教兴国战略 人才强国战略 科技强军战略 知识产权战略 市场多元化战略 区域发展总体战略 积极防御军事战略	平面的

① 黄志明. 论集体战略领导力及其培养[D]. 上海：华东师范大学，2010；笔者在此基础上作了调整。

续 表

级 别	名 称	释 义
三级战略	西部大开发战略 重大文化产业项目带动战略 振兴东北地区等老工业基地战略	专题的
外围战略	“走出去”战略 自由贸易区战略 互利共赢开放战略	延伸的

对于我国而言，“大战略”包括表1-1所反映出的处于顶层的核心战略。在今天，上至国家发展规划，下至企业发展愿景，都跟战略紧密地联系在一起。

进入21世纪，公司战略(或企业战略)越来越多地受到实践者和研究者的关注。但遗憾的是，受学科或商业实践经历等因素的制约，企业中的“战略”往往偏向于管理学，偏向于书斋内的理论研究。

风靡西方学术界的迈克尔·波特(见图1-3)认为，企业战略是设立远景目标并对实现目标的轨迹进行的总体性、指导性谋划，属宏观管理范畴，具有指导性、全局性、长远性、竞争性、系统性、风险性六大主要特征，他指出企业战略的本质(或核心)为全局性、长期性，这是具有指导意义的①，尽管笔者对迈克尔·波特的“战略就是制造竞争中的取舍效应；战略的本质是选择何者不可为”②说法不尽赞同。

---

① 迈克尔·波特在其竞争三部曲《竞争论》、《竞争优势》和《竞争战略》中，并未明确企业战略定义，笔者综合了其观点。

② [美]迈克尔·波特. 竞争论[M]. 高登第、李明轩译. 北京：中信出版社，2003：74.

迈克尔·波特（Michael E. Porter，1947— ），哈佛商学院教授，当今全球第一战略权威，是商业管理界公认的“竞争战略之父”。

图 1-3 迈克尔·波特及其简介

“战略”一词被越来越广泛地使用，但其部分本质性的特点并未变化：全局性、根本性、前瞻性。

三、领导力众说纷纭

关于领导力的定义和构成要素，国内外专家学者众说纷纭，各有侧重，颇有百花齐放之势，笔者将国内外学者对领导力的定义总结如图 1-4。

国内学者对领导力的定义主要体现在六个方面①：

（1）合力说：这种观点是从领导者角度、领导者和追随者相互作用的角度来界定。代表人物

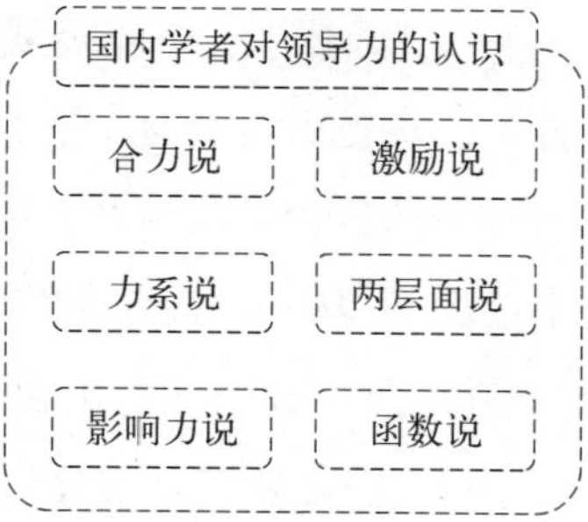

图 1-4 国内学者对领导力的认识

① 奚洁人、郑金洲、于洪生等. 中国领导学研究 20 年[M]. 上海：华东师范大学出版社，2007：320-321.

有李春林、邱霈恩、王丽慧和柯士雨等。

(2) 力系说：张青林、黄俊汉等提出“力系说”，认为领导力是由一些具体能力或要素集合而成的一种力系。

(3) 影响力说：这种观点认为领导力就是领导者对被领导者的影响力，或者是影响人们心甘情愿、满怀激情地为实现群体目标而努力的艺术或过程；或者是先知先觉、调整一致、付诸行动三方面的能力。代表人物有朱志忠、李林等。

(4) 激励说：陈建生、李昌明、彭亮等提出“激励说”，认为领导力意味着善于激励他人，或者是激发员工跟随自己一起工作、实现共同目的；或者是激励他人自愿地在组织中作出卓越成就。

(5) 两层面说：董军提出了“两层面说”，认为领导力一方面是以个人品行影响他人、激励自我、实现目标的能力；另一方面，也是企业所有员工个体领导力的合成，激励全体成员的热情和形象力，全力以赴、持之以恒去实现共同愿景。

(6) 函数说：李光炎认为领导力是一个四元函数，即领导力＝F(道德魅力、岗位能力、职责努力、心理承受力)。

国外学者对领导力的定义有 7 种代表性的观点。英语语境中很少专门提出“领导力”一词(Ability of Leadership)，而是将“领导力”纳入广义的“领导”(Leadership)。

(1) 伯恩斯将领袖分为三大类别①：一是道德型领袖，二是变革型领袖(含知识型、改革型、革命型、英雄与思想家)，三是交易型领袖(包括舆论型、群体型、政党型、立法型、行政型)。

---

① ［美］詹姆斯・麦格雷戈・伯恩斯. 领袖论[M]. 常健等译. 北京：中国人民大学出版社，2007.

(2) 阿代尔认为："领导人是这样一类人：有恰当的品质和知识，这些品质和知识不仅仅是技术的或职业的；能够提供必需的职能，使团队完成任务，并将它凝聚成一个工作单位。"①

(3) 圣吉②提出领导力是"有机的组织"，认为领导者可以通过设立愿景调动人们积极性、变革组织的运转方式。

(4) J. 库泽斯③等提出领导力是"五种行为"和"十项使命"观点，其中，五种行为包括：以身作则、共启愿景、挑战现状、使众人行、激励人心；十项使命是：明确自己信念、找到自己声音；行动与共同理念保持一致；想象未来令人激动的各种可能等。

(5) 波特④认为，领导力是"实现人的转变"，领导人最关键的是打破长期以来形成的、各种阻碍战略变革的思维桎梏(如视而不见、踌躇不前、有始无终)，从而促使实现"人"的转变。

(6) 费舍尔⑤提出领导力是一个"三维模型"，包括：任务导向构面、关系导向构面、代表参与构面。

(7) 劳勒⑥认为，领导力是"差异化循环"，培养全员领导力、建立与员工的良性循环，比仅仅培养高层领导力更有意义。

结合国内外学者对领导力的定义，笔者认为：领导者的领导力是指在一个组织中，为了实现组织的愿景或目标，领导者通过特定的方式或方法，对该组织成员产生一定的影响并促使他

---

① [英] 约翰·阿代尔. 如何培养领导者[M]. 北京：中国人民大学出版社，2007：81.

② [美] 彼得·圣吉. 有机组织的领导力[J]. 蔡文燕编译. IT 经理世界，2001(14).

③ [美] J·库泽斯等. 领导力[M]. 李丽林等译. 北京：电子工业出版社，2004.

④ [美] 波特. 战略性变革：领导力制胜[J]. 中国经济周刊，2004(31).

⑤ 杨维凤等编译. 三维领导力模型的新构面[J]. 中外企业文化，2004(6).

⑥ [美] 劳勒、何蔚编. 差异化的领导力"品牌"[J]. 通信企业管理，2005(5).

们为了组织的目标而有效协作，从而实现组织目标的能力。

从领导力的主体角度而言，领导力可以分为组织领导力和个体领导力。

A. 组织领导力

国内外学术界对组织领导力并无确切的概念定义，沃尔特·约翰逊(Walter Johnson)认为对组织领导力的定义必须包括三个特征[①]：设定组织方向是最核心的因素；组织绩效管理同样是重要的；不断地变化理念。有一种观点把组织领导力划分为传统组织领导力和现代组织领导力[②]，认为传统组织领导力只注重内部作用(配置领导资源、治理组织、评审改进创新等)而忽视了外部作用(公共责任和公益支持)，因而要把社会责任引入现代组织领导力。奚洁人教授在对战略领导力作出定义的同时，将其划分为三个层次，第三个层次就是组织领导力，他对组织领导力的定义是：战略领导人对于组织结构、机制及其文化对于组织成员和社会环境的影响力。

B. 个体领导力

如组织领导力概念一样，国内外对个体领导力并无确切的公认定义。国外对个体领导力的研究始于 20 世纪三四十年代领导特质理论，实际上，虽然西方领导理论的研究不断深化，但其研究仍然不脱离研究领导者的领导力，即个体领导力。

我国学者对个体领导力的研究与 20 世纪领导理论的兴起

---

① Walter Johnson. *Organizational Leadership Definition* [EB/OL]. http://www.ehow.com/about_6567493_organizational-leadership-definition.html, May 29, 2010.

② 林岚岚、张平. 现代组织领导力构成要素研究[J]. 合作经济与科技，2008(337)：53-54.

是同步的。目前，国内学者们对个体领导力的研究成果不多，甚至是毫无建树可言。较为系统性地研究个体领导力的成果，据笔者查询，仅可见的是《关于有效实现个体领导力的哲学思考》[①]，该文对个体领导力的定义为：领导实践中领导者的影响力及其效力，是领导者的权力、能力、魅力与效力的统称；该文主要是研究如何实现个体领导力。

综合国内外学者对个体领导力的研究，笔者认为个体领导力是指在领导实践中领导者个人的影响力及其效力，是领导权力、领导能力、领导效力等多种领导因素的综合表征。

不管对组织领导力和个体领导力的概念如何定义，本书对民营企业战略领导力的研究包含了这两个方面。民营企业战略领导者的个人素质、修养以及团队合作互动能力等是属于个体领导力范畴，而形成的对企业外部环境的影响力则归属于组织领导力层面。在民营企业的实际经营过程中，民营企业的领导者要根据企业发展的愿景，发挥企业员工的积极性和创新精神，整合企业和社会的各种资源，以谋求企业的可持续发展，这是民营企业战略领导力的全面体现。在实际经营中，民营企业领导者的个体领导力在企业的经营中表现较多，因此，个体领导力在民营企业战略领导力的构成中所占比重较大。

第4节　领导之道——有律可循

荀子说："人力不若牛，走不若马，牛马为用何也？人能群而

① 尚久悦. 关于有效实现个体领导力的哲学思考[D]. 苏州：苏州大学，2008.

彼不能群。”人能群，且能战，原因在于“人有人的用处”，而聚合在一起的人群之所以能干出一番事业，其背后的原因还在于他们因领导者的存在，避免了成为一群乌合之众的可能。无论是战争还是商业，领导便是使乌合之众变成精干团队最重要的角色。领导何以成为领导？拿破仑曾经说过，绵羊统帅的狮子军团永远无法战胜狮子统帅的绵羊军团。这句话凸显了一个组织中领导者的作用。

一、特质理论：领导是最伟大的人

人群中，我们能识别出某一个人具有与众不同的特质，他可能是人群中的明星，也可以是人群中的领导者。为什么有的人能够成为卓越的领导，而有的人却永远成不了优秀的领导？比如，像南唐后主李煜，可以成为一个出色的词人，但成不了一个优秀的国君。

美国人格心理学家奥尔波特(Gordon W. Allport)(见图 1－5)于 1937 年首先提出了领导的特质理论①。他设想，所有的能够成为合格以及优秀领导的人，必定具备着一些与众不同的素质，这成为 20 世纪早期对领导学进行研究的重点话题。由奥尔波特开始对领导者素质的研究所诞生的一系列理论，因格外重视领导者与众不同的素质，而被称为“伟人”理论，也就是说，领导者总是特定群体中那个“最伟大的人”。

---

① Gordon W. Allport. *Personality: A Psychological Interpretation*[M]. New York: Holt, Rinehart & Winston, 1937.

高尔顿·乌伊拉德·奥尔波特(Gordon Willard Allport，1897—1967)，美国人格心理学家，实验社会心理学之父，“社会促进”概念的提出者，领导特质理论的提出者，美国人本主义心理学家的代表人物之一。

图 1－5　奥尔波特及其简介

在早期众多的“伟人”理论中，较为知名的有亨利的特质理论和吉塞利的特质理论。亨利(William E. Henry)[①]在 1949 年调查研究的基础上归纳了一个成功的领导者应具备 12 个品质；20 世纪 60 年代美国学者吉塞利(Edwin Ernest Ghiselli)研究了领导者的个性因素与领导效率的关系，70 年代吉塞利又进一步指出影响领导效率的五种激励特征和八种品质特征[②]。当然，这些研究集中于对领导者与普通人的特质研究[③]。在诸多的研究中，有一些特质是研究者共同认可的：智力水平、自信心、决心、正直和社会交往能力，这些特质被研究者认为是领导者所共有的主要特质(如图 1－6 所示)。

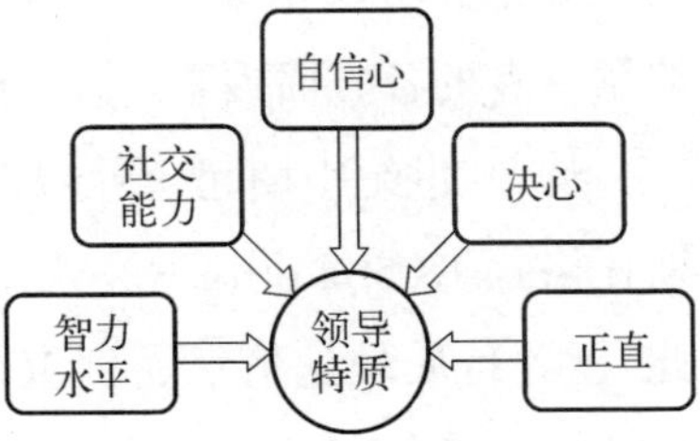

图 1－6　领导特质理论的主要特质

① William E. Henry. The American[J]. *Journal of Sociology*, 1949, 54(4): 286－291.

② Edwin Ernest Ghiselli. *Explorations in Managerial Talent* [M]. Goodyear Pub. Co. edition, 1971.

③ Bass, B. M. *Bass and Stogdill's Handbook of Leadership: A Survey of Theory and Research*[M]. New York: Free Press, 1990.

领导特质理论指出了领导者某些共同特质，从直观上给人一种吸引力；且研究时间跨度大，足足一个世纪，其他理论都没有达到领导特质理论的广度与深度；此外，作为领导理论，尤其强调领导过程中的领导者；并且领导特质理论给出了成为领导者所应具备特质的标准。但是，领导特质理论对领导的特质未能作出一个明确的界定，忽视了被领导者的地位与作用，并不能指出领导行为所发生的环境与条件；从而导致领导特质理论成为主观决定论。

对民营企业而言，战略领导者即民营企业家，他们是企业的灵魂，尤其是在企业的创业期——“一人兴则企业兴，一人亡则企业亡”常见诸实践。因此，研究民营企业战略领导力的个人特质是研究领导行为的基础。但是，领导是一个过程，不能仅限于对民营企业家自身的研究，而应该包含对领导者与被领导者互动关系的研究，并且应放到民营企业战略领导者所处环境中研究。此外，也不能忽略战略领导者的思想境界，因为基于价值观的领导是战略领导力的一个重要的组成部分，只有综合考察战略领导者的各方面因素，才能更全面地揭示领导的实质。

从20世纪中期起，领导特质理论受到了一些学者的质疑，斯托格狄尔（Stogdill，R. M）提出要重视社会情境①。尽管如此，领导特质理论依然受到重视。劳德等人（Lord，R. G.，De Vader，C. L.，Alliger，G. M）得出个性特质与领导知觉有关的结论②；柯克帕特切克（Kirkpatrick，S. A.）和洛克（Locke，

---

① Stogdill，R. M. Personal Factors Associated with Leadership: A Survey of the Literature [J]. *Journal of Psychology*，1948，125：35－71.

② Lord，R. G.，De Vader，C. L. & Alliger，G. M. A Meta-analysis of the Relation between Personality Traits and Leadership Perceptions: An Application of Validity Generalization Procedures[J]. *Journal of Applied Psychology*，1986，71(3)：402－410.

E. A.)研究出领导者与众不同的几个关键因素[①]；詹姆士·库塞基(James M. Kouzes)和贝瑞·波斯纳(Barry Z. Posner)得出领导特质的四个要素[②]；德克兰(DeCrane, Alfred C., Jr.)提出了领导者的宪法模型[③]。

在领导者应具有哪些特质方面，中西方的实践基础不同，但观点和原则却有相通之处。在我国，古代先贤在识人方面颇有研究，留下不少心得体会，但后来一部分走向玄学一途，颇为遗憾。其实，选人用人有一定的学问，有一定的章法可循，是实学而非玄学。

据记载，三国时期著名军事家诸葛亮在识才、用才方面就有着非凡的认识。诸葛亮身为一国丞相，为蜀国选将才、选政才，都是选择领导者的具体体现。在他看来，一个优秀的领导者应该从七个方面来考察，后人称之为"七观法"："问之以是非以观其志；穷之辞辩以观其变；咨之以计谋以观其智；期之以事以观其信；临之以利以观其廉；醉之以酒以观其性；告之以祸以观其勇。"这七个方面，既要求德，更注重才，德才兼备，全面考察候选人的志向、应变、智慧、信用、廉正、本性、勇气等七个方面。这也可以看作是诸葛亮心中一个优秀领导者所需要具备的特质。

在清代，一个手无缚鸡之力的文弱书生，曾因兵败走投无路，两次投水、多次以剑自刎未遂，还给儿子写绝命信，叮嘱子孙

---

① Kirkpatrick, S. A., Locke, E. A. Leadership: Do Traits Really Matter [J]. *Academy of Management Executive*, 1991, 5, 48-60.

② James M. Kouzes & Barry Z. Posner. *The Leadership Challenge* [M]. Jossey-Bass, 1995.

③ DeCrane, Alfred C., Jr. A Constitutional Model of Leadership. *in The Leader of the Future*, *by* Frances Hesselbein, Marshall Goldsmith and Richard Beckhard. SanFrancisco: Jossey-Bass, 1996.

后代永不再带兵征战——而正是这样一个人，最后却成为驾驭千军万马的最高统帅，打出了“无湘不成军”的传奇，并被朝廷封为一等勇毅侯，成为清代“文人封武侯”第一人。他就是晚清历史上著名军事家曾国藩。曾国藩自知领兵打仗非自己的长项，转而大力推行人才战略，“集众人之长，补一己之短”。据不完全统计，曾氏幕府 20 多年间召集的幕僚达 400 多人，而后官至三品者达 47 人，位至督抚者 33 人。左宗棠、李鸿章、彭玉麟、郭嵩焘、沈葆桢、刘蓉、李元度、罗泽南、刘铭传等晚清的栋梁之材，无不受曾举荐，“国之重臣，悉出曾门矣！”曾国藩选用的人才在很多地方都是独当一面，成为一方封疆大吏，国家的栋梁之材，他们身上体现出领导者的特质。曾国藩在识人、用人方面的见识由此为众人追捧。他著有《冰鉴》一书，书中指出一个优秀人才要从其神骨、刚柔、容貌、情态、须眉、声音六个方面考察，从而得出最终的结论。曾国藩一生阅人无数，揽一世豪杰，帅天下英才，维一国之稳，为后世敬服。

我们经常发现生活中的一些案例，为什么有的领导在创业之初能够叱咤风云，一旦事业有成后就难免事业不保？是领导的特质发生了变化吗？再者，按照“伟人”理论，既然一个人能够成为合格的领导，他必然具备了某些别人不具备的特质，但为什么在某些场合能够势如破竹，而在另一些场合却又屡战屡败？于是，开始有学者对领导特质理论提出了质疑。

二、权变理论：领导是时势造就的

伴随着对领导者“伟人”理论质疑的呼声，有的学者就观察到领导者的成功或失败总是与一定的环境结合起来，他们认为领导是情境的产物，领导是时势造就的。因此，在"伟人"理论不能解释某些领导者角色失败的案例后，部分学者在对领导特质理论和领导行为理论进行修正的基础上，提出了领导者的权变理论。该理论主要研究领导者与被领导者的行为与环境的相互影响，尤其关注不同的领导方式与各种环境之间的适应性。领导权变理论是一种"领导匹配"理论，试图将领导和适当的情景相匹配参见图1－7。

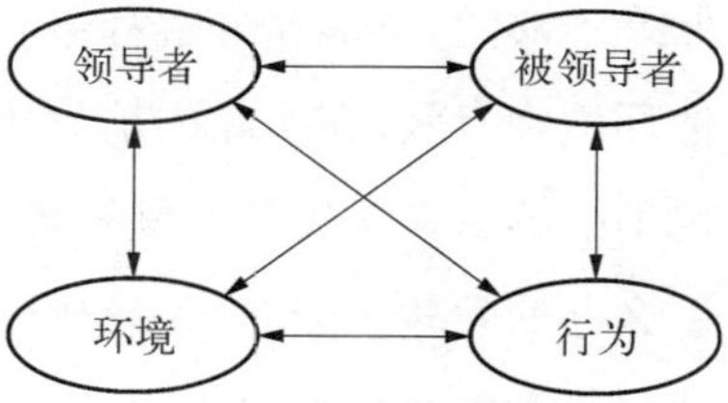

图1－7　权变理论研究对象

领导权变理论的代表性研究有：费德勒(Fielder, F. E.)的领导权变模型[①]，以关系与任务为两大取向，分析领导者与成员关系、任务结构和职位权力三种情境，开创了领导权变理论研究的先河；赫西(Paul Hersey)和布兰查德(Kenneth H. Blanchard)的情境理论(又称领导生命周期理论)[②]的研究重点转移到被领导者身上，重视下属的作用；豪斯(House, R. J.)的路径-目标理论[③]；弗鲁姆(V. H. Vroom)和耶顿(P. W. Yetton)的领导参与模型[④]，主要是研究决策中的领导行为。

领导权变理论整合了领导者个人特质、领导者行为及领导

---

① Fielder, F. E. A Contingency Model of Leader Effectiveness. *in* L. Berkowitz(ed.). *Advances in Experimental Social Psychology*, *Volume 1* [M]. New York: Academic Press, 1964: 90－144.

② Paul Hersey & Kenneth H. Blanchard. *Management and Organizational Behavior* [M]. *Englewood Cliffs*, NJ: Prentice-Hall, 1988.

③ House, R. J. Path Goal Theory of Leader Effectiveness[J]. *Academy of Management Journal*, 1971, 16(3): 321－338.

④ V. H. Vroom & P. W. Yetton. *Leadership and Decision-making* [M]. Pittsburgh: University of Pittsburgh Press, 1973.

环境等因素，提供了研究领导现象的新途径和提高领导效能的新方法，这是被大量的经验研究所支持的；因而拓宽了对领导学理解的视野，具有预测性的特点。但是仅以简单的两维模型来描述多重复杂的管理实践，尤其是该理论忽视了人的因素，这显然是不够的；不能充分解释某种风格的领导在一种环境中比其他环境中有效；在实际的情景中的使用不够方便；同时，该理论也不能解决在工作场所领导者和情景之间不相匹配时组织应该怎么办的问题。因此，领导权变理论的研究是一个静态的研究，缺乏互动关系。而对中国民营企业而言，需要多关注国家政策、产权结构、团队建设等方面的企业实际环境对企业领导的影响，具体内容见本书第三章所阐述的部分。

三、P－G理论：目标相异道有不同

领导特质理论和权变理论都是从虚拟化的角度探讨领导行为，而缺少实践中的具体路径考察的理论。P－G理论却在实践上取得了重大的进步。

P－G理论①是路径-目标理论(path-goal theory)的简称，其理论基础来源于激励的期望理论②。路径-目标理论是罗伯特·豪斯发展的一种领导权变理论。该理论认为，领导者的工作是帮助下属达到他们的目的，并为下属提供必要的指导和支持，以确保各自的目标与群体或组织总目标一致，领导根据下属

---

① House, R. J. Path Goal Theory of Leader Effectiveness[J]. *Academy of Management Journal*, 1971, 16(3): 321－338.

② Vroom, V. C. *Work and Motivation* [M]. New York: John Wiley & Sons, 1964.

特征和任务特征，形成不同的领导方式，即指导型领导、支持型领导、参与型领导及成就导向型领导等，以激励个体、群体效率的提高。

P-G 理论认为，指导型领导行为对于不明确的任务是有效的；支持型领导行为对重复性的任务是有效的；当任务不明确而且下属要求自我控制时参与型领导行为是有效的；当任务具有挑战性时，成就导向型领导行为是有效的。此后，豪斯在领导行为四种类型的基础上又增加了四种类型①：工作促进；群体取向决策过程；工作群体代表和建立关系网络；以价值为本的领导行为。而以价值为本的领导行为演变为基于价值观的领导理论。

路径-目标理论把期望理论引入领导行为，形成了一个理论框架，并且提供了一个实用的模型。但其缺憾在于理论范围广泛复杂，更关键的是，未能揭示领导过程中领导与下属之间的互动作用的本质关系。

四、变革理论：领导下属相互交融

20 世纪 80 年代后，变革型领导理论受到重视。实际上，这应从伯恩斯于 1978 年在 *Leadership*② 第一次阐述变革型领导开始。从此，国外学界对领导学的研究转向领导者是否具有远见卓识、是否给下属提供愿景和价值等方向。伯恩斯将领导分为交易型领导（Transactional Leadership）和变革型领导（Transformational Leadership）。两者是一个连续体上的不同点，并不是彼此独立

① House, R. J. Path-goal Theory of Leadership: Lessons, Legacy, and a Reformulated Theory[J]. *Leadership Quarterly*, 1996, 7(3): 323-352.

② Burns, J. M. *Leadership*[M]. New York: Harper & Row, 1978.

的。两者不同之处在于：交易型领导既不区别对待下属的个别需要，也不重视下属的个体发展，而是通过与下属交换有价值的东西来完成自己的和下属的事情。因而，变革型领导比交易型领导需要花费更多的努力，但交易型领导会达到比变革型领导更大的效果。

变革型领导是改变和变革个体的过程，它吸收了魅力领导等方面的内容。变革型领导理论是一种包含性的理论。变革型领导者在促成变革的过程中起着关键性的作用，但是追随者与领导者在变革过程中是紧密联系在一起的。

巴斯(Bass, B. M.)[1]等人最初将变革型领导划分为六个维度，后来又归纳为三个关键性因素。阿维里奥等人(Avolio, B. J., Bass, B. M. & Jung, D. I.)在这三个因素的基础上进一步发展为四个因素[2]：理想化影响力、鼓舞性激励、智力激发和个人化关怀(参见图1-8)。

图1-8　变革型领导四因素

变革型领导四因素中，所谓理想化影响力指领导者给追随者树立榜样，追随者认同领导者，并愿意效仿领导者，领导者通常有较高的道德标准、价值观念和道德行为，领导者给追随者提供目标愿景，给追随者一种

---

① Bass J. M. *Leadership and Performance beyond Expectation*[M]. New York: Free Press, 1985.

② Avolio, B. J., Bass, B. M. &Jung, D. I. Re-examining the Components of Transformational and Transactional Leadership Using the Multifactor Leadership Questionnaire[J]. *Journal of Occupational and Organizational Psychology*, 1972: 441-462.

使命感，让其对组织愿景、目标产生追求的向往。鼓舞性激励是指领导者对追随者寄予很高期望，通过动机激励使他们投身于实现组织愿景的工作中去。在实践中，领导者利用感染力来凝聚组织成员，以取得比个人利益更大的成就，因此这种因素增强了团队精神。智力激发是指领导者激发其追随者创造和革新的意识，对其自身和领导者的信念和价值观提出质疑，对组织的信念和价值观也提出质疑，领导者支持追随者尝试新理论、创造新方法来解决组织的问题，鼓励追随者独立思考和解决问题。个人化关怀指领导者创造一种支持性氛围，仔细聆听追随者的个体需求，领导者在帮助其个体自我实现时扮演着教练和建议者的角色，帮助追随者实现其自身的需求和发展。

变革型领导四要素中，领导利用其理想化影响力为下属树立远景目标，产生共同使命，通过鼓舞和激励，增强团队意识和奋斗精神，利用智力激发因素发掘下属的创造力，通过个人化关怀支持下属的个人成长。

同样，变革型领导理论也受到了学者们广泛的关注，具有直观上的吸引力。变革型领导理论认为领导是领导者与追随者之间的一个互动过程。变革型领导理论把领导者和下属的角色相互联系起来，引入组织愿景，通过关心下属需求优化组织成员的互动，推动组织的适应性变革。围绕组织的共同愿景，推动企业的发展与变革，实际上是民营企业价值观的体现，而在价值观的实现过程中，民营企业家与成员之间的互动必然存在着各种博弈（详见本书第五章和第六章的内容）。

领导特质理论、领导权变理论和变革型领导理论都是在广泛研究的基础上得出的一些理论。领导特质理论忽视了被领导者因素和环境因素；领导权变理论在领导特质理论的基础上有所进步，吸收了环境因素，但仍然不能指出领导过程互动的作用；变革型领导理论吸纳了前两者的优点，并进一步发展，提出领导追随者的需要、价值观等，这成为基于价值观的领导的来源。

五、价值领导：愿景驱动激励下属

基于价值观的领导理论在 20 世纪 90 年代中期由美国的领导学专家罗伯特·豪斯提出。该理论由香港中文大学富萍萍、清华大学吴维库引入中国，并给予了中国化的表述："持有明确而崇高的价值观的领导者向组织注入核心价值观，并以此作为种子要素孕育组织文化，在此文化中通过沟通信仰、传递愿景和从事所有组织实践，强化领导者提出的核心价值观，使下属认可并内化组织核心价值观以形成持久的行为动机，激励下属做出岗位要求以外的努力。"①参见图 1－9。

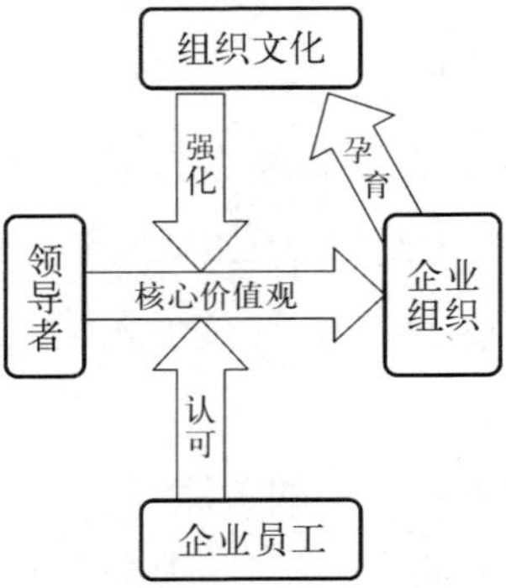

图 1－9　价值领导关系图

豪斯对基于价值观的领导实现路径给予了概括②：要用价值观影响组织和成员，领导者必须具备明确而崇高、有驱动能力的价值观，立足长远，能够与合作伙伴取得双赢，并且能够赢得下属的认可和信任，长期激励下属。这就是价值观领导实现路

① 吴维库、富萍萍、刘军. 以价值观为本的领导行为与团队有效性在中国的实证研究[J]. 系统工程理论与实践，2003(6)：19.

② House R J, Delbecq A Taris TW. *Value-Based Leadership: An Integrated Theory and a Eperecal Test* [M]. Wharton School of Pennsylvania, 1998(5).

径的第一步——个人价值观的修炼。第二步，价值观外化至行为和人际互动，并注入组织。第三步，把价值观外化到组织层面。第四步，把价值观注入组织的“血液”里，影响内外部人员。这几个步骤和LMX理论有异曲同工之妙。一般而言，外集团成员与领导者之间多是非合作博弈，领导者需要把这种非合作博弈转变为合作博弈，让外集团成员转化为内集团成员；让内集团成员与领导形成合作博弈，为组织的共同愿景和目标而奋斗。

基于价值观的领导，是以共同愿景与使命的价值观为目标，为了达到价值观的形成，民营企业战略领导者整合各种资源，施展诸多能力，探索实现愿景与使命的路径。然而，基于价值观的领导未能有效指出具体的方式和方法，不能不说是一个欠缺，而LMX理论弥补了这种不足。

六、LMX理论：让他们变成我们

领导-成员交换理论（Leader-Member Exchange，LMX）始于1972年，起初主要是针对新员工的社会化研究，结果表明领导者对新员工角色的关注对于新员工的发展相当重要①。

早期的研究被称为垂直双向关系理论（Vertical Dyad Linkage，VDL），又译为垂直对子联结理论，其侧重于对领导者与每个追随者所形成的垂直关系的特性研究。这种关系分为内集团关系和外集团关系，前者是以扩展的职责和协商达成的职责（额外职责）为基础的关系，后者是以正式雇佣合同（规定的职责）

---

① Dansereau F J, Graen G, Haga W J. A Vertical Dyad Linkage Approach to Leadership within Formal Organizations: A Longitudinal Investigation of the Role-making Process [J]. *Organizational Behavior and Human Performance*, 1975, 13(1): 46 - 78.

为基础的关系(参见图1-10)。VDL理论模型与个体化领导[①](Individualized Leadership,IL)是不谋而合的,都承认一一对应的垂直关系;而LMX理论认为组织中存在上下级的关系,但不能确定一一对应的关系。这是LMX领导理论的第一阶段——垂直双向关系理论阶段。

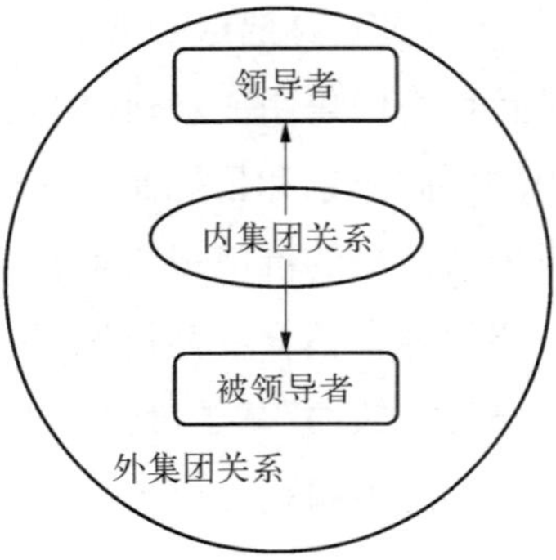

图1-10 VDL理论示意图

后期的研究,也就是LMX理论的第二阶段,迁徙到交换理论与组织效率的相关研究中,集中于领导者与成员交换活动的质量,与领导者、追随者、小组和群体的积极结果之间的关系研究[②]。这实际上是对交换理论与组织绩效之间关系的研究,高质量的交换活动可以提高组织效率,促进组织繁荣。这被称为LMX领导模式[③],这直接推动了LMX理论的第三阶段的研究——领导制作[④](Leadership Making)理论的研究,强调领导者应努力与其所有下属开展高质量交换活动的重要性。领导制作的发展有三个阶段:陌生人阶段、相识阶段和合作阶段。通过

---

① Dansereau F J. A Dyadic Approach to Leadership: Creating and Nurturing This Approach under Fire[J]. *Leadership Quarterly*, 1995, 6(4): 479-490.

② Graen G B, Uhl-Bien M. Relationship-based Approach to Leadership: Development of Leader-member Exchange (LMX) Theory of Leadership Over 25 Years: Applying a Multi-level Multi-domain Perspective[J]. *Leadership Quarterly*, 1995, 6(2): 219-247.

③ Graen, G. B. Novak, M. A. & Sommerkamp, P. The Effects of Leader-member Exchange and Job Design on Productivity and Job Satisfaction: Testing a Dual Attachment Model [J]. *Organizational Behaviorand Human Performance*, 1982,(30): 109-131.

④ Graen, G. B. & Uhl-Bien, M. The Transformation of Professionals into Self-managing and Partially Self-designing Contributors: Toward a Theory of Leadership-making[J]. *Journal of Management Systems*, 1991, (3): 25-39.

承担和完成新的角色职责，追随者历经这三个阶段的发展，从而与领导者建立起"内集团关系"——高度的相互合作关系。第四阶段的研究侧重点，是把LMX理论的品质分析，从个体层面拓展到团体领域。LMX理论的四个发展阶段①以对第二阶段的理论探索为主，而第三、第四阶段的理论则需要进一步的改进，例如，对领导者如何建立高质量的交换，LMX理论未能作出深入的探索。

从上述分析，不难发现LMX理论与P-G理论各自只是描述了领导实践过程中的一个小片断。如果我们将两者加以整合，似乎会使其离领导的实质更近一些。LMX理论发现了领导者与追随者关系的重要性，并指出了把下属尽可能地转化为内集团成员，并重用内集团成员去高效实现目标的领导方向；P-G理论更是在如何将员工转化为内集团成员方面，从领导者单向角度提出了颇有实践色彩的具体方法。

然而，两者整合后对领导的描述离领导过程的真实状态仍然相距甚远。怎样才能使LMX理论与P-G理论更贴近于领导过程的真实状态呢？马云为阿里巴巴确立的价值观——"六脉神剑"可以说是整合这两个理论的绝佳案例。

阿里巴巴成立于1998年，阿里巴巴的价值观被称为"六脉神剑"。客户第一：关注客户的关注点，为客户提供建议和资讯，帮助客户成长；团队合作：共享共担，以小我完成大我；拥抱变化：突破自我，迎接变化；诚信：诚实正直，信守承诺；激情：永不言弃，乐观向上；敬业：以专业的态度和平常的心态做非凡

① Graen G. B., Uhl-Bien M. Relationship-based Approach to Leadership: Development of Leader-member Exchange (LMX) Theory of Leadership over 25 Years: Applying a Multi-level Multi-domain Perspective[J]. *Leadership Quarterly*, 1995, 6(2): 219-247.

的事情。“六脉神剑”核心价值观的提炼，并不是马云一个人的价值观，而是马云与其十八罗汉团队集体智慧的凝聚。业内人士称“阿里巴巴的‘六脉神剑’，‘三剑’说做人：诚信、激情和敬业；‘两剑’说做事：团队合作，拥抱变化；‘一剑’刺中要害，即‘客户第一’，颇为形象贴切地道出了‘六脉神剑’的作用”。

第 5 节　生存之道——运筹帷幄

博弈一词在我国最早出现于《论语》中，意指棋类游戏①，后世逐渐演变成博弈双方的一种决策行为。从博弈理论的角度看中国民营企业的战略领导力，是一个非常值得研究的课题。谈到民营企业的战略领导力，就不能不谈到企业的生命周期理论，一个企业处于不同发展阶段，其领导人的战略领导力也会有不同的表现。

一、博弈：决策的时机选择

提及博弈，可能我们最熟悉的莫过于“田忌赛马”的故事，该故事可以说是博弈决策中最经典的故事之一。

博弈思想在中国起源于《孙子兵法》。虽然《孙子兵法》是军事著作，但其中蕴含着深刻的博弈思想。博弈作为一种理论——博弈论则始于 1944 年约翰·冯·诺依曼(John Von Neumann)和奥斯卡·摩根斯顿(Oskar Morgenstern)合著的

① 《论语·阳货》：“饱食终日，无所用心，难矣哉！不有博弈者乎？为之，犹贤乎已。”朱熹集注：“博，局戏；弈，围棋也。”

《博弈论与经济行为》(*The Theory of Games and Economic Behaviour*)①。这部书是公认的博弈论开山之作，标志着博弈理论正式形成。实际上，在20世纪初，塞梅鲁(Zermelo)和鲍罗(Borel)已经开始研究博弈的数学表达，而诺依曼和摩根斯顿则把博弈论纳入经济学领域。

约翰·冯·诺依曼(1903—1957)，“现代电子计算机之父”，美籍匈牙利人，经济学家、物理学家、数学家、发明家。著有《量子力学的数学基础》等。

图1-11 冯·诺依曼及其简介

《博弈论与经济行为》建立的合作型博弈模型，奠定了这门学科的基础。合作型博弈研究在20世纪50年代达到高峰，但因其过于抽象，应用范围受到限制。而数学家约翰·福布斯·纳什(John Forbes Nash)(见图1-12)分别在1950年、1951年发表《n人博弈的均衡点》(Equilibrium Points in *N*-Person Games)和《非合作博弈》(Non-Cooperative Games)两篇论文，证明市场中非合作博弈及其均衡解的存在，即“纳什均衡”(Nash equilibrium)②。这使博弈论研究进入了又一个新的阶段。

---

① [美]冯·诺依曼、摩根斯顿. 博弈论与经济行为[M]. 王文玉、王宇译. 北京：生活·读书·新知三联书店，2004.

② John Nash. Non-Cooperative Games[J]. *The Annals of Mathematics*, 1951, 54(2): 286-295.

约翰·纳什(1928—),曾任普林斯顿大学数学系教授。1950年,他获美国普林斯顿高等研究院博士学位,博士论文提出"纳什均衡"的博弈理论。1994年获诺贝尔经济学奖。

图1-12 约翰·纳什及其简介

1950年,美国普林斯顿大学数学家阿尔伯特·塔克(Albert Tucker)提出囚徒困境的故事来解释纳什博弈和纳什均衡,这个故事后来成为博弈论中最著名的案例之一。故事内容是:两个嫌疑犯(A和B)作案后被警察抓住,被隔离审讯;警方分别告知嫌疑犯,如果两人都抵赖,各判刑1年;如果两人都坦白,各判8年;如果两人中一个坦白而另一个抵赖,坦白的放出去,抵赖的判10年。于是,每个囚徒都面临两种选择:坦白或抵赖。此时的情景,两人就处于一个利益博弈中(参见图1-13)。

图1-13 囚徒困境

在纳什提出博弈理论之后,塞尔顿(Reinhard Selten)发展了纳什均衡概念,定义了完全信息动态博弈的"子博弈精炼纳什均衡”(Subgame Perfect Nash Equilibrium)①,在此基础上,进一步描述了不完全信息动态博弈的“精炼贝叶斯-纳什均衡”(Perfect Bayesian Nash Equilibrium)②。哈尔萨尼(John C. Harsanyi)发展了不完全信息静态博弈的“贝叶斯-纳什均衡”(Bayesian Nash Equilibrium)③。这两个人则共同推动了“纳什均衡”的动态化,并增加了不完全信息条件。

博弈论,英文名为Game Theory,是研究决策主体的行为发生直接相互作用时的决策以及这种决策的均衡问题④。用领导学的概念诠释可表述为,当一个主体——可以是领导者,也可以是被领导者——在一个组织中相互作用时作出一个行为选择,这一选择也会影响其他人的行为选择和决策的均衡。所以,从这个意义上说,博弈论也可称为“对策论”。

一般而言,博弈可分为合作博弈(Cooperative Game)和非合作博弈(Non Cooperative Game)。合作博弈与非合作博弈的区别主要在于人们的行为相互作用时,当事人能否达成一个具有约束力的协定(Binding Agreement)。如果有,就是合作博弈;反之,则是非合作博弈。合作博弈强调的是团体理性(Collective Rationality),强调的是效率(Efficiency)、公正(Fairness)和公平(Equality)。非合作博弈强调的是个人理性、

---

① Selten, R. Spieltheoretische Behandlung eines Oligopolmodells mit Nachfragestragheit[J]. *Zeitschrift für die gesamte Staatswissenschaft*, 1965(121): 301-324,667-689.

② Selten, R. Re-examination of the Perfectness Concept for Equilibrium Points in ExtensiveGames [J]. *International Journal of Game Theory*, 1975(4): 25-55.

③ Harsanyi, John C. Games with Incomplete Information Played by Bayesian Players[J]. *Management Science*, 1967-1968, 14(3): 159-182, 320-334, 486-502.

④ 张维迎. 博弈论与信息经济学[M]. 上海：上海人民出版社,1996：3-4.

个人最优决策，其结果可能是有效率的，也可能是无效率的。但是，对一个组织而言，非合作博弈对实现组织的愿景、目标等工作是有害的，是不利的。

在博弈论中有一个著名的案例就是斗鸡博弈，两只公鸡狭路相逢，即将展开一场厮杀(参见图1-14)。结果有四种可能：第一，两只公鸡对峙，谁也不让。第二，两者相斗，两败俱伤。另外两种可能是一退一进。但是，退者有损面子，具体谁退谁进就看哪只公鸡愿意让步或者接受面子的损失了。在斗鸡博弈中，前两种结果都是非合作博弈，对双方都没有利益，后两种只对其中一方有益，有没有更好的解决办法呢?

图1-14 斗鸡博弈

合作博弈是研究人们达成合作协议时，如何分配得到的收益问题，即收益分配问题。非合作博弈是研究人们在利益相互影响的局势中，如何做出决策使自己的收益最大，即策略选择问题。

关于策略选择的问题，我国民间流传着一个有关博弈的小故事。一天，山谷中大雾弥漫，有个聪明的小孩要出山走亲戚，出山的道路上有一条较长的独木桥，雾很大看不到对面是否有人过来。这个小孩快到中间的时候，在独木桥上遇到了一个挑着扁担的卖货郎，独木桥只能容许一个人过。两个人都不愿退回去，因为独木桥也挺长。经过短暂的思考，最终这个聪明的孩子想出了一个办法，让两人不用退回去也能过桥。这个小孩的办法就是，他坐在卖货郎的一个筐子里，让卖货郎担着他转个身再放下，这样双方都可以继续前行而不用退回去了。这个小故事的结果就是参与博弈的双方达成合作博弈的案例。

故事中，小孩和卖货郎顺利通过独木桥可以说是达成合作博弈的一个双赢结果，其实还有三种可能的结果：第一，非合作博弈，双方坚持不让，僵持不下，谁也过不去。第二，零和博弈，这种情况很可能在非合作博弈之后发生，在僵持不下的情况下，如果卖货郎比较急躁，很有可能把小孩子推下桥去，这样产生的结果是一种零和博弈。第三，双方一方退让，让一方先过，这样总会有一方比较费时费力，可以算得上是半合作博弈。因此，最好结果是合作博弈。这个独木桥故事中所体现出的博弈现象，笔者姑且称之为独木桥博弈。

可以想象，在一个组织中出现非合作博弈或者零和博弈的现象，对于一个组织而言，是十分不利的。在市场经济中，非合作博弈等容易扰乱市场经济秩序，造成资源浪费等现象，因而，合作博弈才是各个组织应该争取达成的结果，这样对各方都有利。

合作博弈是一种理想状态，是一种愿景。非合作博弈是一种常态，更切合实际。一个组织应该追求合作博弈而不是非合作博弈，因为合作博弈更有利于实现组织的目标。在领导学研究中，价值领导的愿景应属于合作博弈的范畴，因此合作博弈在领导学中与非合作博弈一样值得研究，甚至可以说非合作博弈的目标是在领导过程中实现最大程度上的合作博弈。

非合作博弈的基本要素包括：博弈规则（包括参与人、行动和结果）、信息、战略、支付函数和均衡（参见图1－15）。用领导学的范畴来表述：

(1) 参与人指的是在博弈中选择行动以最大化自己效用的决策主体（在组织中可以是领导者，也可以是被领导者，也可以是一切影响领导过程的领导要素）；

(2) 行动是参与人的决策变量（如P－G理论中领导者可选择的各种领导行为）；

(3) 战略是参与人选择行动的规则，它表明参与人在什么时候、什么条件下选择什么行动（如P－G理论中领导者根据下属特征与任务特征的不同来选择自己的行动，并选择什么时候行动）；

(4) 信息是指参与人在博弈中的知识，特别是有关其他参与人的特征和行动的知识（如P－G理论中领导者必须掌握下属特征和任务特征等足够的知识才能进行正确的领导行为选择）；

(5) 支付函数是参与人从博弈中获得的效用水平，它是所有参与人战略或行动的函数，是每个参与人真正关心的东西（如领导者通过博弈把更多的下属转化为内集团成员，组织目标得以高效率实现）；

(6) 结果是指博弈分析者感兴趣的要素的集合（如P－G理论中领导所有可供选择行为带来的所有可能的“行为-结果”集合）；

(7) 均衡是所有参与人的最优战略或行动的组合（在给定

领导者战略的情况下，没有任何下属或其他领导要素有积极性选择其他战略，从而没有人有积极性打破这种均衡，反之亦然)。

根据这些概念，博弈的划分可以从以下两个角度来进行。第一种角度是参与人行动的先后顺序。从这一角度博弈论可划分为静态博弈论(Static Game)和动态博弈论(Dynamic Game)。第二种角度是参与人对其他参与人的特征、战略及支付函数的知识。从这一角度博弈可以划分为完全信息博弈(Perfect Information Game)和不完全信息博弈(Incomplete/Imperfect Information Game)。将上述两角度结合起来，就可得到四种不同类型的博弈，详见表1-2。

图1-15 非合作博弈的基本要素

表1-2 非合作博弈的分类及对应均衡概念

信息 \ 行动顺序	静　态	动　态
完全信息	完全信息静态博弈 (纳什均衡)	完全信息动态博弈 (子博弈精炼纳什均衡)
不完全信息	不完全信息静态博弈 (贝叶斯纳什均衡)	不完全信息动态博弈 (精炼贝叶斯纳什均衡)

动态博弈，就是指参与博弈的参与者行动有先后顺序，后行动者可以观测到先行动者的选择，然后再做出自己的选择的博

弈。静态博弈，指参与者的行动有先后顺序，但是后行动者不知道先行动者的选择，而再去作选择的博弈。

完全信息博弈是指博弈的参与者对其他参与者的特征、策略及得益函数都有精确的信息，然后再采取行动的博弈，此时就是一个完全信息博弈。不完全信息博弈是指，博弈的参与者不完全清楚参与者的信息而采取行动的博弈。比较常见的不完全信息博弈案例就是桥牌游戏。在桥牌游戏中，四人分成两组，你不知道合作伙伴手中是什么牌，也不知道竞争者手中的牌的信息，你作决策时，就必须对其余三个人的信息有一个估计。

在博弈论经济学中，"智猪博弈"的案例广为流传。

假设猪圈里有一头大猪和一头小猪，两只猪在同一个食槽里进食，并且这两头猪都是极具智慧的"智猪"。猪圈两头距离很远，一头安装了踏板，另一头是饲料的出口和食槽。踩一下踏板，就会有相当于 10 个单位的饲料进槽，但是踩踏板和跑到食槽处所需要消耗的能量相当于 2 个单位的饲料。两头猪都有两个选择：自己去踩踏板或是等待另一头猪去踩踏板。两头"智猪"的可选行动如表 1-3 所示。

表 1-3　智猪博弈得益数据分析

小猪收益 / 大猪收益		小　猪	
		行　动	等　待
大　猪	行　动	5∶1	4∶4
	0∶0	等　待	9∶(−1)

假如大猪先去踩踏板，它将比小猪后到食槽，除去大猪运动消耗，双方纯得益比大猪/小猪为 4∶4；假如小猪先踩踏板，它将比大猪后到食槽，吃到的饲料少，除去运动消耗，双方纯得益

比大猪/小猪为 9∶(—1)；假如两头猪同时踩踏板，双方纯得益比大猪/小猪为 5∶1；假如两头猪都选择等待，双方吃不到饲料，双方得益都为 0。在这个博弈中，小猪是具有选择优势的，无论大猪是选择行动还是等待，小猪的最优选择都是等待——行动只会让它白白消耗能量。而大猪则不同，对它来说，选择行动优于等待。因此，最佳的方案是大猪行动，小猪等待(参见图 1-16)。

图 1-16　智猪博弈漫画

其实，员工与企业之间也是一个"智猪博弈"的过程，不过在这个博弈里，企业是"小猪"，具有选择优势，而员工是"大猪"，必须不停奔波。原因何在?

在员工与企业的博弈中，员工有两种选择：努力工作和敷衍工作。如果员工努力工作，那么企业和自己都受益；如果敷衍工作，给多少钱干多少活，久而久之，不是你选择辞职，就是企业对你不满意而辞退你，你的收益自然大受损失，就如博弈中的

“大猪”，只有行动才有收益，不行动则不受益，甚至受损。

企业也有两种选择：要么主动激励员工——这样风险很大，收益可能为负数，因此，很少有企业会作出这样的决定；要么选择等待，等待员工行动，如果单个员工不主动积极工作，企业也能维持基本的运转，收益并不受损，即使员工辞职，也会立刻有人来补充这个岗位，对收益没有太大的影响。因此，企业具有选择等待的优势，相当于博弈中的“小猪”。

在员工与企业的博弈中，员工是“大猪”，企业是“小猪”，企业占据着主动优势。所以，一个聪明的员工应该选择在工作中多付出，为工作付出越多，得到的利益也越多。否则，受伤害的是员工自己。正如富兰克林所说：“你追求工作，不是工作追求你。”

“智猪博弈”中，两头“智猪”都对另外一头猪的行动空间、行动组合下的支付函数（得益函数）有完全的了解，但行动是有先后顺序的，后动者可以观察到前者的行动，了解前者行动的所有信息，两头猪的博弈关系会持续一个较长时期，这样形成的博弈就是完全信息动态博弈。

从博弈论视角看，领导就是一个博弈的过程。在信息不完全对称的情况下，领导者个体与一群下属个体互动博弈，以期实现领导目标的过程。这一过程的特征是动态的、不完全信息的。所以，在领导学研究中将把不完全信息动态博弈作为一个主要工具，但合作博弈却是目标。

以共同的使命与愿景为实现的目标，对 LMX 理论与 P－G 理论的博弈进行改进，探索民营企业价值观形成的路径，从而提升民营企业战略领导力。这种路径的选择在单个的民营企业中是如何展现的？生命周期理论对剖析一般意义上的民营企业战略领导力作出了理论贡献。

二、适应：生命周期的智举

企业的生命周期理论始于20世纪50年代马森·海尔瑞①(Mason Haire)用生物学中的"生命周期"的观点研究企业的生命周期，认为企业的发展也符合生物系中成长曲线，指出企业在发展过程中会出现停滞和消亡等现象。1972年美国哈佛大学拉瑞·葛瑞纳②教授(Larry E. Greiner)在《组织成长的演变和变革》一文中，第一次提出了企业生命周期的概念。尼尔森(Nelson, 1982)和温特(Winter, 1984)等学者，从生物学的视角切入来研究企业的生命周期问题。邱吉尔③(Churchill, 1983)、奎因④(Quinn, 1983)和爱迪思(Ichak Adizes, 1989)等人，将考察企业的重点放在企业成长和发展过程中的各个阶段的特征等问题上，并从企业的核心技术周期、企业家周期等多个角度来考察企业的生命周期。其中，最具影响的是爱迪思的研究。1989年美国人伊查克·爱迪思博士(Ichak Adizes, Ph. D.)(见图1-17)在《企业生命周期》⑤(*Corporate Lifecycles: How and Why*

---

① Haire, M. *Biological Models and Empirical History of The Growth of Organizations, in Modern Organization Theory*[M]. New York: John Wiley & Sons, 1959: 272-306.

② Greiner, L. Evolution and Revolution as Organizations Grow[J]. *Harvard Business Review*, 1972, 50: 37-46.

③ Churchill, N. C., Lewis, V. L. The Five Stages of Small Business Growth [J]. *Harvard Business Review*, 1983, 61(3): 30-50.

④ Quinn, R. E., Cameron, K. S. Organizational Life Cycle and Shifting Criteria of Effectiveness: Some Preliminary Evidence[J]. *Management Science*, 1983(29): 33-51.

⑤ [美] 伊查克·爱迪思. 企业生命周期[M]. 赵睿译. 北京：中国社会科学出版社，1997.

Corporations Grow and Die and What to Do About It）一书中，从灵活性与可控性两个维度衡量企业生命演化的过程角度阐述，把企业生命周期划分为三个阶段十个时段，三阶段分别为成长阶段（包括孕育期、婴儿期和学步期三个时期），再生与成熟阶段（包括青春期、盛年期和稳定期）以及老化阶段（包括贵族期、官僚化早期、官僚期和死亡期）。

伊查克·爱迪思（Ichak Adizes），美国当代著名的管理学思想家、教育家、组织健康学的创始人，企业生命周期理论创立者，组织变革和组织治疗专家。美国主流媒体评价爱迪思为 20 世纪 90 年代"唯一一名处于管理尖端领域的人"。

图 1-17　伊查克·爱迪思及其简介

在这些阶段中，应注意关键问题和可能会出现的一些问题，如表 1-4 所示。

表 1-4　企业发展阶段中需要注意的关键问题与可能问题

阶　段	关键问题	可能出现问题
孕育期	责任与风险的程度 概念付诸实施	创业空想
婴儿期	资金流的有效运转 市场的争夺	因资金流枯竭而死亡
学步期	收入与利润的双重成长 企业的有效控制	分权而造成企业失控 多元化投资导致现金流枯竭

续 表

阶 段	关键问题	可能出现问题
青春期	管理制度与流程的建立	管理失控、企业内部斗争、企业老化
盛年期	企业创新精神的培养与巩固	企业老化

企业生命周期理论揭示了企业生命周期的普遍规律性，但由于受到不同因素的影响，企业生命周期的实际发展曲线往往有别于理论示意图所示的理论形式。例如，大型跨国企业的发展轨迹就与理论研究的曲线不同，美国 GE 历经百年风雨，依然保持强盛的生命力。针对此种问题，爱迪思进而提出了 PEAI 四种维生素。爱迪思强调，对于企业而言，死亡不是必然的。通过变革，企业可以延长自己的盛年期，实现可持续的长期发展。那些像恒星一样持久的企业就是通过自我变革、突破，不断转变自己的组织能力，从而实现企业的可持续性发展。如何延长自己的盛年期，无疑是每个企业都关心的问题。爱迪思认为“一个管理有效的组织，具备四种维生素：维生素 P、维生素 A、维生素 E 和维生素 I”，即“PAEI 维生素”理论，这是对生命周期理论的进一步深化。P 代表实现企业目标(Perform the Purpose of the Organization)，它使企业取得短期效果，实现效力；A 代表行政(Administer)，系统化、常规化、规划好各项活动，它提供效率；E 代表创新精神(Entrepreneuring)，创造力和风险承担是企业发展中两个必不可少的要素；I 代表整合(Integrating)，表示企业形成相互依赖而又亲近的文化。这四种维生素——PAEI 是制订决策的四大依据，用以分析企业文化、风格或管理人员的风格。爱迪思指出，P、A、E、I 就像是化学编码一样，不同的组合

可以产生不同的功效和不同的管理风格。企业在不同的周期阶段会表现出不同的 PAEI 组合风格(参见图 1－18)。

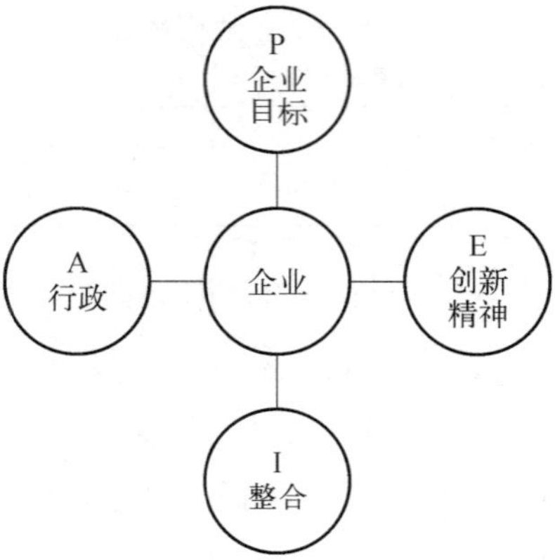

图 1－18　PAEI 维生素理论

在我国,从 20 世纪 80 年代后期开始出现对企业生命周期的研究,其中较为突出的是陈佳贵教授对企业生命周期的研究,并提出了企业生命周期理论。他于 1988 年和 1995 年发表了两篇关于企业生命周期方面的学术论文,从大中型企业和小企业两种情形对企业类别分类,并依次把企业生命周期分为孕育期、求生存期、高速发展期、成熟期、衰退期和蜕变期;陈佳贵按照企业的规模扩张将企业的成长方式划分为 A、B、C 三种类型: A 型为欠发育型,B 型为正常发育型,C 型为超常发育型。陈佳贵通过对正常发育型企业进行研究,探讨了企业成长各个阶段的主要特征,并专门对企业衰退期进行了研究,他认为企业进入衰退期后,存在两种前途: 衰亡和蜕变①。企业生命周期如图 1－19 所示。

对中国民营企业而言,爱迪思对企业生命周期的经典论述的适用性值得商榷,一方面是因为中国具有独特的政治文化制度环境,这一点与美国大为不同,另一方面受到中国民营企业自

---

① 陈佳贵. 关于企业生命周期与企业蜕变的探讨[J]. 中国工业经济,1995(11): 5－13.

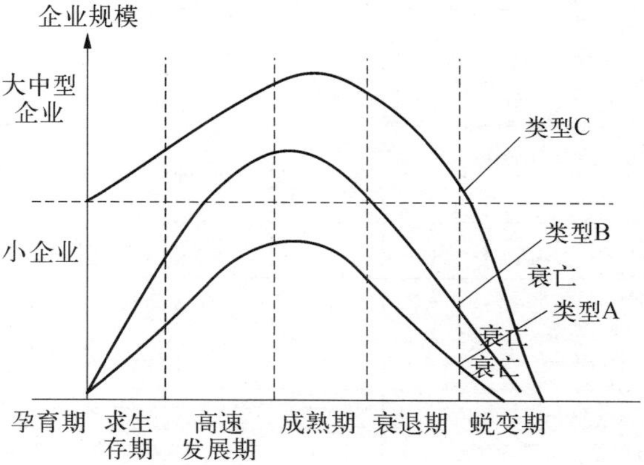

图1-19 企业生命周期示意图

资料来源：陈佳贵、黄速建等．企业经济学[M]．北京：经济科学出版社，1998：405

身发展的约束。世界500强的企业平均寿命是40岁，美国中小企业的平均寿命约5岁，而我国大企业的平均寿命约7.8岁，中小企业的平均寿命约3.5岁①。我国绝大多数的中小企业是民营企业，足见民营企业的寿命之短。

陈佳贵教授把企业生命周期分为孕育期、求生存期、高速发展期、成熟期、衰退期和蜕变期，这种划分标准较为符合中国的实际情况，但把衰退期和蜕变期分开，又过于细。笔者以为，衰退期也是蜕变期的一种，蜕变或可衰退，亦可进一步壮大。实际上，在企业发展过程中，由于其自身发展与所处环境的不确定性与复杂性，致使对发展阶段的划分难以给出确切的界定。因此，国内外学术界以各自的研究为依据对企业生命周期的划分标准很多，在此罗列如表1-5。

① 周晖．企业生命模型研究[R]．中国博士后经济与管理前沿论坛，2002.

表 1-5 企业生命周期的阶段划分及其依据

提 出 者	阶段数	阶段划分依据
Smith, Mitchell, Summer, 1985	3	企业规模
Downs, 1967; Lippitt, 1967	3	组织结构复杂程度
Scott, 1971	3	组织结构复杂程度
Sicinmetz, 1969	4	所有者对企业的控制方式
Quinn, Cameron, 1983	4	管理风格、组织结构
Kazanjian, 1988	4	产品或技术的生命周期
Timmons, 1990	4	销售收入、企业年龄
Greiner, 1972	5	管理风格
Mcgure, 1963	5	经济增长阶段模型
Galbraith, 1982	5	针对高技术企业
Cherchill, Lewis, 1983	5	管理风格、组织结构、运营系统、战略、业主与企业
Roweetal, 1994	5	组织规模、管理风格
Flanholt, 1986, 1990	7	企业规模(以销售额计)
Adizes, 1989	10	实现企业目标(P)、行政(A)、创新精神(E)、整合(I)
周三多,邹统钎,2002	3	经营战略
李业,2000	4	销售额
赵炼钢,2002,2003	4	企业案例总结
陈佳贵,1998	5	企业规模
单文,韩福荣,2002	10	可控性、灵活性、企业规模

在表 1-5 中,值得一提的是赵炼钢的研究成果,这是他在较多企业调查分析的基础上得出的结论。赵炼钢认为:“企业生命

周期变化规律是以 12 年为周期的长程循环。它由 4 个不同阶段的小周期组成，每个小周期为 3 年。如果再往下分，一年 12 个月可分为 4 个微周期，每个微周期为 3 个月。”[①]这四个时期分别为：上升期、高峰期、平稳期和低潮期，分别对应经济周期中的复苏、繁荣、危机和萧条 4 个阶段[②]。相比在理论层面的探索，这是国内学术界在实证研究方面作出的具有重要贡献的研究之一。但笔者之所以不以此结论作为划分民营企业生命周期的标准，原因是国内绝大多数民营企业不能支撑 12 年如此之长的时间。

笔者综合以上国内外众多企业生命周期划分的标准，以笔者多年的民营企业实践经验和上海市浙江商会近百家民营企业家创办、领导和管理的经验访谈为基础，并根据本书研究的需要，认为对中国企业生命周期的划分宜粗不宜细，以便对民营企业生命周期的研究放在较为科学合理的时间段中，在此基础上，得出对中国民营企业生命周期的分析。因此，笔者认为对我国的民营企业的生命周期的阶段划分，以创业期、成长期、稳定期和蜕变期四个阶段为宜。

---

① 赵炼钢. 企业生命周期及战略应用[J]. 企业研究，2002(6)：24.
② 赵炼钢. 企业周期性危机及投资战术[J]. 企业研究，2003(12)：36.

第 2 章 以史为鉴：中国民企的三十而立

三十而立。中国的民营企业业已历经卅载征程。纵观其历史脉络，有两条主线贯穿始终：第一，国家相关政策分阶段对民营企业产生不同的影响；第二，民营企业通过自身的努力，也影响着国家政策的完善和修订。这两条线相互作用，共同影响着民营企业的发展道路和国家经济发展的轨迹。

史海钩沉：政策变换
民企之路

商道演化：三十春秋
铸就传奇

浙商传奇：历经磨砺
成就第一

招商的力量

“治天下者，以史为鉴；治郡国者，以志为鉴”。

——〔明〕杨宗气《(嘉靖)山西通志·序》

“夫以铜为镜，可以正衣冠，以史为镜，可以知兴替，以人为镜，可以知得失。”

——《旧唐书·魏征传》

第6节　史海钩沉：政策变换民企之路

我国真正意义上的民营企业应该从1978年改革开放的个体经济开始算起。民营企业在30多年的发展过程中，从破土萌芽到曲折发展，走过了一段艰辛而又辉煌的道路。可谓30年栉风沐雨，30载辉煌跨越。

整体而言，民营企业的变迁经历了早期的个体户，转而为变种的合伙企业、集体企业，再到法律认可的私营企业，再演变为公司制的企业几个阶段，最终逐渐走上资本运作的国际化道路。这一系列的发展，与国家政治气候这个大环境的变迁息息相关。可以说，民营企业发展的每一步，都有国家的政策法律文件落下的印记。因此，考察我国民营企业发展的历史，必须与我国特定的政治环境相联系。特定的政治环境决定了民营企业发展所处的境况，随着民营企业的发展变化，要求民营企业战略领导力应具有不同的境界。

通过回顾民营企业战略领导力发展状况和从现实情况来看，民营企业战略领导力大致有四个境界：历史境界、科学境界、艺术境界和哲学境界。这四种境界构成一个整体，是从低层次向高层次的提升。这四个境界是在我国民营企业的萌芽、发展、成熟三个阶段发展过程中形成的。

一、萌芽(1978—1988)：拨开乌云得见日

1978—1988 年的 10 年间，国家改革开放的政策初步出台，在政策层面，民营经济的发展算是打开了个口子，颇有拨云见日之意，而后这个口子越来越大，大有阳光普照之势。

这一时期，民营企业的发展处于萌芽期，从民营企业自身发展角度来说，是指其刚破土新生，在名称上尚未被称为"民营企业"，而是个体户、私营企业等；从国家发展和政治环境的角度来说，在这一时期，整个政治环境尽管有波动、受极左思想影响较大，民营企业的发展虽历经波折，但总体来说，各种形式的民营企业还是取得了一定程度的发展。

这一时期，民营企业战略领导力的要求，主要体现在勇于摸索方面；对政策制定者而言，也是总结历史，反省历史，正视现实，规划未来的摸索阶段。

1978 年的改革开放对中国，乃至世界而言，都具有划时代的意义，这一年对我国的个体经济的发展也具有特殊的意义。1978 年的《中华人民共和国宪法》第 5 条规定："国家允许非农业的个体劳动者在城镇或者农村的基层组织统一安排和管理下，从事法律许可范围内的，不剥削他人的个体劳动。同时，引导他们逐步走上社会主义集体化道路。"①

① 参见第五届全国人民代表大会第一次会议通过的经重新修改制定的《中华人民共和国宪法》，1978 年 3 月 5 日。这是中华人民共和国第三部宪法。

1979 年 4 月，国务院批准的工商行政管理总局《关于全国工商行政管理局长会议的报告》中再次强调了 1978 年宪法中的相关规定。报告指出："可以根据当地市场需要，在征得有关业务主管部门同意后，批准一些有正式户口的闲散劳动力从事修理、服务和手工业的个体劳动，但不准雇工。对他们要发给营业执照，会同街道和有关业务部门加强管理，并逐步引导他们走集体化的道路。"①这是中共十一届三中全会后第一个涉及个体经济的文件，对个体经济的发展具有重要的导向作用。

以上两部法案，是国家从政策角度对民营企业的雏形——个体户予以合法性地位承认的最好佐证。尽管如此，这时的个体户还不能有雇员。

温州一向盛行经商之风，改革开放伊始，那种深深地印在温州人骨子里的经商意识就开始觉醒，如同被石头压抑的小草，春天一到便茂盛地疯长起来。此时，一些人开始试探着"偷偷摸摸"地做起了小生意。章华妹的父亲便是其中之一，他看到了小女儿章华妹身上的那种天生的经商潜质，当然也是为生活所迫，开始让章华妹在自家门口卖些小东西。在自家门口摆张桌子，几分钱的日用品、纽扣、纪念章、手表带等，这就是最初一些个体户开始做买卖时的大致情形。1979 年 11 月，章华妹的店铺开张了。后来有人学起了章家，也开始做些小买卖。这样的故事，在全国一些地方悄悄地发生着，最终逐渐演变成一场洪流，席卷神州大地。

当时，温州鼓楼工商所刚成立。一天，工商部门的人找到章

① 元谋红盾信息网[EB/OL]. http://www.ymaic.gov.cn/show_hdr.php?xname=RI4PB51&dname=JO88G21&xpos=4.

华妹，说做生意开放了，可以去领一份营业执照。章华妹还有些疑惑，怎么在自家门口做生意还要执照。她回家和父亲商量，她父亲比较精明一些，嗅到了一丝特殊的气息，就让她立刻去申请，因为他认为这份执照以后对做生意会有用的。这一去就产生了全国第一家个体工商户营业执照（见图 2－1）。如今这份执照收藏于温州博物馆中，静静地诉说着中国民营企业已经走过的 30 多个春秋。

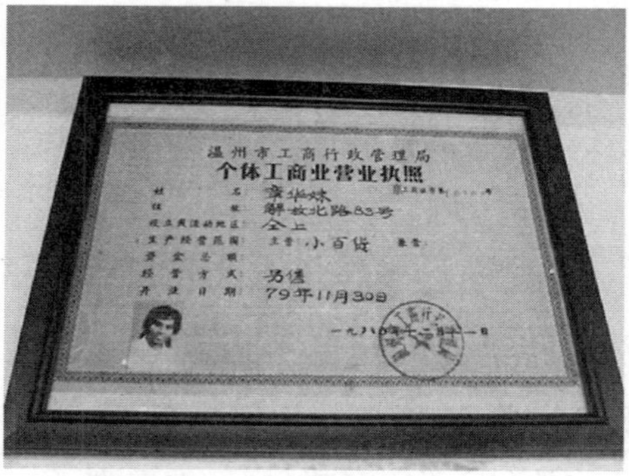

1980 年 12 月的一天，寒风瑟瑟。21 岁的章华妹从温州工商局鼓楼分局领到了“第 10101 号”营业执照。她找出一枚钉子，把执照挂在了家里最显眼的位置。
30 年过去了，章华妹的生意从家门口搬到了如今寸土寸金的温州市人民西路。在这条商铺密集的马路上，她的店因“中国第一个工商个体户”称号而蜚声中外。

图 2－1　中国第一份个体工商业营业执照

1981 年 7 月 7 日，国务院下发的《关于城镇非农业个体经济若干政策性规定》中开始允许个体经营者雇工，但作了严格限制，规定“必要时，经过工商行政管理部门批准，可以请一至两个帮手；技术性较强或者有特殊技艺的，可以带两三个最多不超过五个学徒”①。1981 年 10 月 17 日，中共中央、国务院在《关于广开门路，搞活经济，解决城镇就业问题的若干决定》②中指出：

---

① 人民网[EB/OL]. http：//www. people. com. cn/item/flfgk/gwyfg/1981/112208198101. html.

② 人民网[EB/OL]. http：//www. people. com. cn/item/flfgk/gwyfg/1981/L35501198102. html.

“允许雇工使得个体经济可以进一步扩大经营规模。”

1982 年党的十二大报告指出：“在农村和城市，都要鼓励劳动者个体经济在国家规定的范围内和工商行政管理下适当发展，作为公有制经济的必要的、有益的补充。只有多种经济形式的合理配置和发展，才能繁荣城乡经济，方便人民生活。”[①]1982 年《中华人民共和国宪法》中规定：“在法律范围内的城乡劳动者个体经济，是社会主义经济的补充。国家保护个体经济的合法权利和利益。国家通过行政管理，指导、帮助和监督个体经济。”[②]这是我国第一次从宪法的角度明确个体经济的合法性。

从上述政策演变的过程，我们不难发现，1981 年、1982 年两年时间内，国家对个体经济发展的政策逐渐松绑，从 1981 年对雇员五个名额的限制，到 1982 年的宪法中不再进行名额限制。这种政策的变动，是为了适应当时中国经济发展的需要，而这种政策的改变带来了更大的变革。

1983 年 1 月 12 日，邓小平(见图 2-2)在谈话中说：“农村、城市都要允许一部分人先富裕起来，勤劳致富是正当的。”[③]在这样的谈话背景下，1984 年的“我们下海吧”的民间词汇很好地反映了邓小平的谈话内容。而在中国广大的乡村地区，各种形式的企业也逐步蓬勃发展起来。

1984 年乡镇企业[④]的说法被正式提出，这是由社队企业的名称转变而来，当时的中央 4 号文件规定：乡镇企业包括乡镇办、村(村民小组)办、联户(合伙)办、户(个体私营)办。这时的

---

① 胡耀邦. 全面开创社会主义现代化建设的新局面[R]. 1982.

② 参见第五届全国人民代表大会第五次会议通过的《中华人民共和国宪法》，1982 年 12 月 4 日。这是中华人民共和国第四部宪法。

③ 邓小平. 邓小平文选(第二卷)[M]. 北京：人民出版社，1994：23.

④ 刘美珣. 中国特色社会主义[M]. 北京：清华大学出版社，2004：376.

邓小平(1904—1997),中国共产党第二代领导核心,马克思主义者,无产阶级革命家、政治家、军事家、外交家,同时也是中国人民解放军、中华人民共和国的主要领导人之一。他是中国社会主义改革开放和现代化建设的总设计师,创立了邓小平理论。他所倡导的"改革开放"及"一国两制"政策理念,改变了20世纪后期的中国,也影响了世界,在1978年和1985年,曾两次当选《时代》周刊"年度风云人物"。

图 2-2 邓小平及其简介

乡镇企业,是按投资比例归类的,是指农村集体经济组织或者农民投资超过百分之五十,或者虽不足百分之五十,但能起到控股或者实际支配作用①。

此后,乡镇企业异军突起,这是政策容许个体户发展的一种变种形式。也就在这一阶段,温州形成了著名的"皮鞋之乡"、"服装之乡"、"纽扣之乡"、"打火机之乡"、"锁具之乡"、"电器之乡"等独具温州特色的工业体系,为温州地区经济的繁荣和发展做出了贡献。当地政府和民间普遍对温州民营经济的发展持鼓励和支持态度。

1987年10月,党的十三大报告提出,"对于城乡合作经济、个体经济和私营经济,都要继续鼓励它们发展","实践证明,私营经济一定程度的发展,有利于促进生产,活跃市场,扩大就业,更好地满足人民多方面的生活需求,是公有制经济必要的和有

---

① 参见第八届全国人民代表大会常务委员会第二十二次会议通过的《中华人民共和国乡镇企业法》,1996年10月29日。

益的补充”①。

1988年4月12日通过的《中华人民共和国宪法修正案》规定：“国家允许私营经济在法律规定的范围内存在和发展，私营经济是社会主义公有制经济的补充。国家保护私营经济的合法的权利和利益。”②这从宪法上确定了私营企业的地位。在这一段时期内，中央政策和法律文件以私营企业的形式承认民营企业的发展。

在这10年间，民营经济的称谓不断变化，民营企业从个体户到个体经济，再到私营经济。从政策制定者角度而言，这种变化是对个体间差异的承认，总结历史更好地服务于现实发展的必然选择；对民营企业而言，战略领导者需要破除历史的束缚，大胆地走新路子，其中，过人的胆魄是其领导者个人素质中的闪光点。这就是民营企业战略领导力的第一个层次的境界，也就是历史境界。

年广久（1937— ），安徽芜湖人，“傻子瓜子”的创始人。“傻子瓜子”因邓小平多次在高层提及年广久并收入《邓小平文选》而闻名全国，其本人被称为“中国第一商贩”。《邓小平文选》第三卷注释第43条，解释傻子瓜子道：“指安徽省芜湖市的一家个体户，他雇工经营，制作和销售瓜子，称为‘傻子瓜子’，得以致富。”

图2-3 年广久及其简介

---

① 赵紫阳. 沿着有中国特色的社会主义道路前进[R]. 1987.

② 参见第七届全国人民代表大会第一次会议通过的《中华人民共和国宪法修正案》，1988年4月12日。

能明显地反映这一时期的典型人物非年广久(见图 2－3)莫属。年广久因邓小平的三次点名解救而逃过劫难、名声大噪。第一次是 20 世纪 70 年代末,年广久因雇工超过一定数量而被质疑是否属于剥削,事情传至邓小平处,邓小平表示对个体经济发展给予了肯定,并就一些人对“傻子瓜子”姓“社”姓“资”的争论表示,要“放一放”、“看一看”①。第二次是在 1984 年,又有人要动“傻子”。邓小平说:“前些时候那个雇工问题呀,大家担心得不得了。我的意思是放两年再看。那个会影响到我们的大局吗? 如果你一动,群众就说政策变了,人心就不安了。你解决一个‘傻子瓜子’,就会变动人心,没有益处。让‘傻子瓜子’经营一段,怕什么? 伤害了社会主义吗?”②第三次是 1987 年,年广久刚推出 20 多天的“有奖销售”被叫停,后因涉嫌经济犯罪被羁押。1992 年初,小平同志在南方谈话中把“傻子瓜子”提到了事关全局的高度:“农村改革初期,安徽出了个‘傻子瓜子’问题。当时许多人不舒服,说他赚了一百万,主张动他。我说不能动,一动人们就会说政策变了,得不偿失。”③从年广久的事情看出,他的个人曲折经历折射出了那个时代中国社会的变化,同样是民营企业在“草商”阶段发展的展示。这是像他那样敢闯敢干的一批人与中国的政策、制度及僵化的思想的博弈,也反映出中央在对个体私营经济发展过程中不同意见的博弈。而这些个体工商户在改革的初期,完全凭借的是个人的胆量和独特的商业意识驱动他们在逆境中求得发展。这是在改革开放初期,也是刚刚走出政治乌云所迸发出的闯劲。这种单纯的闯荡注定了民营

---

① 小平解开姓“资”姓“社”死扣,媒体纪念邓小平 100 周年诞辰特刊[EB/OL]. http://www.people.com.cn/GB/shizheng/8198/36907/36908/2732008.html,2004.

② 邓小平. 邓小平文选(第三卷)[M]. 北京:人民出版社,1997:91.

③ 同上书:371.

企业在萌芽时期处于历史境界。

根据对上述政策的梳理，我们可以大致画出这一阶段有利于民营企业发展的政策路线表（如表2-1所示）。

表2-1　政策路线表

日　期	政策或法规	备　注
1978年	《中华人民共和国宪法》第5条	首次允许个体经济发展
1979年4月	《关于全国工商行政管理局长会议的报告》	为私营企业发营业执照
1981年7月	《关于城镇非农业个体经济若干政策性规定》	允许个体经济雇员2—5人
1981年10月	《关于广开门路，搞活经济，解决城镇就业问题的若干决定》	允许个体经济扩大经营规模
1982年9月	党的十二大报告	认为个体经济为公有制经济的补充
1982年12月	1982年《中华人民共和国宪法》	明确了个体经济的合法性
1983年1月	邓小平的谈话	允许一部分人先富起来
1984年	中央四号文件	首提乡镇企业
1987年10月	党的十三大报告	鼓励非公经济发展
1988年4月	《中华人民共和国宪法修正案》	保护私营经济的合法权益

二、发展（1988—1998）：先抑后扬获认同

这10年，虽然最初的几年政策上有所徘徊、反复，民营企业

的发展受到了一定的压制，但是，随着改革开放的深入，政策逐渐走向正规，民营企业获得了良好的发展机遇。民营企业迎来大发展时期，无论是在企业规模还是行业领域等方面，都取得了突飞猛进的发展，且在称谓上已名正言顺地被称为“民营企业”，这也是实质性的进步。

从政策角度考察，党和国家对民营企业的发展是大力扶持和支持的；尽管有时受到特定政治环境的影响会出现对民营企业质疑的声音，例如，从 1986 年的反资产阶级自由化思潮开始，“极左”派对我国经济改革中的个体经济、私营经济大加批评；1989 年政治风波后，在“公”与“私”、姓“资”与姓“社”的意识形态争论中，一些人对改革开放的政策更加质疑。在这样的环境中，各地对私营企业开始大规模的整顿，一些人开始把工厂交给集体。这种争论既没有尊重历史发展规律，也不是科学的发展方法。因而，这段时期科学境界是应有之义。“坚持四项基本原则，坚持改革开放，把坚持四项基本原则与坚持改革开放结合起来”，这种既尊重历史，又根据现实需要作出政策调整的做法，是一种遵循科学方法的表现，也是对历史境界的延续。

随着时间的流逝，从 1992 年开始，民营企业迎来了发展的春天，这段时期的出现缘于邓小平南方谈话和党的十四大政策定调。正如前文所述，现代意义上的“民营”概念最早于 1993 年提出。1993 年掀起了一股“国退民进”浪潮。此后，民营企业不断为我国经济发展贡献力量，在市场经济浪潮中不断发展壮大。

1992 年 10 月，党的十四大确立了社会主义市场经济体制的目标，指出：“经济改革的目标，是在坚持公有制和按劳分配为主体、其他经济成分和分配方式为补充的基础上，建立和完善社会主义市场经济体制”，“在所有制结构上，以公有制包括全民所有制和集体所有制经济为主体，个体经济、私营经济、外资经济为补充，多种经济成分长期共同发展，不同经济成分还可以自愿实行多种形式的联合经营。”①

1993年11月14日，党的十四届三中全会通过的《中共中央关于建立社会主义市场经济体制若干问题的决定》指出：“坚持以公有制为主体、多种经济成分共同发展的方针。在积极促进国有经济和集体经济发展的同时，鼓励个体、私营、外资经济发展，并依法加强管理。”“一般小型国有企业，有的可以实行承包经营、租赁经营，有的可以改组成股份合作制，也可以出售给集体和个人。”②

1995年9月28日，江泽民同志在党的十四届五中全会上的讲话中指出：“以公有制为主体、多种经济成分共同发展，是我们必须长期坚持的方针”，“在积极促进国有经济和集体经济发展的同时，允许和鼓励个体、私营、外资等非公有制经济的发展，并正确引导、加强监督、依法管理，使它们成为社会主义经济的必要补充。国家对各类企业一视同仁，为各种所有制经济平等参与市场竞争创造良好的环境和条件。”

这个阶段后期，在政策趋于明朗、趋于规范的情况下，民营企业逐渐走向改革发展前台。其中，有两件事较好地说明了这一时期党的政策、社会环境给民营企业产生的影响。第一件就是温州的“鹿运红帽子”事件，另一件是党的十五大报告的有关

---

① 江泽民. 加快改革开放和现代化建设步伐，夺取有中国特色社会主义事业的更大胜利[R]. 新华网，1992-10-12.

② 中国共产党新闻网. 中共中央关于建立社会主义市场经济体制若干问题的决定[EB/OL]. http://cpc.people.com.cn/GB/64162/134902/8092314.html，2008-9-23.

规定。

1995年,《中华工商时报》对“中国民营企业之都”温州的民营企业主戴“红帽子”现象的报道,在中国经济理论界掀起了一场大讨论。1995年4月27日《中华工商时报》刊登了浙江温州市一家股份合作企业——鹿城运输总公司法人代表、总经理张朝荣(见图2-4)的一封来信,随后该报又进行了8篇系列报道,引起了社会的强烈反响。

张朝荣,浙江温州人,中国投资城市公共交通事业的第一人。
1995年3月,温州发生了震惊全国的“鹿运事件”,张朝荣突然被罢免鹿城运输总公司总经理和法人代表职务。经《中华工商时报》报道,“鹿运事件”引起各方高度关注。1999年秋天,经法院协调,鹿城运输总公司更改为股份合作制企业。2000年,他再次被选为鹿运公司董事长。

图2-4 张朝荣及其简介

鹿城运输总公司成立于1993年2月,张朝荣个人出资361万元,约占公司总股金的62%,是最大的股东。鹿城运输总公司完全由张朝荣筹资并发起创立,为当地交通运输事业的发展做出了一定的贡献。1995年,该公司挂靠的鹿城区工交委以“莫须有”的罪名免去了他的法人代表总经理职务。鹿运公司明明是自筹资金、自主经营、自由组合、自负盈亏的私营企业,偏偏要顶着个集体企业的“红帽子”,后果苦不堪言。

张朝荣历经磨难,最后终于拿回了本属于自己的《企业法人营业执照》,重新当上了法人代表。鹿运公司代表的是当时迫于姓“资”姓“社”压力而戴上“红帽子”的民营企业群体，这种情形在当时非常普遍，打着集体的旗号，集体又未出资，这就造成了产权关系和司法解释的混乱，为民营企业埋下了定时炸弹。据统计，80年代末到90年代初，在“左”倾思潮影响下，全国有200多位私营企业家被逮捕，罪名是“贪污”、“挪用公款”等。之所以会出现上述罪名，原因很简单：企业家不是法人代表，企业分利润，是“贪污公款”；企业调拨资金，是“挪用公款”……因为企业戴着“集体”的红帽子。但是，无论如何，张朝荣们最终还是洗刷了自己的罪名，拿到了企业的合法的“身份证”，也说明国家改革开放趋势不可逆转，民营经济逐步得到了认可。

1997年9月，党的十五大报告指出：“公有制为主体、多种所有制经济共同发展，是社会主义初级阶段的一项基本经济制度”，“非公有制经济是我国社会主义市场经济的重要组成部分。对个体、私营等非公有制经济要继续鼓励、引导，使之健康发展。这对满足人们多样化的需要，增加就业，促进国民经济的发展有重要作用。”[①]把民营企业在内的非公有制企业的发展作为一项基本制度，这是我国历史上的第一次，在以后的发展中，我国还对这一制度不断地进行完善。党的十五大，把包括民营企业在内的非公企业正式描述为“非公有制经济”，这在历史上属首次；同时，把非公有制经济正式纳入到社会主义市场经济的体系中，承认其地位的重要性。

1997年9月，在这个“让思想冲破牢笼”的金色秋季，安徽建筑业的一个民营企业老板——沈文涛，走出了他躲藏20年的

① 江泽民. 高举邓小平理论伟大旗帜，把建设有中国特色社会主义事业全面推向二十一世纪[EB/OL]. 新华网，1997-9-12.

"藏身所",勇敢地摘掉了头上的"红帽子",在合肥注册成立了广厦股份合作制建筑公司。他"地下"经营已经多年,害怕别人指责他的企业性质,所以多年来不是"挂靠"在这个"集体",就是"挂靠"在那个"集体"。当时他说:"我决心跨出这一步",最终注册了私营公司。十五大之后,各地出现了摘掉"红帽子",还私营企业本来面目的热潮。

这段时间,中央政策是鼓励民营企业的发展,创造良好的环境平等对待民营企业与国有企业,并强调加强管理。但是,民营企业仍然是作为社会主义市场经济的"必要补充"。将民企定义为"补充",表明政策制定者稳妥的改革取向,也是尊重现实、讲究方法的表现。

在国企改制浪潮中,媒体的镁光灯聚焦在了时任山东诸城市委书记陈光身上。一时间陈光被推上了风口浪尖。1993年、1994年,不到两年时间,山东诸城市就把全市95%的国家和集体企业卖光了。因此,时任诸城市委书记的陈光被称为"陈卖光",诸城的做法引起了全国范围内的争论。有高级官员、知名学者撰文或写信给中央,直指诸城改革是搞私有化,致使国有资产流失,是走资本主义道路①。1994年前后,争论还只是局限在一些内部座谈会上,大部分媒体没有声音——但"不报道本身就是一种姿态"。1995年,由刘健执笔的长篇通讯《话说陈光》刊登在《中国青年报》显著位置。同年,创立不久的《东方时空》栏目把镜头对准了陈光。而此时,理论界的争论也摆上桌面。《改革》杂志1995年第6期刊登了吴敬琏等人的《放开放活小型国

---

① 李宗陶.陈"卖光"今昔 30年争议者·国企姓资姓社[EB/OL].南方人物周刊:打捞三十年争议人物,转引自腾讯网,http://news.qq.com/a/20080425/003791_1.html,2008-4-25.

有企业》，同期也刊登了陈国恒、王金梁的《对“诸城经验”的几点质疑》。随后，温州私企劲刮抢购国企旋风。诸城第一个吃“国退民进”这只螃蟹，带动了国退民进浪潮[①]。1996年3月朱镕基副总理在经过调查后，充分肯定了诸城的经验。朱镕基肯定了诸城的做法，实际上已经把承担改制失败的风险转移到了自己的身上。1996年末，朱镕基观看话剧《商鞅》，为剧情所动，潸然泪下[②]。从商鞅变法对比朱镕基改革，也就不难理解其落泪的原因。这就是制度过渡期所产生的激烈变革，变革的过程则是决策者冲破传统思想的束缚，客观上为民营企业的壮大创造了条件。

虽然陈光、朱镕基是政治家，并不是民营企业家，但他们是改革派政治家，他们身上体现了民营企业的发展轨迹，从他们承受的舆论压力可以看出：民营企业在儒商阶段的战略领导力仍然脱离不开历史境界，但这一阶段，科学境界已经成为民营企业战略领导力的主流境界。

三、成熟(1998年至今)：政策渐好实不至

1998年以后，随着国家经济的腾飞，民营企业在国民经济中的地位日益重要。伴随着国家法制体系的不断健全、完善，国家在政策层面也越来越重视民营企业，对民营企业的各种支持政策先后出台，而我国民营企业经过20多年的发展后也步入成熟期，到现在算是过了而立之年。

---

① 杨晶晶. 个私经济发展大事记(1978—2009年)[J]. 光彩，2009(9).

② 马立诚、凌志军. 交锋：当代中国三次思想解放实录[M]. 北京：人民日报出版社，2011：265.

民营企业步入成熟期，表现在以下两点：首先，做大做强的民营企业的数量不断增加，民营企业走上国际化道路的步伐加快；其次，从政策角度而言，党和国家的政策逐渐突破原有领域的壁垒和限制，使得民营企业有机会在更多的领域内与国有企业、外资企业平等竞争。

党的十五大的召开标志着民营企业成为社会主义市场经济重要组成部分。党的十六届三中全会的召开，标志着民营企业突破体制性障碍。民营企业与各种所有制企业平等竞争、相互促进的新格局正在形成，走向发展的新时期。

艺术的本质就是创新。民营企业战略领导力的艺术境界中没有任何一定的法则可供遵循，这也正是其与科学境界之间的最大差异。这段时间，政策需要创新，民营企业在面对跨国巨头的竞争时，也应具备创新能力，对民营企业战略领导者来言，其领导力水平要进入战略领导力的艺术境界才能适应当前阶段的需要。

1999 年 3 月 15 日，九届全国人大二次会议通过了《中华人民共和国宪法修正案》[①]：第六条增加规定“国家在社会主义初级阶段，坚持公有制为主体、多种所有制经济共同发展的基本经济制度，坚持按劳分配为主体、多种分配方式并存的分配制度”。第十一条增加规定“在法律规定范围内的个体经济、私营经济等非公有制经济，是社会主义市场经济的重要组成部分”。删去个体经济、私营经济“是社会主义公有制经济的补充”的提法，同时将该条的其他文字修改为“国家保护个体经济、私营经济的合法

① 参见第九届全国人民代表大会第二次会议通过的《中华人民共和国宪法修正案》，1999 年 3 月 15 日。

的权利和利益。国家对个体经济、私营经济实行引导、监督和管理”。可以看出，1999 年宪法更是从法律角度对民营企业的合法权益做出了保护的阐述。党对非公有制经济认识上的这一重大突破，为民营企业的发展提供了理论和制度保证，注入了强劲动力。

2001 年 7 月 1 日，江泽民总书记在建党八十周年大会上发表讲话，他指出："改革开放以来，我国的社会阶层构成发生了新的变化，出现了民营科技企业的创业人员和技术人员、受聘于外资企业的管理技术人员、个体户、私营企业主、中介组织的从业人员、自由职业人员等社会阶层。……他们与工人、农民、知识分子、干部和解放军指战员团结在一起，他们也是有中国特色社会主义事业的建设者。"[①]这是我国最高领导层第一次在公开场合提出民营企业的称呼，也是第一次把民营企业主定位为“有中国特色的社会主义事业建设者”。承认民营企业家是社会主义事业建设者，实际上就是承认他们也是劳动者，在政治上应该一视同仁，平等对待。这为民营企业家进入政治领域放开了限制。

2001 年 12 月 11 日《中国加入 WTO 议定书》生效，民营企业全球化时代真正开始。民营企业和跨国巨头在既定的政策框架内同台共舞。党的十六大明确提出："……第二，必须毫不动摇地鼓励、支持和引导非公有制经济发展。个体、私营等各种形式的非公有制经济是社会主义市场经济的重要组成部分，对充分调动社会各方面的积极性、加快生产力发展具有重要作用……各种所有制经济完全可以在市场竞争中发挥各自优势，

---

① 江泽民. 江泽民在庆祝建党八十周年大会上的讲话[EB/OL]. http://www.people.com.cn/GB/shizheng/16/20010702/501591.html，2001-7-2.

相互促进，共同发展。”[①]此外，十六大修改了党章，对入党对象的表述改为：“年满十八岁的中国工人、农民、军人、知识分子和其他社会阶层的先进分子。”[②]这是包括民营企业家在内的“其他社会阶层中的先进分子”，第一次明确地通过民营企业家可以加入中国共产党的决议，大大地提高了民营企业家的政治地位。

2003 年 1 月，重庆力帆实业（集团）董事长、重庆市工商联会长尹明善（见图 2-5）当选为重庆市政协副主席，成为改革开放以来首位进入省级政协领导班子的民营企业家[③]。这是具有标志性意义的一次事件，标志着民营企业家登上政治舞台[④]。

尹明善（1938— ），力帆控股有限公司董事长，重庆市政协副主席、全国政协委员，中国光彩事业促进会副会长。2002 年被选为重庆市工商业联合会（总商会）会长。2003 年当选为政协重庆市第二届委员会副主席，成为改革开放以来首位进入省级政协领导班子的民营企业家。

图 2-5　尹明善及其简介

---

① 江泽民. 全面建设小康社会，开创中国特色社会主义事业新局面[R]. 新华网，2002-11-8.

② 中国共产党章程，第一章第一条[EB/OL]. http://www.people.com.cn/GB/shizheng/16/20021118/868961.html，人民网，2002-11-18.

③ 黄豁、张琴. 民营企业家尹明善当选重庆市政协副主席[EB/OL]. http://unn.people.com.cn/GB/channel204/206/352/200301/13/238760.html，2003-1-17.

④ 蒋菡. 2003·民营经济：民营企业家登上政治舞台[EB/OL]. http://www.people.com.cn/GB/jingji/1045/2257085.html，2003-12-21.

中共十六届三中全会通过《中共中央关于完善社会主义市场经济体制若干问题的决定》①指出："个体、私营等非公有制经济是促进我国社会生产力发展的重要力量。清理和修订限制非公有制经济发展的法律法规和政策，消除体制性障碍。放宽市场准入，允许非公有资本进入法律法规未禁入的基础设施、公用事业及其他行业和领域。""决定"把民营企业视作一支"重要力量"，这是在中共十六大报告的基础上又前进了一步；另一个值得关注的是，"消除体制性障碍"也首次提及。

2004 年全国人大十届二次会议通过的中华人民共和国宪法修正案规定："国家保护个体经济、私营经济等非公有制经济的合法权利和利益。国家鼓励、支持和引导非公有制经济的发展，并对非公有制经济依法实行监督和管理。"②改革开放以来的历次修宪，都牵涉到对民营企业的表述，从几次修宪的情况看，对民营企业的表述都是倾向于支持其发展的。

2005 年 2 月 24 日，国务院出台《关于鼓励支持和引导个体私营等非公有制经济发展的若干意见》③，即"非公 36 条"。这是新中国成立以来第一次以中央政府的名义发布鼓励支持和引导非公有制经济发展的纲领性文件。在文件中，"放宽非公有制经济市场准入"、"加大对非公有制经济的财税金融"和"支持完善对非公有制经济的社会服务"等三个方面对民营企业的发展

---

① 中共中央关于完善社会主义市场经济体制若干问题的决定[EB/OL]. http://www.people.com.cn/GB/shizheng/1024/2145119.html，2003-10-14.

② 第十届全国人民代表大会第二次会议通过《中华人民共和国宪法修正案》，2004 年 3 月 14 日。

③ 《国务院关于鼓励支持和引导个体私营等非公有制经济发展的若干意见》，国发〔2005〕3 号，中华人民共和国中央人民政府网[EB/OL]. http://www.gov.cn/zwgk/2005-08/12/content_21691.htm，2005-8-12.

给予了极大的支持。

2007 年 3 月 16 日，十届全国人大第五次会议通过了《物权法》（见图 2－6）和《企业所得税法》，《物权法》的相关条款规定国家依法保护包括个人在内的所有物权人的合法物权，而《企业所得税法》的颁布则让包括民营企业在内的内资企业获得了与外资企业平等地遵守税制的法律依据，一定程度上扩大了民营企业的发展空间。

图 2－6　中华人民共和国物权法

党的十七大提出："……毫不动摇地巩固和发展公有制经济，毫不动摇地鼓励、支持、引导非公有制经济发展，坚持平等保护物权，形成各种所有制经济平等竞争、相互促进新格局……推进公平准入，改善融资条件，破除体制障碍，促进个体、私营经济和中小企业发展。以现代产权制度为基础，发展混合所有制经济。平等保护物权，形成各种所有制经济平等竞争、相互促进新格局"；"推进公平准入，破除体制障碍，促进个体、私营经济发展。"①对民营企业，十七大在十六届三中全会的基础上又有所突破，把个体、私营经济从非公有制经济中分离出，强调公平准入，破除体制障碍，而其目的是为了促进民营企业的发展。这与十六届三中全会的决定相比，有着明显的进步。

2008 年的两件事情对民营企业造成了不小的影响。发端于美国的金融危机蔓延全球，对民营企业产生了巨大的冲击，而

---

① 胡锦涛. 高举中国特色社会主义伟大旗帜，为夺取全面建设小康社会新胜利而奋斗[R]. 新华网，2007－10－15.

国家对个体户停止征收个体工商户管理费和集贸市场管理费则是对民营企业的极大鼓励，两费停征为个体工商户生存再拓新空间。

2009 年 7 月，国务院法制办公室公布《个体工商户条例（征求意见稿）》①，条例规定：个体工商户雇用工人数不再受限，国家对个体工商户实行平等准入、公平待遇的原则，流动摊贩可办理营业执照，个体工商户凭执照可申请贷款等，对民营企业的发展起到巨大推动作用。这意味着实施了近 22 年的《城乡个体工商户管理暂行条例》退出了历史舞台。

民营企业，从躲藏发展的个体户，逐渐过渡到社会主义市场的经济补充，再成为社会主义市场经济的重要组成部分，进而成为社会主义市场经济的一支重要力量，民营企业家也登上中国的政治舞台，这些变化始终与国家的大政方针相关联；从根本上讲，对民营企业的政策调整，也是不断创新的体现（如图 2－7 所示）。

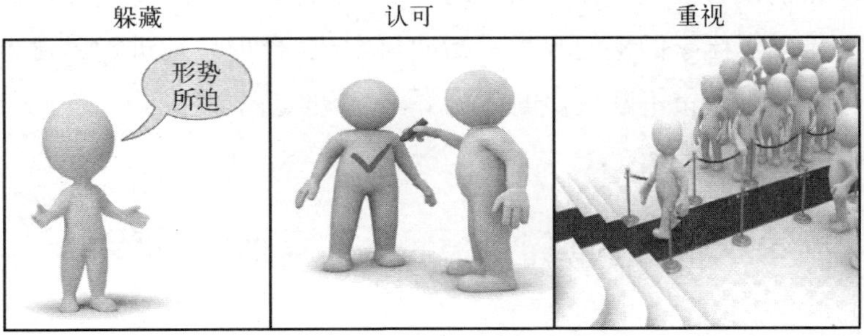

图 2－7　民营企业生存环境的变化

① 个体工商户条例（征求意见稿）[EB/OL]. http://news.xinhuanet.com/legal/2009-07/21/content_11745160.htm，2009-7-21.

在民营企业的蜕变过程中，两次金融危机的冲击和中国加入世贸组织的外部大环境的影响，对民营企业构成了新的挑战。在“入世”之前，民营企业的主要竞争对手是国有企业，甚至是民营企业的内部竞争。而自 2001 年中国加入 WTO 后，民营企业面临的不仅是来自国内企业竞争，更为重要的是世界五百强、跨国企业等带来的巨大挑战。此外，随着全球化不断深入，民营企业还要适应不断变化的国际国内经济形势。但是，国家的政策在目前的形势下为民营企业的发展创造了良好环境，这与加入 WTO 之前是不一样的，民营企业在这样有利有弊的环境中如何保生存、求发展，对自身的战略领导力提出了更高的要求，需要具有智慧应对世界五百强企业的压力和挑战，这就要求民营企业战略领导者具备哲学境界的战略领导力。

从改革开放 30 多年来的发展历史来看，随着国家政策不断地趋于科学化、合理化，民营企业在萌芽、发展、成熟期所处的境遇不同，表现不同，结果也不相同。但是有一点可以肯定，国家政策的出台促进了民营企业的发展，而民营企业的发展反过来也推动了国家制定的政策不断向科学化、合理化迈进。民营企业在这种政策不断变换的情况下，一步步走向成熟。

第 7 节　商道演化：三十春秋铸就传奇

古语说：“无规矩不成方圆。”规矩或者说制度是一个社会中单个人应遵循的一整套行为规范[①]。政策是在制度框架下行为

---

① Theodore W. Schultz. Resources for Higher Education: An Economist's View [J]. *Journal of Political Economy*, 1968,(76): 327.

规范的细化与执行，政策体现并执行着制度。制度包含政策，但政策对制度又有反作用。

政策是通过人制定、执行的。一般而言，政府的高层官员以及官方机构是政策制定与执行的主体，即政策主体。不可避免地，政策主体要对制度框架产生很大影响。这里所说的制度，主要就经济体制而言。从民营企业发展的历程可以看出，政策主体对制度施加的影响是巨大的。

从政策角度而言，民营企业的发展大致经历了雏形期、发展期和稳定期三个阶段。在这三个发展阶段，因时代的变化而导致制度的变迁，这种外在的制度变迁让民营企业表现出来的战略领导力是不同的。制度的变迁也围绕着政策的调整而从外在过渡到内在，即把民营企业从“制度外”引到“制度内”，这是一个渐进的过程，其路径是从计划经济体制向市场经济体制的转变，在此过程中，中央（治国者）、地方（政府官员）与微观主体（民营企业）三者之间以及三者内部相互博弈。

陆学艺认为中华人民共和国成立以来发生了两次重大的制度变革。其中“第二次重大的制度变革发生于 1978 年中共十一届三中全会以后，变革的基本动力是改革开放，方向是建立社会主义市场经济体制。通常，人们把这种转变叫作体制转轨。体制转轨的本质特征就是从计划和中央高度集权向市场和分权转变。社会转型则是指从传统农业社会向现代工业社会转型，从封闭社会向开放社会转型”①。

体制转轨与社会转型是中国民营企业成长发展的外部大环

① 陆学艺. 当代中国社会流动[M]. 北京：社会科学文献出版社，2004：10－11.

境，两者对民营企业的发展既有制度上的约束，也有空间上的机遇。经济体制转型对企业家活动有重要影响①，企业家在经济体制转型中发挥着重要作用②。任何一个制度变迁中的初级行动团体的成员至少是一个熊彼特意义上的企业家③（熊彼特意义上的企业家所指的是具有创新精神的企业家）。从这个角度而言，企业家既是制度变迁的承载者，也是制度变迁的推动者。民营企业在与制度的相互博弈中成长起来，在此过程中，其对民营企业战略领导力的要求也随之变化。

民营企业战略领导力所处的境界或许与王国维治学三境界也是相通的。王国维认为，古今成大事业、大学问者，必经过三种境界："昨夜西风凋碧树，独上高楼，望尽天涯路。"此第一境也。"衣带渐宽终不悔，为伊消得人憔悴。"此第二境也。"众里寻他千百度，蓦然回首，那人却在灯火阑珊处。"此第三境也。这三种境界与战略领导力的四层境界（历史境界、科学境界、艺术境界和哲学境界）本质上具有共通性。民营企业在 30 年发展变迁中，可以归纳为草商阶段、儒商阶段和哲商阶段，三个阶段，三种精神，这也是历史境界、科学境界与艺术境界的相应表现。

一、草商勇闯：为天下先，四千精神

草商，指富有冒险精神和实干主义，从草根阶层起家的商人，他们为生存而奋斗，凭经验管理、靠直觉做事，敏于行，讷于

---

① 丁栋虹. 制度变迁中企业家成长模式[M]. 南京：南京大学出版社，1999：25.

② 麦克米兰、乌德拉夫. 企业家在转型经济中的中心作用[J]. 经济社会体制比较，2003：6(88).

③ 戴维斯、诺斯：制度变迁的理论：概念与原因（载于科斯、阿尔钦、诺斯"财产权利与制度变迁：产权学派与新制度经济学派译文集"）[M]. 上海：上海三联书店、上海人民出版社，1994：266.

言，拙于思。这些人四处奔跑，永不疲倦，永不言败。

草商阶段，宏观上讲，是自改革开放后一段较长的时期，大致是从1978年到1992年这一段时间，处于我国社会主义计划经济体制的框架内。因此，我们把它归结为制度外在期；同时，对民营企业而言，整体上是处于“草商”阶段。从政策和法律角度来说，也没有打破计划经济体制的枷锁。在此环境中，民营企业（个体户、私营企业）要求生存谋发展，吸取历史教训，敢为天下先，具有“跑遍千山万水闯市场、吞尽千辛万苦办企业、道尽千言万语拉客户，想尽千方百计拜访成功”的四千精神，有常人所无的胆识与魄力，有着先知先觉的敏锐力，还要稍微具有市场意识和知识（参见图2-8）。

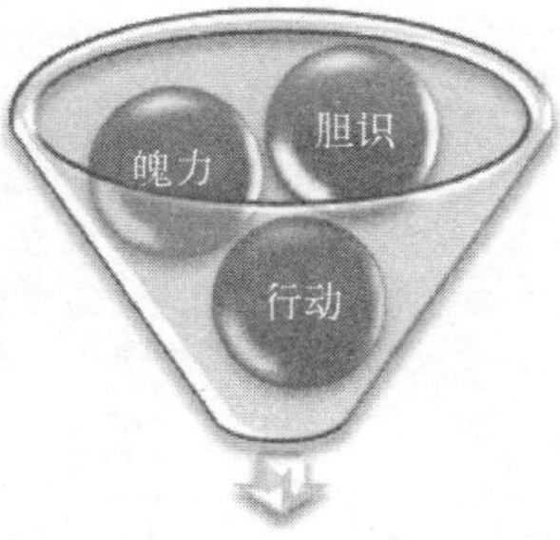

图2-8　草商的主要特征

如果人们试着找出具有四千精神的商人群体代表，浙江温州、义乌地区的商人或许会是大多数人首先想到的，这也从某种角度反映了浙商的敢为天下先的精神。而提到义乌，人们首先想到是规模宏大的义乌小商品城（参见图2-9），琳琅满目的小商品、熙熙攘攘的中外客商，而这一切的出现都与一个人息息相关——1980年代的义乌县委书记谢高华。

1980年8月，义乌一个普通的小商贩冯爱倩摇着她的拨浪鼓进城，为了给贫寒的家庭找一条生路，她偷偷摸摸地在县城摆起了小摊，受其影响，义乌北门慢慢地聚集了20多个摆地摊的人。然而，在当时摆地摊是不被允许的，政府专门成立打击投机倒把办公室，突击检查这些摆地摊的人。冯爱倩觉得这样下去不是办法，她想要为自己讨个说法。1982年5月的一天，冯爱

中国小商品城(宾王市场)于 1995 年 11 月 29 日建成开业,为中国小商品城的三大主体市场群之一,占地面积 209 亩,建筑面积 32 万平方米,由 5 个交易区块、国际贸易中心和义乌数码城 7 个部分组成,拥有商位 5 700 余个,经营主体 1 万余人,主营服装、针织内衣、皮革、纺织品、床上用品、出版物和数码产品等 7 个行业商品。

图 2-9 义乌市中国小商品城

倩将当时的县委书记谢高华堵在了县委门口,询问为什么政府不让百姓摆地摊,谢高华将其请到办公室听取她的诉说之后,经过研究,政府决定不再阻挠百姓摆地摊。正是在那一年,“鸡毛换糖”正式被义乌的工商部门认可,而冯爱倩成了义乌第一个取得“鸡毛换糖”许可证的小商贩,这份许可证也是义乌第一本个体商业营业执照。1982 年 8 月 5 日,经过调查之后,谢高华领导的义乌县委作出了一个当时令所有人认为是冒天下之大不韪的举措——正式开放义乌湖清门的小商品市场。这里成为义乌第一代小商品市场的雏形,从此义乌的小商品市场的发展势头一发不可收拾,最终闻名中外,义乌也被认为是一座建立在市场上的城市,而谢高华本人则被誉为“神州第一市接生人”。

可以说,义乌这群采用“鸡毛换糖”式开启民营企业经营之路的小商贩,是当时中国各地出现的“草商”群体的缩影。随着政策的好转,草商们的胆子越来越大,甚至有民营企业家竟然

“胆大包天”——均瑶集团的创始人王均瑶开创了国内民营企业包机第一例。当然，这都是在国家政策逐渐趋于规范和开放的前提下出现的，草商群体的发展加速了相关政策的出台。

1979—1981年改革开放以来的第一次宏观调控，用以抑制1978年的经济过热。虽然这在一定程度上挫伤了改革的积极性，也影响到了个体经济的发展；但是，在调控期间各地个体经济的发展仍然较为迅速。

1980年8月，中央提出“在国家统筹规划和指导下，实行劳动部门介绍就业、自愿组织起来就业和自谋职业相结合的方针”①。将发展个体经济作为解决就业的一条途径，提出“鼓励和扶持城镇个体经济的发展。”1980年8月9日，黑龙江省哈尔滨市南岗区成立了全国第一家个体劳动者协会；12月，温州发放第一批个体工商户营业执照共计1 844户，个体户章华妹领取了中国第一份个体工商业营业执照——工商证字第10101号。

1981年底，全国个体工商户首次突破100万户②。同时，以浙商为代表的个体户闯出了一条血路，可谓真正的敢为天下先。党的十二大提出了“计划经济为主、市场调节为辅”的改革指导方针，“鼓励和支持劳动者个体经济作为公有制经济的必要的有益的补充”③。

1984年1月，邓小平南方谈话后，决定开放十四个沿海城市。受此驱动，很多人“下海”从商（新中国成立后共有三次下海经商浪潮，这是第一次，其后两次发生在1987年和1993年），而

---

① 中国共产党80年大事记·1980年[EB/OL]. http://www.people.com.cn/GB/shizheng/252/5580/5581/20010612/487172.html，2001-6-12.

② 杨晶晶.个私经济发展大事记（1978—2009年）[J].光彩，2009（9）.

③ 胡耀邦.全面开创社会主义现代化建设的新局面[R].1982年9月1日.

该年被称为公司元年[①]。这一年出现了明显的公司热，而公司热则是经济过热的反映。针对此现象，中央 1985 年和 1986 年花了两年时间实施第二次宏观调控。即便是这样，在第二次调控的开局元年，温州瓯海登山鞋厂率先在全国使用"股份合作企业"名称；而股份制企业试点全面开展则要等到 1992 年，这意味着真正意义上的公司的成型，这是我国经济体制上的重大突破[②]，这一次浙商再次扮演了"领头羊"角色。第二次宏观调控的 1986 年是"七五"计划的开局之年，各地要求加快经济发展的呼声很高。因此，第二次宏观调控并未对个体私营经济发展造成多大的影响。相反，各地个体私营经济加速发展。当年 12 月 5 日，中国个体劳动者协会在北京成立。从此，数以千万计的城乡个体劳动者有了自己的全国性组织。兴起于 1984 年的乡镇企业在 1986 年可谓异军突起。1986 年底，乡镇企业的总数已经发展到 1 515 万家，劳动力近 8 000 万，向国家缴纳税金 170 亿元，实现总产值 3 300 亿元，占全国总值的 20%，"五分天下有其一"的格局悄然出现[③]。而乡镇企业只不过是个体私营经济的变异。

1987 年，《城乡个体工商户管理暂行条例》颁布。党的十三大[④]提出了建立计划与市场内在统一的体制，即国家调控市场，市场引导企业的经济运行机制，并第一次公开明确地承认私营经济的合法存在和发展，并提出党对私营经济的基本政策是鼓励、保护、引导、监督和管理。中国民营企业（个体私营经济）迎来了第一次高峰期。民营企业的这一轮发展高峰期是在计划经

---

① 吴晓波. 吴晓波全集[M]. 北京：东方出版社，2009：70.
② 浙江档案[EB/OL]. http://www.zjda.gov.cn/archive/platformdata/infoplat/pub/archivesi_12/docs/200711/d_65614.html，2007-11-28.
③ 吴晓波. 吴晓波全集[M]. 北京：东方出版社，2009：91.
④ 赵紫阳. 沿着有中国特色的社会主义道路前进[R]. 1987 年 10 月 12 日.

济的框架内受益于政策取得的，虽然两次宏观调控对民营企业的发展产生了一定程度的影响，但并没有阻碍其发展的势头。当然，民营企业的发展也有这时期的“原生代企业家”魄力的功劳。因此，1987 年被吴晓波看作是“企业家年”①。

1988 年全国人大七届一次会议通过宪法修正案，确定了私营经济的地位，进一步促进了民营企业的发展。但两年的经济过热，催生了通货膨胀等问题。基于此，中央开始治理整顿，实施第三次宏观调控，采取财政紧缩政策和货币紧缩政策是“双紧”政策，加上 1989 年的政治风波及其后续问题的大背景变化，严重通货膨胀被迅速有效地抑制，但中国经济增长也陷入了一年多的滑坡和市场疲软。在此期间，反对改革的人乘机大肆宣传，极左思想漫布北京。1990 年是在打击假冒伪劣产品的声浪中度过的，而首当其冲的是浙江温州的民营企业。民营企业在经济政策和政治环境双重影响下，受到沉重的打击，跌入低谷。一些民营企业家或被捕入狱，或把个人拥有的企业交给集体，化私为公戴上“红帽子”；农村一些地区也出现倒退现象，有人借口“壮大集体经济”，要收回农民承包的土地。这种社会舆论和社会环境，带来的是民营企业的停滞不前甚至倒退。一场声势浩大的姓“资”姓“社”的大讨论的就此展开。1991 年邓小平在上海视察时说：“不要以为，一说计划经济就是社会主义，一说市场经济就是资本主义，不是那么回事，两者都是手段，市场也可以为社会主义服务”；“希望上海人民思想更解放一点，胆子更大一点，步子更快一点”②。上海《解放日报》刊登署名皇甫平的文

① 吴晓波. 吴晓波全集[M]. 北京：东方出版社，2009：101.
② 邓小平. 邓小平文选(第三卷)[M]. 北京：人民出版社，1997：367.

章，宣传邓小平的改革开放思想，却遭到反对改革者的指责。

在制度外在期，由于计划经济体制并未突破，中央通过政策鼓励民营企业的发展；彼时，民营企业的称谓尚未出现，出身草根的他们被冠以“草商”之誉，因而在这个时期也是民营企业的“草商”阶段，这种特性决定了战略领导者需要借助个人的胆识、魄力，发觉商机，敢于冒天下之大不韪，敢闯敢干，才能创出一番事业来。以温州个体户营业执照、股份制为标志，下层（农民、个体户）自发的制度创新推动中央政策的走向，实际上是部分承认私有性。当这种自发的经济行为牵涉到政策、法律、理论的禁区或空白时，地方政府考虑到自身的利益，往往勒令其停止，而这些情况则为中央的决策提供可研究和探讨的问题，促使中央作出政策取向的改变或更正，而中央对待事件的态度，取决于高层之间的博弈。需要指出的是，在改革的前期（1992 年前），这种博弈往往是思想意识形态的交锋，是中国传统的农耕经济意识与西方的契约经济意识之间的拉锯，更深层次的是中国文化与西方文化的差异。若大规模的个体经济行为影响了整个国民经济的正常发展，中央以宏观调控给予回应，防止经济过热，引发通货膨胀。即便是这样，大胆的个体私营经济仍然能够取得长足的发展，只是在 1989—1991 年间因特殊的环境，个体和私营经济进入了低谷期。这种跌宕起伏的形势博弈是民营企业需长期面对的。归根结底，这个时期民营企业能够大发展的原因在于“没有一点闯的精神，没有一点‘冒’的精神，没有一股气呀、劲呀，就走不出一条好路，走不出一条新路，就干不出新的事业。”①

谈起“草商”绕不开“温州八大王”。“温州八大王”是改革开

① 邓小平. 邓小平文选(第三卷)[M]. 北京：人民出版社，1997：372.

放时温州最早的民间商人。

所谓“八大王”，是活跃在流通领域的8位经营大户，他们分别是：螺丝大王刘大源、五金大王胡金林、目录大王叶建华、线圈大王郑祥青、矿灯大王程步青、供销大王李方平、机电大王郑元忠和旧货大王王迈仟。他们凭着灵活的头脑和敢为天下先的精神率先开始了个人创业，并大跨步成为富得冒油的柳市有钱人。

在改革开放初期，“机电大王”郑元忠骑着摩托车，在他贴着马赛克的3层小洋楼与作坊工厂之间招摇过市，甚是得意。但是好景不长，1982年1月，中央下发了打击经济领域犯罪活动的紧急通知，决定在全国范围内开展严厉打击经济领域的犯罪活动。“八大王”的商品经济行为就被列为大案要案进行查处，被指控是在搞投机诈骗，理由是“赚钱这么多就是资本主义”。

1982年，“八大王事件”让这8个人一夜“举国闻名”，一度压得温州民营企业抬不起头。1984年，时任温州市委书记的袁芳烈深感“八大王案不翻，温州经济搞活无望”。他组织联合调查组，对全部案卷进行复查，得出结论是，“除了一些轻微的偷漏税外，八大王的所作所为符合中央精神”。用唯物主义的眼光看，这八个人是市场经济中先富起来的个体私营经济的代表人物，是民营企业的希望，是民营企业家的榜样。

1984年4月，“八大王”被平反。被释放出来的郑元忠就决定再战江湖。很快，郑元忠就东山再起。当年的“机电大王”郑元忠，现在仍然是温州叱咤风云的人物。郑元忠成立了精益集团，并在短短几年之后，联合十余家企业组建庄吉集团。如今，庄吉集团已有2 000多名员工，年产值超过10亿元。

郑元忠，浙江柳市人，高级经济师，现任庄吉集团董事局主席，温州市第十一、十二届人大代表。他于1973年开始创办实业，成为“柳市八大王”中的“机电大王”。

图 2－10　郑元忠及其简介

曾经从体制上成为被打击对象，再到高调平反，“八大王”的命运转折被深深地打上了时代烙印，他们的个人命运与中国改革开放大潮紧密相连。“八大王”事件是中国彼时个体经商者的缩影，在他们身上彰显了民营企业家的敢为天下先的精神。

二、儒商智行：科学管理，团队精神

儒商，是指以科学知识武装自己，秉承传统道德，具有经营管理智慧的商人。他们像以敏捷和速度著称的猎豹，嗅觉敏锐，行动快捷，能够巧妙地避开陷阱，迅猛地抓住猎物，并且在复杂多变的环境中修炼出应对危险和把握机会的特殊直觉。他们世事洞明、人情练达，熟悉每一种利益格局，懂得在灰色领域如何合法而又灵活地自如穿行(参见图 2－11)。

儒商阶段的开始，应该从邓小平 1992 年南方谈话算起。针对纠缠不清姓“资”姓“社”的问题，邓小平发表了著名的南方谈话，民间曾有“谁不改革谁下台”之说，但曾担任邓小平讲话记录者的陈建华却说原话是：“反对改革的人不要反对了，去睡觉好了。”[①]且不论哪句话正确与否，邓小平的南方谈话发挥了推动改革的作用。党的十四大提出建立社会主义市场经济体制的目标，这是对体制改革迈出的具有实质性意义的一步。但由于到 2000 年党的十五届五中全会召开时，我国初步建立起社会主义市场经济体制[②]框架，但还很不完善；同时，包括认定民营企业在内的非公有制经济是社会主义市场经济的重要组成部分的地位在 1999 年才写入宪法，被法律承认。因此，这一段时期我们认为是制度过渡期。民营企业经过 10 年的发展，已经从少到多，由小变大，对民营企业家战略领导力的要求也随之提高。民营企业不仅要回顾历史，总结经验，还要进入较高层次——科学境界，具备科学精神，实现企业的科学管理。在此过程中，对民营企业战略领导力的要求在胆识的基础上，更加侧重于人脉、团队和经济实力。

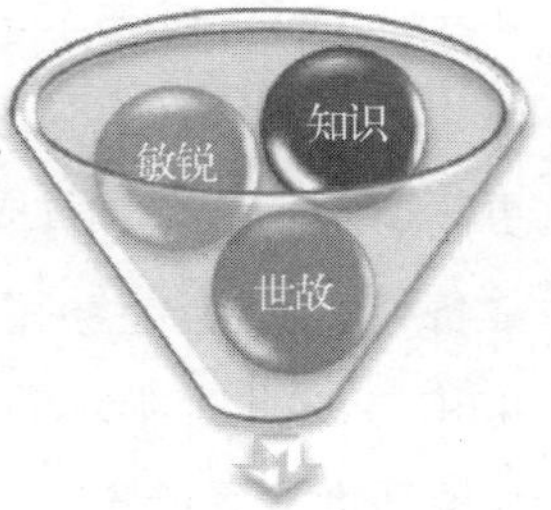

图 2-11　儒商的主要特征

1992 年，在改革开放关键的历史时刻，邓小平发表了一系列重要讲话，引发解放思想、加快改革步伐的热潮，也给民营企业吃了一颗定心丸。同年 10 月，党的十四大明确提出了建立社会主义市场经济体制的目标模式，民营企业迎来了第二次发展高潮。

---

① 邓小平“南方谈话”：反对改革的人去睡觉[EB/OL]. http://news.xinhuanet.com/politics/2008-04/24/content_8040918.htm，2008-4-24.

② 武国友. 社会主义市场经济体制的初步建立——改革开放历程回顾之十二[J]. 紫光阁，2008(12)：15.

1993 年，掀起了第三轮下海经商浪潮，一批企业新星相继诞生。民营企业高速发展势必对战略领导者的战略领导力提出更高要求。战略领导者未必具备全面的科学管理知识，但至少具备科学精神，能够完成对企业巨人的正规化管理。针对 1992 年和 1993 年上半年的经济过热现象，中央从 1993 年到 1996 年采取适度从紧的宏观调控政策，使经济成功"软着陆"，进一步使社会主义市场经济走向完善，为抵御随后爆发的亚洲金融危机打下了良好的基础。这次的宏观调控在时任副总理朱镕基的主持下展开，效果显著，不但未对民营企业的发展产生冲击，反而刮起了"国退民进"的旋风。1993 年开始，山东诸城市卖光国有企业，引发大争论。1995 年党的十四届五中全会提出国有企业"抓大放小"的举措。1996 年 3 月朱镕基视察诸城国有企业改革①，肯定了诸城的做法②，引爆了一场激烈的大争论。四份"万言书"③《影响我国国家安全的若干因素》、《未来一二十年我国国家安全的内外形势及主要威胁的初步探讨》、《关于坚持公有制主体地位的若干理论和政策问题》和《1992 年以来资产阶级自由化的动态和特点》对改革开放横加指责。至此，在邓小平南方谈话为姓"资"姓"社"定调后，姓"公"姓"私"的问题再次浮出水面。1997 年江泽民在中央党校的"五・二九"讲话和党的十五大平息了这场争论。因此，凌志军认为这是继真理标准大讨论和邓小平南巡后的第三次思想解放④。这一轮对"国退民进"

---

① 诸城档案信息中心档案展览，领导视察[EB/OL]. http://www.zcdaj.gov.cn/web4/index2.html.

② 吴晓波. 吴敬琏传——一个经济学家的肖像[M]. 北京：中信出版社，2010.

③ 马立诚、凌志军. 交锋：当代中国三次思想解放实录[M]. 北京：人民日报出版社，2011：243，276，312，351.

④ 同上。

的辩论冲破了所有制观念的束缚。在思想观念、政策和法律方面为国有企业改革扫清了障碍，也为民营企业的发展赢得了空间。

在这段时期国有企业转制的过程中，民营企业要取得一席之地，其战略领导力的要求就体现在经济实力、人际关系和科学管理方面。例如，到 1996 年，浙江将几乎全部的乡镇企业都变成了私人所有或股份制，而且股份制企业实行的都是“经营者持大股”；江苏原先发达的乡镇企业，到 90 年代下半期也把乡镇企业几乎都变为“股份制”和“股份合作制”企业，这些企业几乎都是“经营者持大股”。这些经营者既要具有丰富的市场经济知识和管理能力，也要有开拓市场的人际网络关系的实力，而其作为企业的大股东必须要有一定的经济实力，成为企业的经营者。从民营企业整体发展来看，进入了儒商阶段，对企业自身而言，民营企业战略领导者需要具备科学精神，对企业自身及团队有效的管理，这就需要科学的方法。

1997 年东南亚发生金融危机，波及中国。当时我国对国际资本实施金融管制，没有受到金融风暴的直接影响，但随着整个亚洲经济的低迷，经济发展受到外需减少的影响，股市陷入低迷，消费市场冷清，经过几年的宏观调控，通货膨胀的压力日渐释放，通胀率几乎下降为零，但是，消费过冷的景象却同时出现。随着这种市场环境的骤然变化，中国民营企业迎来了一个突如其来的“雪崩之年”，陷入短暂的低谷期。困境产生机遇。在面临东南亚金融危机的同时，我国国有企业改革的进程却在加速。在“抓大放小”的整体思路框架下，国有企业改革的思路有了微妙的变化：国有资本从完全竞争领域中大面积退出。一种新的“国退民进”的战略出现了。“不管前面是地雷阵还是万丈深渊，我都将一往无前，义无反顾，鞠躬尽瘁，死而后已。”[①]这是朱镕基上任后对国有企业改革等问题发出的豪迈之言。1998 年中央实行积极的财政政策和稳健的货币政策的宏观调控。这些为增强国内需求而实施的措施，也为民营企业的发展提供了机遇。此外，在此期间，中国互联网的发展取得突破，进入一个空前活跃的时期，应用和政府管理齐头并进[②]，四大门户网站[③]在这个阶段成立。1999 年《个人独资企业法》颁布，这在放宽市场准入、鼓励民间投资和扩大内需方面具有重要意义，对私营企业和个体工商户具有特殊的意义。2000 年中央决定实施西部大开发的战略，这又为民营企业的发展创造了一个腾飞的机遇。在“国退民进”的浪潮中，民营企业的战略领导者在充满市场机遇的时期，其人脉资源、团队和企业实力，对企业的扩张和竞争力的增强起着重要的作用。

1992—2000 年，我国处于市场经济的初期或者说是过渡期，民营企业的发展始终伴随着国有企业的改革——“国退民进”，民营企业与外部环境的角力，似乎更表现在中央为排除保守思想所作的努力，当然，利益的较量与博弈也贯穿其中。民营企业更多的是从微观角度在内部争取对国有企业的经营权。因此，当中央的政策为国有企业改革指明方向后，民营企业的数量在此阶段随之增加，数量的增加迫使其增强竞争力，也就是质的提高。从数量方面看，国有企业转为民营企业的过程中，其经营者成为焦点。在国有企业改革中，哪些人容易成为经营者？首

---

① 朱镕基．朱镕基答记者问[M]．北京：人民出版社，2009：8.

② 中国互联网历史长廊[EB/OL]．http：//tech. sina. com. cn/i/2005 - 07 - 19/1129666996. shtml，2005 - 7 - 19.

③ 网易成立于 1997 年，新浪、搜狐、腾讯三大品牌则于 1998 年兴起。

先，当然是原国有企业的职工，具有较强的经营管理能力，而这些职工却不限于原来的管理层，不过管理层的机会优于普通员工。其次，党政机关“下海”从业人员——近水楼台先得月。这些人利用自身原有的政治影响力，整合各种资源，成为企业的掌门人。再有，便是原先实力雄厚的民营企业。经济实力强的民营企业在国企改革中成为经营者，温州民营企业抢购国有企业就是一道亮丽的风景线。三种身份，一个结果，但都不外乎三个原因：人脉关系、团队建设和经济实力。这构成了这波“国退民进”浪潮中民营企业发展的重要因素。这三个因素是民营企业战略领导力的重要组成部分。不论哪种人成为经营者，都不能忽视与外界及与团队之间的博弈行为，博弈是在团队合作的基础上完成的。

三、哲商大成：哲学头脑，利他精神

哲商，是指商人和哲人的结合体，是能用哲学智慧统率科学知识的新商人，是一群趋于大成的商人，在他们的经营运作中体现出来的是大智慧。他们就像草原中的大象一样，站得高、看得远，走得虽慢，却是脚踏实地、一步一个脚印，不断累积雄厚的实力。这些人平时看起来四平八稳、不轻易出手，但随便跺跺脚，商界就要晃三晃。在商界中，这类人屈指可数，是儒商们向往追求的目标。

在哲商阶段，从国家整体情况而言，体制转轨成功，处于完善社会主义市场经济体制时期，同时，我国的社会转型取得了突破性的进展，现代工业社会与开放社会已经基本形成，民营企业走上正常的发展轨道，我们称之为制度内在期；民营企业的发展

图 2-12　哲商的明显特征

也不能单单为了企业利益而发展，需要分担社会发展过程中带来的社会责任，履行社会义务。譬如，对公益事业的热心，对中西部贫困地区发展的支助，这种支助未必是直接的经济无偿投入，也可以是参与对西部的建设。本质上，这是民营企业的利他精神的体现，因而民营企业走入了“哲商”阶段，对民营企业家战略领导力的要求相应地迈入艺术境界以及一定程度上的哲学境界。

2000 年，中央政府实施西部大开发的战略，西部大开发战略的实施为民营企业参与政府解决区域发展不平衡问题的努力提供了新的机遇①。2001 年中国正式加入 WTO，对民营企业产生了冲击。为抓住政策的机遇和应付全球化跨国企业的挑战，民营企业要壮大自己的实力，必须在政治层面占有一席之地。经济基础决定上层建筑，当经济发展到一定程度，需要上层建筑保驾护航，以达到经济发展的更高水平。2001 年就是一个分水岭。西部大开发既是民营企业发展的机遇，实际上也是民营企业参与国家事业建设、分担国家责任，扩大社会影响力的体现。跨国巨头进军大陆，民营企业面对的挑战巨大，这就需要民营企业具有更强的创新精神，以应对外资企业的巨大压力。这种创新精神和社会责任是民营企业战略领导力达到艺术境界和哲学境界的展现。在这两种境界下，政治影响力和社会影响力

① 高俊才，时任国家发展计划委员会司长，http://www.cspgp.org.cn/5_hyhd/gjhy/27.html。

是民营企业战略领导力的具体要求。对社会责任的分担，体现了民营企业的利他精神。

2001 年江泽民在纪念建党八十周年大会上的讲话，承认民营企业家是“有中国特色的社会主义事业建设者”。2002 年十六大修改了党章，允许民营企业家入党。2003 年重庆力帆实业（集团）董事长、重庆市工商联会长尹明善当选为重庆市政协副主席，成为改革开放以来首位进入省级政协领导班子的民营企业家，标志着民营企业家登上政治舞台。此后，在全国人大、全国政协和地方人大、地方政协等都有了民营企业家的身影。中央这些政策的变化，既是经济发展的必然性，似乎也是有意在中国加入 WTO 后为民营企业保驾护航，做民营企业走向世界的坚强后盾。

笔者认为自从中国加入世贸组织后，在全球化背景下，在充满诱惑的中国市场，国有企业、民营企业和外资企业三分天下的竞争格局，尤其是在竞争性行业和领域，民营企业和外资企业的竞争更加激烈，民营企业走向世界，要想在全球市场的“掰手腕”中不败下阵来，需要与国家的通力合作，这是其一；其二，由于我国特殊的国情，企业发展与政治的关联度较大，必定影响到民营企业在国际上的竞争力；其三，实践证明，20 世纪 80 年代中后期到 90 年代初，民营企业戴“红帽子”的经历也表明，在中国特殊的国情中，企业的发展、壮大离不开政治。因此，对民营企业战略领导力的要求转向政治领域和国际化视野。这实际上是要求民营企业战略领导者具备哲学头脑，从国家发展的战略高度把握民营企业自身的发展，是利他精神的展现，只不过这种利他精神是以国家的发展战略为基准。

2005 年 2 月，国务院出台《关于鼓励支持和引导个体私营等非公有制经济发展的若干意见》[①]，即“非公 36 条”，放宽市场准入，“允许非公有资本进入垄断行业和领域”，“允许非公有资本进入公用事业和基础设施领域”，“允许非公有资本进入社会事业领域”，“允许非公有资本进入金融服务业”，“允许非公有资本进入国防科技工业建设领域”。由此，民营企业迎来了第三轮的发展浪潮[②]，走进了第三个春天[③]。民营企业进入这些领域，尤其是与民生相关的行业、领域，是民营企业参与社会建设的一种展现，突显了民营企业在参加中国特色社会主事业建设中的主动性和利他精神，这是一种双赢乃至多赢的局面，其中蕴含着民营企业积极参与各领域建设的表现行为和各种争取举措。

但 2008 年的全球金融危机却使我国经济发展受到影响，出口陡然下降，使民营企业的发展受到了大面积的冲击。由中国民主建国会中央委员会企业委员会、妇女委员会与中国企业家调查系统共同组织实施，对国内 1 000 余家民营企业 2009 年的经营状况全面调查，得出：“2009 年以来，国际金融危机对民企出口造成重大影响，产品出口数量和价格大幅下滑，多数企业盈利状况不理想，成本上升、资金紧张、产能过剩和缺乏人才成为民营经济遇到的主要困难。”[④]尽管在这样的情况下，民营企业

---

① 国务院关于鼓励支持和引导个体私营等非公有制经济发展的若干意见，国发[2005]3 号 [EB/OL]. http://www.gov.cn/zwgk/2005-08/12/content_21691.htm，2005-8-12.

② 民营经济，第三次浪潮[EB/OL]. http://news.xinhuanet.com/report/2005-08/02/content_3297835.htm，2005-8-2.

③ 民营经济发展历程，非公有制的三个春天[EB/OL]. http://book.people.com.cn/GB/108221/8897647.html，2009-3-3.

④ 王炳坤、陈梦阳. 千家民营企业调查报告披露金融危机下的经济“新讯息”[EB/OL]. http://news.xinhuanet.com/fortune/2009-09/05/content_12001777.htm，2009-9-5.

在数量、就业方面都保持了增长，“截至 2008 年底，登记注册的私营企业达到 657.42 万户，较 2007 年底增加 54.37 万户，增长 9.0%；个体工商户达到 2 917.3 万户，较 2007 年底增加 175.8 万户，增长 6.4%”①。

此外，民营企业对社会公益事业的发展也做出了积极的贡献，例如，“据全国工商联对上报的 8 000 多家会员企业的不完全统计，2008 汶川大地震发生后不到 1 个月，累计捐赠款物 624 亿多元，其中捐赠额 1 亿元及以上的民营企业就有 5 家”，“民营企业组织员工参加志愿者队伍，为奥运会、残奥会的顺利进行，为我国国际形象的树立和国际地位的提升作出了重要贡献”②。民营企业对社会的贡献是其利他精神的充分体现。从根本上讲，这是民营企业战略领导者的所具有的哲学头脑使然，能够站在国家战略发展的高度，审时度势，讲奉献，顾全大局。民营企业在国际金融危机冲击面前，多数民营企业家一方面积极主动应对国际金融危机的严重冲击，另一方面积极履行社会责任。不少民营企业家公开表示不裁员或减薪不减员，以实际行动缓解了严峻的就业形势，为保持社会和谐稳定作出了重要贡献。

自 2001 年以来，民营企业所处的环境有了实质性的变化。首先，体制转型成功，从计划经济体制过渡到市场经济体制；其次，社会转轨成功，从封闭的社会逐步演变为开放的社会；再者，市场格局变化。国有企业、民营企业和外资企业“三足鼎立”的局面已经形成，但是在一般性竞争领域则是民营企业与外资企

---

① 2008 年中国民营经济形势发展分析[EB/OL]. http://www.china.com.cn/news/zhuanti/09myjjlps/2009-09/25/content_18603550.htm，2009-9-25.

② 同上。

业构成主角。而在这市场格局中，民营企业分别与国有企业、外资企业的角逐构成了这个时期的主旋律。民营企业与国有企业争夺的是在更多的行业内拥有自身的发展空间，与外资企业则是在相对固定行业内的较量。入世后，民营企业与外资企业的较量在政策法律方面得到了国家的支持，例如，民营企业家入党、登上政治舞台，内外资税收统一，新 36 条的颁布等；政治地位的提高为民营企业的发展提供保障，民营企业在获得更多的发展权利后，反馈社会，参与分担社会责任，参与中国特色社会主义事业建设。

民营企业的哲学头脑和利他精神，从根本讲是民营企业战略领导者站在国家发展战略的高度，结合区域经济的发展，在壮大自身企业的同时，提供就业，稳定社会，参加社会公益事业等的体现。因而，民营企业此时可以说一定程度上已经进入哲学境界，其中，李书福（见图 2 - 13）是一个典型。

李书福（1963— ），现任吉利集团董事长。李书福白手起家，创办吉利集团。1999 年底，吉利集团员工发展到近万人，总资产 20 多亿元，年销售收入 30 多亿元。吉利集团是中国第一家生产轿车的民营企业。2010 年 3 月 28 日 21 点，在瑞典的斯德哥尔摩，吉利汽车以 18 亿美元的价格收购瑞典汽车企业沃尔沃 100% 的股权，此次收购案震惊业内。

图 2 - 13　李书福及其简介

李书福回答企业与政府的关系："是领导和被领导的关系"，"听党的话，跟党走"。在对于沃尔沃的产业布局上，"更是实现了企业利益、国家利益、社会责任三者的完美结合。为了参与和支持中国西部大开发，他在成都建立沃尔沃汽车西部基地；为了参与和支持东北老工业基地的振兴，他在大庆建立沃尔沃汽车北部基地；为了推进中部崛起，他选择了湘潭；为了提升高档轿车、电动车和新能源汽车的设计和研发，他把沃尔沃汽车中国技术中心建在上海”①。李书福把企业的发展结合到国家战略的发展中，说明了他具备较强的民营企业政治战略领导力，懂得如何与把企业的发展纳入国家的使命中，做到利益的一致。具备这种素质的民营企业战略领导力这对我国未来的发展具有重要的意义。

国家中长期人才发展规划纲要（2010—2020 年）对企业经营管理人才队伍发展目标提出："适应产业结构优化升级和实施'走出去'战略的需要，以提高现代经营管理水平和企业国际竞争力为核心，以战略企业家和职业经理人为重点，加快推进企业经营管理人才职业化、市场化、专业化和国际化，培养造就一大批具有全球战略眼光、市场开拓精神、管理创新能力和社会责任感的优秀企业家和一支高水平的企业经营管理人才队伍。到 2015 年，企业经营管理人才总量达到 3 500 万人。到 2020 年，企业经营管理人才总量达到 4 200 万人，培养造就 100 名左右能够引领中国企业跻身世界 500 强的战略企业家。"②民营企业是社会主义市场经济的一支重要力量，而民营企业家是建设中国特色社会主义事业的重要力量。民营企业战略领导者也是国

① 程冠军. 沃尔沃的中国梦[EB/OL]. http://www.cntheory.com/2011LHCZ/2011/38/113813363HIK2D0F91E4G83G7J3C0.html，2011-3-8.

② 国家中长期人才发展规划纲要（2010—2020 年）[EB/OL]. http://www.gov.cn/jrzg/2010-06/06/content_1621777.htm，2010-6-6.

家中长期人才发展规划的重要对象。

提升民营企业战略领导力，增强民营企业的核心竞争力，符合国家中长期人才发展规划纲要的战略部署，对实现市场化、专业化和国际化的高素质人才队伍具有积极意义。民营企业已经成为我国国际竞争力和综合国力的重要组成部分。民营企业在对经济增长的贡献、财政纳税等方面的做出的积极意义很明显。随着全球化进程的加速，我国国内市场上本土企业与外国企业的竞争日益加剧，与此同时，我国企业正在前所未有的广度和深度上参与国际市场的竞争。我国民营企业在这两个市场上的竞争态势和成败得失，是我国国际竞争力的重要表现，具有重要的意义。而且，从发展趋势来看，民营科技企业将成为我国发挥科技第一生产力作用的主力军。同时，强大的民营企业也是市场经济体制的重要基石，是中国特色社会主义的鲜明特色。

民营企业的进一步壮大需要注重团队建设。新 36 条颁布后，民营企业进入了更多行业和领域，但其以后的发展仍然离不开自身的团队建设与合作。实际上，自党的十四大确立建立社会主义市场经济体制的目标后，民营企业的团队建设就是一个永恒的主题，加入世贸组织后，面对跨国巨头的挑战，其重要性更为突出。

整体意义上，民营企业的发展经历了萌芽期、发展期和成熟期三个不同时期，民营企业所展现出的战略领导力各有侧重点，且逐渐对民营企业战略领导力的要求呈现不断提高的趋势。而且，这种战略领导力在民营企业发展到不同的阶段表现出的亮点（精神特质）也是不同的。

第8节　浙商传奇：历经磨砺成就第一

——上海市浙江商会案例分析

商会萌芽于欧洲封建社会的商人行会，即商人基尔特①。据笔者所得到的资料来看，世界上第一个商会于1599年在法国成立，因而该国是世界上最早成立商会的国家，是近代商会的发源地。目前已知现存最古老的商会是格拉斯哥商会（Glasgow Chamber of Commerce），成立于1783年。

国外有商会，国内则有商帮。商帮是以乡土亲缘为纽带，以会馆办事机构和标志性建筑为办公地点的商业组织。清朝时有晋商、徽商等10大商帮。现在形成了山东商帮、苏南商帮、浙江商帮、闽南商帮、山东商帮等“五大商帮”。我国现代商帮具有很强的地域性特征，与国家的改革开放的政策有莫大关联。

如图2-14所示，现代商会一般具有以下四个法律特征：公益性、民间性、自律性、法人性。从这个角度而言，与商帮相比，商会更像是现代法人企业，而商帮更类似于家族企业。

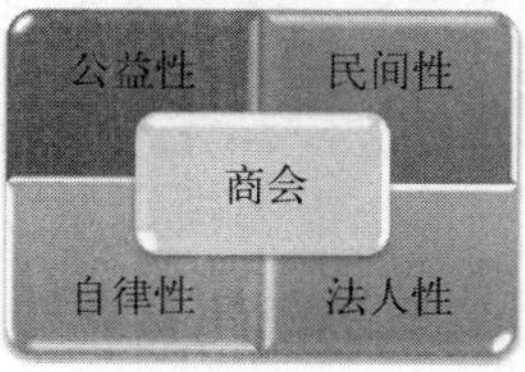

图2-14　现代商会的法律特征

随着商品经济的发展，商业化程度

① 基尔特（Guild）即行会、同业公会。中世纪欧洲城市中同行业或相近行业的手工业者的联合组织。目的在于维护其成员不受封建主的侵犯，保障他们对手工制品的生产和销售的垄断权利。在世界许多封建国家的城市中均有这种组织。在西欧，盛行于13—14世纪。基尔特有自己的会员大会。大会制订行规，统一规定生产的规模、产品的规格等。

的提高，同行业、跨行业之间的交流日益频繁，我国各地出现了大大小小的商会。

一、上海市浙江商会概述

上海市浙江商会原名浙江省驻沪企业协会，1986 年 3 月 5 日成立，是经上海市民政局注册登记批准具有法人资格的社团性组织，由上海市合作交流办公室和浙江省人民政府驻上海办事处共同指导，是浙江省驻沪企业和浙江籍企业家的经济总部，是联结沪浙两地经济和政企沟通的桥梁纽带。目前商会联系宁波、杭州、温州、台州、绍兴、金华、湖州、丽水等地区商会，同时设有房地产分会、文化餐饮娱乐分会、女企业家联谊会等直属分会。

上海市浙江商会现有 5 000 家会员企业，其中直属会员近千家。前会长单位上海复星高科技（集团）有限公司是中国知名的大型综合民营企业集团，核心业务包括钢铁、房地产、医药、零售、金融服务及战略投资等。

上海市浙江商会本着“开放、合作、创新、发展”的宗旨，立足国内、迈向国际，以全球化视角加大各方合作领域；以实施“无边界服务”为理念，为广大会员解难题、办实事，真正想会员所想，急会员所急；围绕“在沟通中发现商机，在服务中创造价值”的口号，商会不断组织各种国内外商务考察活动，旨在引导和推进会员企业做强做大。努力把上海市浙江商会建设成中国最具影响力的商会和享誉海内外的国际品牌之一。

二、上海市浙江商会剖析

1. 草创期(1986—2003)

1984 年，正值中国深化改革开放之初，上海、天津等十四个沿海城市当年宣布对外开放。在此背景下，84 家浙江民营企业看好沿海城市开放的机会，挤进上海微启的开放大门，成为投资上海的先锋。

1986 年，浙江省驻沪企业协会成立，该协会是上海市浙江商会的前身，首任会长为上海苍南贸易公司总经理关珠泉，他为协会的成立付出了大量心血。1989 年 4 月，浙江南湖林场上海贸易公司经理应久富担任协会第二任会长，他推动上海浙江两地政府重视商会的工作，加强两地之间的交流。1993 年 4 月，浙江省人民政府驻上海办事处副主任蓝光德，担任协会第三任会长，他的工作身份性质，使其在位期间的协会工作带有较多政府色彩。1997 年，尖峰集团上海房地产公司总经理陈春纪担任第四任会长，带领协会平稳度过了一段岁月。1999 年 5 月，上海轻纺市场有限公司董事长蔡智平担任协会第五任会长，他积极奔走，帮助会员企业寻求资助和贷款，组织各种考察和联谊活动。在他的带领下，当时协会会员增加到 500 多家，2002 年协会成立 15 周年时，时任浙江省委书记的张德江亲临协会听取工作汇报，庆典现场两地官方高层和社会名流如云，迎来了上海浙江商会蓬勃发展、得到政府赞赏和社会认同的一个高潮。多年来，浙江驻沪办主任李晓晋兼任上海浙江商会荣誉会长一职，为商会的发展做出了不可磨灭的贡献。

然而，从 1986 年成立到 2003 年王均瑶出任接掌商会之前，商会的发展并没有引起社会足够的关注。自协会成立之日起，如何提高其影响力、凝聚力等成为几任会长重点关注的问题，然而"20 年间，历任会长探索的几乎都是这个主题。直到原均瑶集团董事长王均瑶接任会长和前任会长复星集团董事长郭广昌近年来许多创造性的实践，才让这个省外省级民间机构名声大震，影响力和凝聚力逐年递升"①。

在雏形期这 17 年期间，历经五任会长，协会的影响力并不强大。足见其战略领导力的欠缺，但也不能因此全盘否认协会战略领导力的作用。我们仍然可以看到，协会成立本身就是紧跟时代的步伐，体现了战略领导者的战略眼光。

2. *发展期*(2003—2004)

随着王均瑶(见图 2-15)当选为会长，2003 年 9 月浙江省驻沪企业协会改名为上海市浙江商会。王均瑶开创了"新浙商时代"富有成效的工作。王均瑶曾在上任之时表示在其任期内做 10 件实事，包括：建设一幢新浙商大厦，既做会员的活动场所，也做商会的办公用地；在浙江建设一个工业园，组织商会成

王均瑶(1966—2004)，浙江省温州市人，均瑶集团创始人，著名民营企业家。

图 2-15　王均瑶及其简介

① 富有创造性的实践——解读上海市浙江商会[EB/OL]. http://www.zj.xinhuanet.com/2007special/2007-07/06/content_10501199.htm，2007-7-6.

员回乡创业；组建巡回演讲团，在全国传播“浙江精神”；建立公益基金，资助教育事业，扶助弱势群体；创办《新浙商》，每月一期；定期举办高水平的沙龙活动，经常请专家来给新浙商们指点迷津等。

虽然这十件事情没有完成，王均瑶就英年早逝，但从其计划可以看出，王均瑶作为一个领导者的战略领导力的体现：以扩大社会影响力和知名度为着眼点。这对一直默默无闻的商会来说，是一剂恰到好处的药方。其实，王均瑶所领导的浙江商会的战略领导力的体现还不仅于此。

2003 年上半年，时任浙江省委书记的习近平率队到上海考察，浙江省委、省政府明确提出“主动接轨上海、融入长三角”的战略决策①，吹响了浙江经济全面融入长三角的进军号角。王均瑶认为这是一个发展的战略机遇期，并给出了自己的理解②。其一，长三角地区的飞速发展为浙江的企业带来了非凡的投资机会，驻沪企业的发展由此可与之相得益彰；其二，这一地区日渐崛起的第 6 城市群是国内唯一被与世界其他五大城市群相提并论的巨大城市群，为浙江企业接轨国际、走向世界提供了非常好的平台。王均瑶认为，对上海市和浙江而言，意味着要引导会员企业不仅要在长三角地区投资，更要把视线投向全国乃至全世界，通过组织考察和战略研讨，拓宽企业的投资视野，提升企业的经营理念，促进企业的健康发展和永续经营。

由此可见，战略领导者的国际化视野，站在全球经济发展的

---

① 李芃. 上海市浙江商会新会长王均瑶：抓住商会的发展机遇期[EB/OL]. http://www.people.com.cn/GB/paper66/10367/945524.html，2003-10-13.

② 同上。

全局性战略性高度考虑问题等战略领导力特征，在浙江商会的民营企业中得以展现。这与王均瑶等民营企业家的个人经验、知识、素质等息息相关。但是，我们也发现，王均瑶任期内对团队合作互动重视不够。这种互动的缺乏在市场经济的竞争中不得不说是一种弊端。

3. 全盛期(2004 年至今)

郭广昌(见图 2-16)上任时，对王均瑶在担任商会会长期间所做的工作感慨道："没想到他对商会工作这么投入，把商会建设得这么好！我要学习均瑶好榜样。"[①]而郭广昌的话语，显示是要学习王均瑶的态度、精神，而不是他的工作方法。郭广昌之所以强调这一点，笔者以为，这与他在复星注重团队合作的工作作风是分不开的：尽量不突出个人，不事事亲为，而是发挥团队的力量，发挥每个人的积极性和创造性。因此，郭广昌更具有战略领导者的团队合作的精神。

郭广昌(1967—　)，复星集团董事长。第十一届全国人大代表、第十届全国工商联常委、全国青联常委、上海浙江商会会长。郭广昌先生祖籍浙江省东阳市，1989 年毕业于复旦大学哲学系，后获复旦大学工商管理硕士学位。

图 2-16　郭广昌及其简介

---

① 哲商——上海市浙江商会新旧两任会长：郭广昌 VS 王均瑶[EB/OL]. http://finance.sina.com.cn/review/20050315/18011431815.shtml，2005-3-15.

郭广昌出任会长后，以知识型企业家见识和国际化眼光，提出了商会新的发展目标：本着“开放、合作、创新、发展”的宗旨，实施“无边界服务”理念，围绕“在沟通中发现商机，在服务中创造价值”的口号，引导和推进会员企业做强做大，努力把上海市浙江商会建设成中国最具影响力的商会和享誉海内外的国际品牌。具体落实到下一个20年的发展目标为：将商会秘书处建设成为浙江在沪企业真正的“娘家”；架起政府和企业交流沟通和协作的桥梁；加强商会经济总部建设，打造世界级内外经济和文化交流的中心；地区商会和分会在商会的组织领导下，有序和谐的发展；加强商会对内外沟通和对外宣传力度，进一步提升商会品牌建设和文化水平建设；致富思源，通过多样化途径热心社会公益慈善事业回报社会，反哺家乡；与国内兄弟商会、国际知名商会的交流与合作进一步加强；把商会办成浙江商人学习交流和弘扬“新浙商精神”的平台。

观此目标，郭广昌与王均瑶的举措具有连续性，这种连续性实际上是战略领导者的战略领导力的体现：以扩大商会的影响力与知名度为己任。社会影响力的扩大，也为浙江商会的民营企业迎来发展的机遇，“2007年，在上海的浙江企业所创造的GDP占到上海全市的10%以上”①。

上海市浙江商会40家执行副会长会员单位不论在纳税，还是创造就业机会，以及中国民营企业五百强排名等诸多方面都取得了辉煌的成绩。

---

① 浙商成为上海第三支资本力量[EB/OL]. http://www.chinapec.com.cn/qysq/ShowArticle.asp? ArticleID=2865，2007-12-18.

表 2-2　上海市浙江商会执行副会长会员单位情况

会员单位	行业类别	纳　税	员工人数	是否中国民企五百强
复星集团	综合类	2009 年复星在中国民营企业集团纳税排名全国第四	7 万人（包括联营企业）	是
大自然控股集团	综合类	2008 年上缴税金 4 186万元	6 000 余人	否
中凯集团	房地产	2010 年静安区纳税 50 强		否
奔腾企业集团	高新技术	2008 年纳税 2 300 多万元	1 500 人	否
万丰奥特控股集团	汽车零部件		6 700 余人	是
中发电气（集团）	输配电	上海市 2006—2007 年度 A 类纳税信用企业	5 000 人	是
亚龙投资（集团）	投资	上海市 2008—2009 年度 A 类纳税信用等级企业	近 2 000 人	是
亚繁集团	多元化经营集团		近 1 000 人	否
盛大网络	互联网	上海市 2008—2009 年度 A 类纳税信用等级企业		是
天正集团	多元化	上海市 2008—2009 年度 A 类纳税信用等级企业	近万人	是
德力西集团	电气设备	上海市 2008—2009 年度 A 类纳税信用等级企业	1 500 余人	是

续 表

会员单位	行业类别	纳　税	员工人数	是否中国民企五百强
分众传媒	媒体		近6 000人	是
龙元建设集团	建筑	2009年中国企业集团纳税500强	1 600余人	是
九龙山股份	多元化		近1 500人	否
凯泉泵业（集团）	泵行业	2008—2009年度A类纳税信用等级企业	6 100余人	是
中天建设集团	多元化	连续三年位居全国土木行业纳税第一	3万余人	是
大山合集团	综合类		1 000多名	否
正泰集团	电气设备	温州第一纳税大户	1.8万人	是
中融置业集团	房地产			否
红杉资本	基金			否
均瑶集团	多元化	2008年纳税3.59亿元	5 000余人	是
家饰佳控股（集团）	多元化		1 000多人	是
吴泰集团	多元化			是
刚泰集团	综合类	连续多年被评为纳税大户		否
致达科技（集团）	高新技术	2008—2009年度A类纳税信用等级企业	近1万人	是
大众交通（集团）	多元化		近3万人	否

续 表

会员单位	行业类别	纳 税	员工人数	是否中国民企五百强
锦丽斯企业	多元化			否
腾达建设集团	建筑	2010 年度杭州市建筑业企业纳税贡献奖	7 500 余人	是
明珠企业集团	综合类			否
久和船舶进出口	船舶业			否
汇金担保	金融业			否
富春控股集团	多元化	2002—2005 年度被评为上海市 A 类纳税信用单位	500 多人	否
新梅置业股份	房地产	2002—2005 年度被评为上海市 A 类纳税信用单位	20 000 人	否
胜华电缆集团	线缆业	2008 年税收 3.97 亿元	5 000 多人	是
优孚控股	休闲业		1 000 人	否
华东电器集团	电器设备		1 万多人	是
美特斯邦威服饰股份	服装业	2008—2009 年度 A 类纳税信用等级企业	1 万多人	是
威达高科技控股	IT		200 人	是
新光控股集团	多元化		6 000 余人	是
华辰隆德丰企业集团	综合类		500 多人	否

通过表 2－2 看出，在上海市浙江商会 40 家执行副会长会员单位中，有一半以上的民营企业位居中国民营企业五百强行列，这些企业在创造就业、上缴税收等方面，发挥了重要的作用。值得注意的是，40 家执行副会长会员单位基本上是多元化的大型民营企业，也就是说，它们构成了我们所研究的规模以上的民营企业对象。从这 40 家民营企业可以看出，上海市浙江商会作为一个 5 000 家民营企业的缩影，见证了民营企业 30 多年发展的历史，也揭示了不同发展阶段民营企业战略领导力的发展特征。

上海市浙江商会的发展历程，取得实质性的发展是从 2003 年起步，在不到 10 年的时间内，能够发展为中华第一商会，受到政府领导的重视（见图 2－17），这不得不说与商会会长的战略领导力有关，当然也离不开商会全体会员的团结合作，而这也是战略领导者与团队互动能力的体现。纵观商会发展史，所体现出的战略领导力，显性的是国际化视野、社会影响力与知名度以及紧跟国家、地区发展战略的政治觉悟，懂政治、讲政治；而背后的隐性战略领导力则是战略领导者个人经验、知识、能力、素质的积累。这与民营企业 30 年发展中所蕴含的民营企业战略领导力的表现有所不同，但综合来看，仍然脱离不了战略领导力三个层次和四个境界。三个层次：一是战略领导人的自身素质，包括经验、知识、创造力和文化道德修养等；二是战略领导人与被领导者及其团队的互动能力；三是组织领导力，即战略领导人对于组织结构、机制及其文化对于组织成员和社会环境的影响力。四个境界：历史境界、科学境界、艺术境界和哲学境界。

图 2－17　2007 年 9 月 21 日，浙江省党政代表团和上海市领导接见在沪浙商代表合影

注：第 4 排右一为笔者。

第3章
解析民企：当代民企战略领导力特征勾勒

改革开放30多年来，众多民营企业先后经历了创业期的艰难拼搏，成长期的迅猛发展，稳定期的稳步增长，蜕变期的自我革新，一路跌跌撞撞地走到今天，着实不易。经过四个阶段的发展，民营企业战略领导力的特征的一些轮廓也逐渐明晰起来。

创业：凭借胆识闯天下
成长：驾驭团队而制胜
稳定：组织领导谋发展
蜕变：淬火涅槃越自我

“胆既诎矣，才何由得伸？惟胆能生才。但知才受于天，而抑知必待扩充于胆邪！”

——〔清〕叶燮《原诗·内篇》

从理论上说，典型的企业生命周期曲线通常具有一条比较完整的包含创始、成长、成熟、蜕变的各个阶段的曲线，这种曲线是一种理想化的模型。但在现实中，尤其是对中国的民营企业来说，有大量企业的生命周期曲线，没有完整的四个阶段，可能在创始阶段、成长阶段就会灭亡，也可能成熟稳定阶段很长，至今尚未进入蜕变阶段。

在本书中，我们只是分析一般意义上的民营企业发展之路，不涉及具体行业和具体公司。企业生命周期有着各种特征，其中，产权结构、管理制度和经营战略是影响企业发展的重要特征。因此，我们将侧重从这三个角度分析民营企业的生命周期，因为这三个维度囊括了企业在发展过程中所遇到的最重要的问题以及企业创业者与企业管理者、员工和外部环境之间的各种博弈较量。

创业期对战略领导者的要求主要是在领导者自身的素质方面，如市场敏锐力、创新能力等，而个人胆识尤为重要。在成长期，要求民营企业家不但自身要具备良好的素质，还要求其拥有团队的互动能力，以团队合作制胜。稳定期是民营企业的顶峰发展时期，在此期间企业可能是一个巨大的集团，这就需要民营企业家具备很强的组织领导力，进行科学管理。稳定期是企业的“沉默”阶段，因为发展得很平稳，但这种沉默终究会被打破。

"不在沉默中爆发，就在沉默中灭亡"，鲁迅先生如是说。对步入蜕变期的民营企业而言，同样具有如此的道路——要么衰败退出历史舞台，要么凤凰涅槃二次创业进一步发展。因而，不管是否涅槃成功，此时的战略领导者应具有更大的气魄进行创新，实现自我超越，实质上是应有一定的哲学境界。这是战略和战略领导力的最高境界，因为它是对理想的追求，体现了民营企业家对世界观、价值观和人生观的感悟。

第9节　创业：凭借胆识闯天下

对民营企业而言，企业家就是企业的灵魂所在，尤其是在创业期。之所以要创业，是创业者自身主观愿望的驱使，如果创业者自己的素质不足以满足创业所需的条件和要求，那么，民营企业很可能半路夭折。因此，创业者个人的素质对民营企业在创业期是否成功起着关键性的作用。这些素质具体来说，主要包括市场意识和创新能力。创新能力体现出一种敢于冒险的精神。创新能力是创业者必备的素质之一。但创新总是有风险的，这就要求创业者必须具有冒险的精神，同时又具有务实的作风，善于在实践中采取各种措施规避创新带来的经营风险。市场意识是指创业者准确把握市场需求和走向的能力，这种能力对于创业期的创业者而言也是十分重要的。

一、企业特征：诸权归一

我国民营企业只有30多年的发展历史，且大多是伴随着改革开放一步步发展起来的，其前身是个体户与私营企业，因而他们大多数是家族式企业，他们的华丽转身也带有改革开放的各种痕迹。

创业期的民营企业，从企业规模来说，是中小企业，从企业性质来讲，是个体户、私营企业（包括家庭成员创办的企业、同事朋友的合伙企业、“红帽子”企业），民营企业创业期的企业特征是：风险大，生命周期短，所有的利益和风险归一个人承担，企业的所有权归一个或一些投资者所有，其本质上是一个人控股掌舵，此人是统帅式的人物，他在创业期往往采取家长式管理模式，领导一个人推动命令的执行，从而保证各项任务的完成（见图 3－1）。这种管理模式具有及时性、灵活性、有效性等特点。

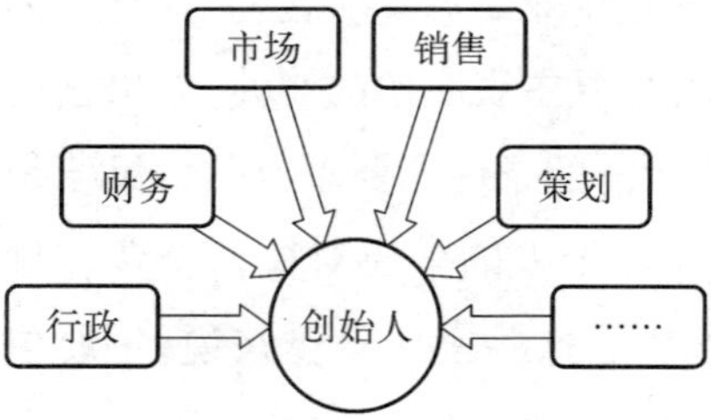

图 3－1　创业期诸权归一

问题风险：创业期的这种管理模式存在着内部管理矛盾。从人力资源管理来看，创业期的民营企业各种规章制度相对缺失，在人员的招聘、培训和绩效考核等方面都无章法可依，容易出现支出较多的情况。这对初创阶段资金匮乏的民营企业来说，是一个大大的风险，一不小心便有可能财散业消。

战略选择：民营企业创业之初，其创办资金大多来自家庭自身的财产积累，或通过小范围内的亲戚朋友的借钱筹集而取得，或小额的银行贷款（但由于资产规模较小，无抵押较大的财物，贷款的可能性较小），企业的资源极为有限，企业员工的数量较少，出于节约成本等方面的考虑，民营企业的主要投资者或创办者（为便于叙述，下文或称第一责任人）完全把持着企业的所有权、管理决策权、人事财权。也正因为此种特点，民营企业主要根据第一责任人的意图规划企业的未来，布局发展战略。

在创业期，由于民营企业刚刚成立，规模小，实力弱，资金缺乏但运行灵活，多是凭借单一技术或产品打开市场，风险大。第一责任人直接参与市场营销体系，以及利用自身的创业精神使得员工受其创业理念的激励，极具开拓进取精神。但消费者需求的变化、行业技术的发展、替代品的出现及竞争对手的出现等都有可能对企业产品或服务构成威胁，使企业遭遇灭亡的危险。此时，由于企业还没有建立完善的团队合作方式，主要依靠企业第一责任人个人的能力领导企业。因此，第一责任人的战略选择显得十分重要，主要应采用资源战略、依附战略和局部市场战略见表 3-1。

表 3-1　民营企业创业期的战略

名　称	解　　释
资源战略	以企业所在地的特定资源为基础，为社会提供主要由这种资源构成的产品或服务，从而确定企业生产经营战略
依附战略	根据企业规模较小、产品单一的特点而制定的一种依附于大企业的经营战略
局部市场战略	企业根据所在地的市场特点，向局部市场提供产品或服务的战略

二、领导力勾勒：勇闯敢做为人先

民营企业在创业期对战略领导力的要求既有自身的必要

性,也有其重要性。

我们在前文分析过,民营企业初期面临的困难是:员工人数少,通常是以个位数计算;资金匮乏,银行贷款困难等问题。在这样的情况下,没有“人多力量大”的优势,缺少集体智慧的凝聚,这就要求企业第一责任人要有敏锐的市场观察力,洞察市场的需求;缺乏资金,没有财力支撑大规模的广告投入宣传企业的产品,这就要求企业第一责任人要大胆尝试不同的宣传手法,具有创新思维。因此,客观形势要求民营企业在创业期不得不依靠创业者个人的素质,打开市场,以求企业的生存和发展(参见图 3-2)。

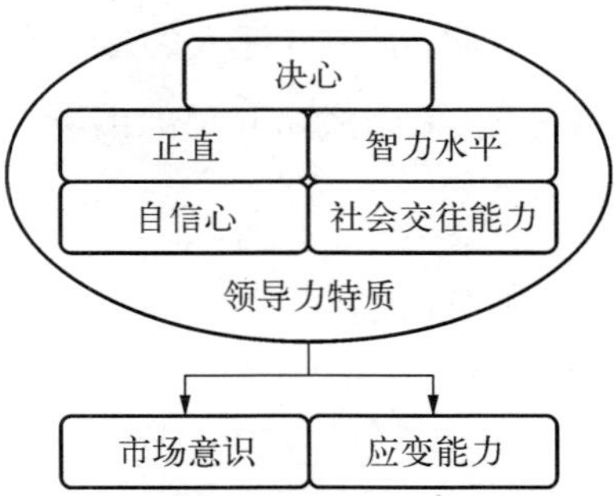

图 3-2 创业期领导力特质

市场意识或者说市场敏锐力,这种意识和敏锐力往往体现在适应外界环境(消费者群体、市场的法治环境、行业状况、国家政策等)变化的能量。从根本上讲,企业要生存和发展就要对环境不断适应。要更好地适应不断变化的环境,就必须对环境现状有全面的认知以及对未来环境的变化有深刻的洞察。对环境的认知、洞察与适应实质上反映了企业家经营理念的战略决策与随机应变能力。

创业者在创业之前最好对自己的能力进行分析。因为创业者在很大程度上要担任一个企业的领导者。领导者的领导行为和领导策略对企业的发展方向和发展速度起着至关重要的作用。因此,身为一个企业的领导者,自然要具备一些与众不同的地方,拥有一些与常人不同的特征。领导学中的特质理论认为,领导者要具备一些主要特质，包括：智力水平、自信心、决心、正直和社会交往能力。当然，这些特质只是领导者众多能力中比较重要的能力。具备了这些能力，才比较容易形成敏锐的市场意识和随机应变的能力。因而，对于想创业的人而言，首先要考虑自己是否具备创业的条件。

在时机和能力不成熟的条件下，应该先提升自我的素质。一般而言，创业者可以分为两类，一类是高校毕业生的创业，另一类是在职人员创业。如何提升创业者的素质，对高校毕业生的创业者而言，应侧重于对其在高校学习期间的创业教育，而对在职人员要侧重于其创业能力和素质的提高。从目前我国国内的发展环境看，外部机制对在职人员创业提供了较好的环境，在职人员创业更应该从自身素质的提高着手，譬如，原始经验的积累等（创业者素质的提升不是笔者在此探讨的主要内容，因而叙述一带而过。）

在创业期，民营企业所需要的战略领导力主要是胆识和市场敏锐力。这一点，在笔者身边的新浙商群体有着突出的表现。在创业期，企业对领导者胆识和市场敏锐意识的要求比较高。

华东电器董事长郑荣德（见图 3－3）曾说过："生意场上就是要敢冒险，胆子大，要把握时机，当机立断，风险和收获是一对双胞胎，看准了就大胆干，冒多大险就有多大收获。"[①]他的理念是"办企业第二就是落后"，这种敢为人先，不甘落后的精神，也是很多商人的真实写照。1982 年，郑荣德在创业之初，只身从温州来到上海开拓市场，表现出非凡的胆识和勇气。来到上海

---

① 陈康汉．100 名新浙商的财富传奇[M]．中国友谊出版公司，2006：89.

之后，他敏锐地意识到当时上海国营商店的弊端——它们受到计划经济思想的束缚，清一色地抱着“皇帝女儿不愁嫁”的心态坐等生意上门。他就以此为突破口，用他的执着和真诚打动了一个国营商店的经理，在极其苛刻的条件(一个 1.2 米长的柜台，月租 6 000 元，缴纳营业额的 10%作为管理费)下，勇敢地租下一个柜台，开始了他在上海的创业之路。当时，他的柜台服务热情周到，诚信公平，全国各地的采购员纷纷光临他的柜台，一天可以销售四五万元的商品，利润相当可观。从此，他的生意规模越做越大，效益越来越好，在上海初步站稳了脚步。

郑荣德(1961—)，浙江省洞头县人，中共党员。现任上海华东电器(集团)有限公司党委书记、董事长兼总裁。主要荣誉：中国经济贡献年度新闻人物、中国优秀民营企业家和上海市优秀中国特色社会主义事业建设者。

图 3 - 3 郑荣德及其简介

郑荣德先生在创业期间经历的故事是中国众多民营企业领导者在创业期所经历过其中的一种，也是一种缩影，侧面反映了民营企业领导者在创业之初所需要的胆识和敏锐的市场意识。

郑荣德先生认为，民营企业创业期战略领导力主要组成成分包括胆识、市场意识、沟通能力、创新能力等四大块，各个部分按其重要性程度不同，各部分比例也不尽相同。本书根据上海浙江商会 50 家常务理事单位创始人问卷归总如表 3 - 2 所示。

表 3-2 创业期战略领导力主要组成部分比例

创业期战略领导力主要组成部分	各部分比例
胆　识	40%
市场意识	30%
沟通能力	20%
创新能力	10%

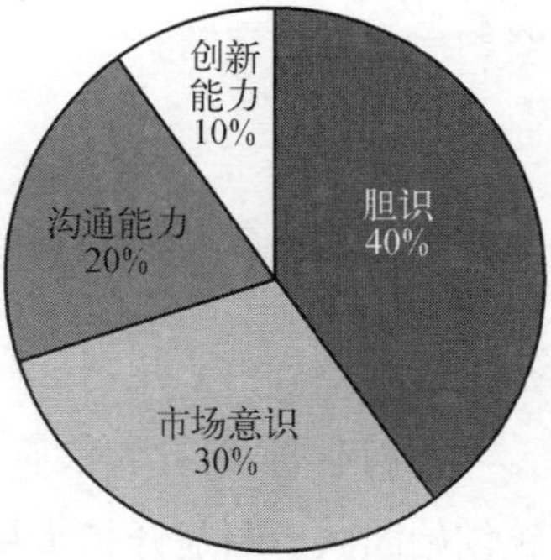

图 3-4 创业期战略领导力勾勒

民营企业第一责任人的战略选择不仅受到自身的经历、技能、素质等个人因素的影响，也受到企业综合实力的制约，还随着企业所处的外部环境（政治制度环境、经济环境、国家政策调整等）的变化做出相应的调整。在企业创建初期，若遇到萧条的经济环境或者市场经济不发达的地区，第一责任人的创业意图很可能落空；若经济处于上升期或市场经济发达的地区，则发展的机遇较大。因而，这些动态的外部环境变化和创业期企业自身的困境对民营企业战略领导力提出了相应的要求。

总而言之，在创业期，企业产品单一化①，通常是通过技术进步、创新或企业家精神而初具形态并获得市场利基②，主要目

① Scott, W. *Financial Performance of Minority-versus Operational Planning Business* [J]. *Journal of Small Business Management*, 1983, 22 (4): 45-52.

② Greiner, L. Evolution and Revolution as Organizations Grow [J]. *Harvard Business Review*, 1972(50): 37-46.

的是“获得安全的财务资源以确保生存”①，依靠加班加点实现②，非正式沟通、简洁的组织结构，创业者承担管理企业所有事务的责任③，实行集权化和个性化的领导风格④。

创业期最重要的是企业创办者对企业未来的设想和对市场趋势判断的准确性上，在民营企业家的个人能力方面，重要的是其个人的市场意识、创新能力，以及必要的沟通能力。简而言之，是战略领导者的胆识。这些因素构成了民营企业创业期战略领导力的主要特征。

第 10 节　成长：驾驭团队而制胜

在创业期，领导者依靠自己敏锐的市场意识和开拓能力，带领创始团队不断地开拓市场。在民企开拓市场的过程中，民营企业领导者、被领导者、环境、行为之间不断地发生交互作用，在这个过程中，几个要素之间形成了一定的关系，正好对应了权变理论研究的几个因素之间的关系。

此外，正如 P－G 理论所描述的那样，在创业期，企业领导者通过不断地鼓励他的团队成员和下属，来推动企业不断地开拓市场，实现企业的初期发展。当然，由于企业的发展目的不

---

① Ichak Adizes. Organizational Passages: Diagnosing and Treating Life Cycle Problems of Organizations [J]. *Organizational Dynamics*, 1979, 8(1): 3－25.

② Greiner, L. Evolution and Revolution as Organizations Grow [J]. *Harvard Business Review*, 1972, (50): 37－46.

③ Adizes, I. *Corporate Lifecycles: How and Why Corporation Grow and Die and What to Do about It* [M]. Prentice Hall, 1989.

④ Scott, W. Financial Performance of Minority-versus Operational Planning Business[J]. *Journal of Small Business Management*, 1983, 22(4): 45－52.

同，每个企业领导者的鼓励方式与方法不尽相同，正所谓目标各异道不同。

当企业进入成长期，与创业期相比，企业员工队伍不断扩大，新进员工不断增多，民营企业领导者就需要把这些新成员从他们变成我们，也就是使新员工从外集团成员逐渐地变成内集团成员，新员工与企业领导者的关系也从原来的外集团关系变成内集团关系，重用内集团成员去高效地实现企业的目标。这种过程和过程中的表现，可以用领导学中的 LMX 理论来解释。最终，民营企业领导者经过与员工队伍的不断互动，推动企业不断发展。

民营企业通过创业期的发展，企业核心产品或服务的市场占有率得到提高，资金积累到了一定规模与程度，企业之间的兼并现象开始出现并逐渐增多，以据此迅速占领市场，企业规模逐步扩大，经营管理人员与员工数量显著增加，管理和组织结构逐渐显现出复杂的态势。总而言之，在成长期，企业呈现出一派欣欣向荣的局面。

在成长期，企业各项管理规章制度虽然建立，但说到底还需要依靠人来执行，因为国内多数民营企业管理制度存在特殊性——家族色彩浓厚，此阶段对制度的执行多半会形同虚设，因此，仍然要依靠第一责任人来推动制度的执行。

然而，在繁荣的背后也隐藏着危机，因为随着企业的快速发展，仅仅依靠第一责任人的个人能力来维持企业的高速运转显得力不从心，而其拥有的经营管理等方面的知识很难十分完备，即便完备，其精力也不足以分散到众多繁杂的事务中，此时权力高度集中的弊端开始显现。这时，企业的发展对民营企业家的战略领导力提出了新的要求。

一、企业特征：快速扩张期

历经创业期的种种磨难，民营企业在这种动态博弈的环境中不断发展，进入成长期。民营企业在成长期的主要特征就是获得了快速扩张的机会。

这一时期，民营企业开始由小到大、实力逐步增强。外部环境对企业的负面影响得以缓解。企业的组织活力、创造性和凝聚力不减，创业者们因为初尝创业的成果，进而投资信心和投资欲望大增，显得有些偏好激进式发展。有些企业开始走多元化发展的道路。在这个阶段，企业很可能从一个私营企业发展成为家族企业。企业不仅吸收与创业者有血缘关系的家族成员进入企业，而且扩大吸收范围，开始吸收朋友、同学、同事、邻居等具有初步信任关系的成员进入企业。这是以建立在血缘关系与人际关系基础上的发展，归根结底是以信任关系为寄托。这既是保证企业发展的可靠基础，也是沾亲带故的表现，所谓"一荣俱荣，一损俱损"。

在此阶段，企业开始步入正规化发展阶段，各项规章制度开始逐渐完善，而且企业的发展也不再仅依赖于第一责任人，而是从一个利益相关者的角度出发，依靠家族式管理模式管理企业。第一责任人在集权基础上适当分权，由于家族成员、朋友之间的利益相同、血缘的亲近使组织成员间更容易达成信任、默契和服从，从而为企业的发展壮大奠定基础。

但是，事物的变化发展总是两面的。由于多数民营企业的管理模式建立在亲情、友情基础上，使得规章制度如同一纸空文，执行不力，企业的管理出现混乱；而这必然要求第一责任人亲自出面解决问题，此类事务会分散决策者的精力与注意力，影响企业的长远发展。这就导致集权与分权之间的博弈反复出现。此时，需要吸纳外界的管理人才进入，协助管理企业的日常工作；而大多数民营企业的通病——排外色彩比较严重，担心自家企业的控制权被外来的管理人员抢夺，这就会导致决策者与管理人员之间产生矛盾。

当企业发展到一定规模后，会出现并购其他企业的情况，会推动企业朝多元化的方向发展；然而，如果企业多元化运作不好，会导致企业资源分散、财务风险加大的状况出现。

针对成长期企业出现的种种状况，作为企业的第一责任人，负责重大事务的决策，在成长阶段可以根据自身发展现状采取成长型战略及竞争型战略，以扩大市场，缓解资金压力，增强企业的实力。成长型战略包括市场渗透战略、市场发展战略和产品开发战略。竞争型战略包括低成本战略、产品差异化战略和聚焦战略。

成长型战略和成熟稳定期的企业战略实际上是对安索夫矩阵的拓展，安索夫（见图 3-5）以产品与市场为两大基本维度，来分析两者的匹配度①（如表 3-3 所示）。

安索夫（Ansoff，1918—2002），被誉为战略管理的鼻祖，对战略管理具有的开创性研究，由于他的开创性研究终于使他成为这门学科的一代宗师。作为战略管理的一代宗师，他首次提出公司战略概念、战略管理概念、战略规划的系统理论、企业竞争优势概念，以及把战略管理与混乱环境联系起来的权变理论。

图 3-5　安索夫及其简介

① Ansoff，H. I. Strategies for Diversification[J]. *Harvard Business Review*，1972，35(2)：113-124.

表 3-3　产品与市场的匹配

		市场(Markets)	
		现有市场 (Current)	新市场 (New)
产品 (Products)	现有产品 (Current)	市场渗透 (Market Penetration)	市场开发 (Market Development)
	新产品 (New)	产品延伸 (Product Development)	多元化经营 (Diversification)

根据表 3-3，市场渗透战略可以理解为，以现有的产品提供给现有的顾客，达成产品与市场的组合，增加该种产品的市场占有率。这种战略的主要措施包括改进产品的款式或包装、灵活定价、加强广告促销、增设销售网点、改善产品陈列方式等。归结起来就是通过促销或是提升服务品质等方式来诱导、劝说消费者改用不同品牌的产品，或是说服消费者改变使用习惯、增加购买量。

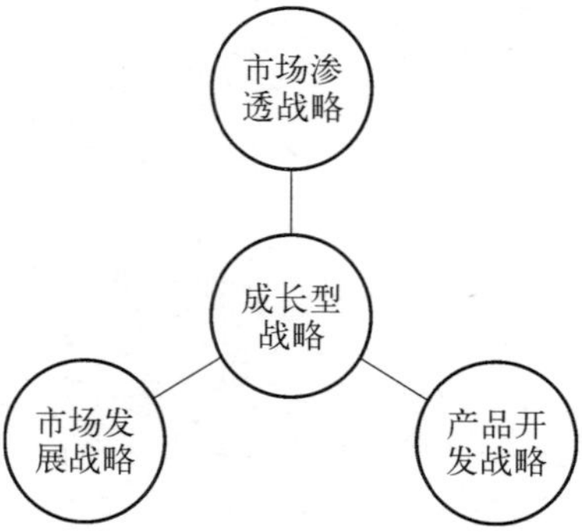

图 3-6　成长型战略组成

市场发展战略对应的是矩阵中的现有产品和市场开发，它靠提供现有产品开拓新市场。这种战略要求企业必须在不同的市场上找到具有相同产品需求的使用顾客，往往对产品定位和销售方法需要进行适当调整，但产品本身的核心技术则不必改变。该战略的主要措施是认真对新市场进行调研，了解新顾客的数量、需求水平和购买方式，确定现有产品对新市场的需求能否满足，然后进入新市场。总而言之，这种战略比较适合应对变化的消费群体。

产品开发战略是安索夫矩阵中的产品延伸，指企业面对现有的市场，开发出新的产品，通常是采用扩大现有产品的深度和广度的方式进行，推出新一代或是相关的产品给现有的顾客，提高该厂商的产品或服务在消费者心中的占有率。产品开发战略在实施相关多角化或非相关多角化的企业中最常采用。这要求企业有强大的研发能力。

竞争型战略是迈克尔·波特[①]提出的成本领先战略、差异化战略、集中战略三个基本战略的统称(参见图 3-7)。

低成本战略是指民营企业在较长时期内保持低于竞争对手的成本，甚至是全行业范围内的低成本水平，一般的民营企业难以通过规模经济来降低成本，但劳动力成本和管理成本一般具有明显的优势，这是其实施低成本战略的关键。

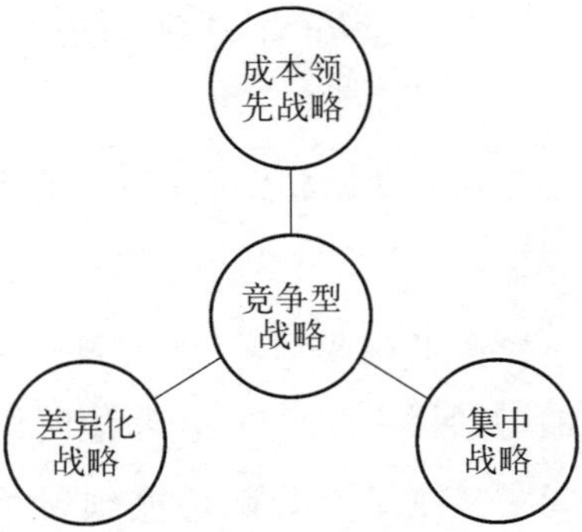

图 3-7　竞争型战略组成

产品差异化战略是指民营企业面对市场的同质化竞争，使自己提供的产品与服务在行业中具有独特性，可以表现为产品设计、技术特性、产品形象、服务方式等方面。

聚焦战略是指民营企业通过满足特定消费者群体的特殊需要，其突出特征是对某一类型的顾客或某一地区性市场实行密集型经营策略。此战略与局部市场战略较为相似。

---

① [美] 迈克尔·波特. 竞争战略[M]. 陈小悦译. 北京：华夏出版社，2003：33.

这些战略应根据民营企业在成长期所处的特定市场环境和企业的内部所遇到的现实问题灵活采用，是一些为解决企业的资金困难和增强企业实力可以实施的措施。

成长阶段是企业的快速扩张时期，企业能够推出多种产品或服务①，规模的扩大和运作的复杂性对计划的要求不断提高，越来越强调建立规章制度和维持组织结构的稳定性②，为确保企业生存创业者必须对下级分权③，组织结构开始规范化、专业化和智能化④。

二、领导力勾勒：团队合作更重要

创业期依靠创业者个人单打独斗的局面随着民营企业进入成长期已经不能适应形势变化的需要。

在企业成长期，企业规模变大，企业人员数量也相应地增加，如何有效地进行企业管理是一个企业的领导者需要正视的问题。在此情境下，战略领导者协调互动能力的重要性就凸显出来。因为这一阶段，战略领导者和团队成员之间分工合作的合理程度、互动沟通的有效程度，关系到民营企业在成长期能否顺利发展的问题。因此，这个阶段民营企业战略领导力在这一

---

① Scott, W. Financial Performance of Minority-versus Operational Planning Business[J]. *Journal of Small Business Management*, 1983,22(4): 45 - 52.

② Kazanjian, R. K. Relation of Dominant Problems to Stages of Growth in Technology-based New Ventures [J]. *Academy of Management Journal*, 1988, 31 (2): 257 - 279.

③ Thain, D. H. Stage of Corporate Development [J]. *The Business Quarterly*, 1969(Winter): 33 - 45.

④ Scott, W. Financial Performance of Minority-versus Operational Planning Business[J]. *Journal of Small Business Management*, 1983,22(4): 45 - 52.

阶段需要突出强调领导者的团队合作能力。同样，稳定期和蜕变期也同样需要突出强调领导者的某些能力。

一般而言，创业者在成长期(此时，我们可以把民营企业创业者描述为企业家)往往还肩负着继续开拓市场的任务，针对不断变化的市场环境，要对企业的经营战略进行调整。经营战略的调整，本身就是为应对市场的变幻莫测作出的反应，因而，这一阶段企业战略领导者的市场敏锐意识应进一步提高。

民营企业家在面对市场压力的同时，还要处理内部管理所带来的问题与挑战，以及如何有效协调团队成员之间的合作关系。

民营企业在成长期对战略领导者与团队互动能力的迫切需要是有其客观必要性的。因为这一时期企业快速发展，为抢占市场，企业之间的收购、兼并成为一种常态，因而企业规模空前地扩大，经营管理人员与员工数量显著增加，从而出现管理和组织结构复杂的局面。这就需要具有约束性的规章制度作为企业管理的依据。但是，由于民营企业的家族性特征和企业内部复杂的人际关系，容易导致家族人员和外来经理人之间冲突、团队的分散和钩心斗角的状况出现，因此对企业管理制度的执行难以落到实处，迫使企业战略领导者把团队建设提上议程。

团队的建设，既需要制度化的管理，也需要人性化的协调沟通，多数民营企业家由于个人知识结构、精力分散、处理事务等原因，很难做到与企业的每一位员工进行沟通，这就需要企业领导者抓住关键人物，即所谓的“抓大放小”、“抓关键轻细节”。对民营企业家而言，团队建设的工作很多，尤其是对企业管理团队的构建以及处理团队与核心成员的互动能力。团队的建设，只需抓住各部门的主要负责人或者核心团队成员即可。这种做法不但可以使企业领导者从琐碎的事务中脱身，而且可以发挥团队成员的主动性。

在变革型领导理论中，伯恩斯等人认为领导者的工作是通过让员工意识到所承担任务的重要意义和责任，激发下属的高层次需要或扩展下属的需要和愿望，使下属为团队、组织和更大利益而超越其个人利益。而要完成上述工作，带领企业从创业期开始迅速地成长，作为民营企业的领导者，就要具备一定的团队合作能力。因为，领导者通过运用其理想化影响力、鼓舞性激励、智力激发、个人化关怀等把领导创始人团队和后来不断加入的新成员融合成一个新的团队，来实现企业的愿景。据此，我们认为民营企业战略领导者的团队合作能力体现在几个方面：语言表达能力、人际沟通能力和协调能力（如图 3－8 所示）。

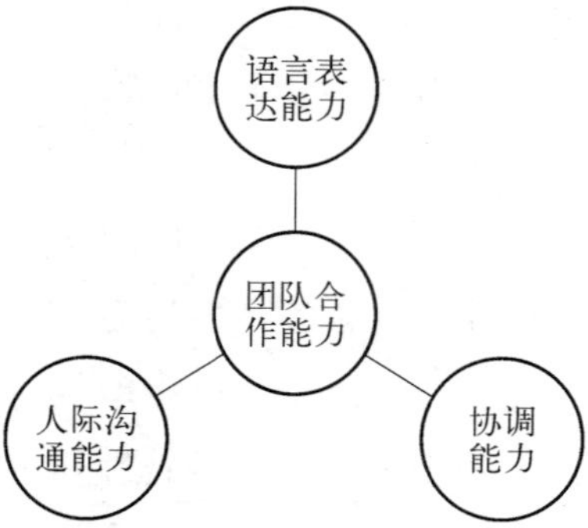

图 3－8　团队合作能力

语言表达能力是指在口头语言（说话、演讲、作报告）及书面语言（回答问题、写文章）的过程中运用字、词、句、段的能力。本书主要侧重的是口头表达能力。语言表达能力是企业家的基本素质，口齿伶俐、能言善辩有利于战略领导者个人魅力的彰显，也有利于沟通的进行和完成。

人际沟通能力，是指人的行为适合情境，并帮助个体实现个体社会关系目标的能力。从定义可以看出，人际沟通存在内外部环境机制，从外部来说，包括特定的情境、文化和人际关系等因素，内部则包括个人的目的、认知、情感、动机等因素。知晓这些构成要素后，战略领导者在沟通中需要注意沟通的方式。本书更注重的是肢体语言的沟通和口头语言所采取的语气。

协调能力，是指决策过程中协调指挥各个部门的能力。这种能力的目的指向是化解矛盾，也即是化解矛盾的能力，是聚员工分力为团队合力的能力，是动员、组织、调动企业员工积极性的能力。因此，协调能力是领导者的团队合作能力中最重要的一环。

第 11 节　稳定：组织领导谋发展

进入稳定期（也可称成熟期），多数民营企业的产权结构发生了微妙的变化，股份制成为它们在此阶段采取的主要产权结构形式；从企业管理角度来讲，制度化、规范化的管理成为企业的常态。基于此，企业的内在创新动力不足，众所周知，制度规范在很大程度上与创新是相对立的，制度很容易就成为创新的桎梏。企业为获得新的增长点，在经营策略方面，根据自身发展的需要，一般采用名牌战略、多角化战略及国际化经营战略等。

一、企业特征：集团化管理

这一时期，民营企业的内外部环境处于动态的最佳均衡状态，表现在企业经济效益提高、规模不断扩大、产品多样化，并塑造了自身的品牌形象等方面。

从规模上看，部分民营企业已经步入了大型企业的门槛，企业收入、员工数量、企业总资产都达到了一定的规模和水平。在融资方面，民营企业通过预算控制和拓展融资渠道等方式，能较为容易进行融资。在组织体系和规章制度方面，企业建立了完善的组织体系，企业各种规章制度应有尽有。最关键的是企业的产权结构有了较为明显的调整，第一责任人控制的产权主体多元化，原先家族企业向管理层乃至普通员工分散股权。企业一方面充分吸取家族式管理模式灵活高效的特点，注意不断改进、总结和提高；另一方面大胆借鉴国外先进的管理经验，结合自身情况，大步迈向股份化、规范化，建立起适合企业发展的现代企业管理模式。

但是，企业的内部组织间的权力冲突和利益冲突加剧，人际关系进一步复杂化，规章制度的约束力不足，形成了所谓的内部负压。在内外压力的共同作用下，企业发展速度减慢，创新精神减退，思想趋于保守。如果不能及时解决这个问题，企业就会走向衰退。民营企业在面临衰退的风险时，应着重调整企业的经营策略，实施多角化战略和国际化经营战略。

多角化战略来源于安索夫矩阵模型，它是指一个企业同时生产经营两种以上用途基本不同的产品的战略，这种战略难度较大，从安索夫模型可以看出，企业既要面对研发新产品的压力，又要考虑新市场中消费者的需求，这就需要企业能在销售、流通或产品技术等上取得某种综效，否则多角化的失败概率很高。多角化战略主要包括市场相关多角化战略、纵向多角化战略、集成型多角化战略。

市场相关多角化战略是指企业从事的各项业务可以使用共同的销售渠道和促销手段，因而节约了销售费用。纵向多角化战略是指企业从事的各项业务是生产过程的前向或后向产品，这种多角化战略可以节约交易费用，但却增加了管理成本。集成型多角化战略是指企业从事的各项业务之间在技术、市场及生产过程上都存在复杂的联系，对企业管理人员素质要求非常高。对于民营企业来讲，应更多地考虑采用相关多角化战略较为合适。

国际化经营战略是指突破国家界限，向国外发展业务，参与国际分工和交换，实现产品交换国际化的一种战略。民营企业在实际的运作过程中，可以根据实际情况合理地进行发展策略组合，找到适合本企业发展的有效策略或策略组合。

在我国企业中，推行多角化战略和国际化战略比较成功的当属海尔集团。据研究，海尔集团在1992年开始推行多角化战略，1998年开始推行国际化战略。其中，1992—1998年，是海尔的多角化战略阶段，海尔从单一的冰箱产品开始，到1998年时已经有冰箱、空调、洗衣机、电视、热水器等几十种产品，并且每种产品都取得了不俗的成绩，每种产品也都取得了一定市场份额。1998年开始，海尔开始推行国际化战略，海尔的产品批量销往全球主要经济区域市场，构建了集团在海外经销商网络和售后服务网络，在国外有了一定的知名度、信誉度和美誉度。

图3-9 海尔

海尔，全球家电第一品牌，1984年创立于中国青岛，现任董事局主席、首席执行官张瑞敏。2012年，海尔集团全球营业额实现1 631亿元。2012年，海尔品牌价值962.8亿元，连续11年蝉联中国最有价值品牌榜首。

值得关注的是，海尔在推行多角化战略时的策略：第一，根据企业能力控制多角化的节奏，在能力一般时节奏就慢一点，能力较强时节奏稍微加快。第二，根据行业相关度进入新行业。

从海尔的多角化进程来看，1992 年，海尔首先进入了与冰箱存在高度相关性的冰柜和空调行业；1995 年，海尔进军与家电业较高相关性的洗衣机行业；1997 年，海尔进军彩色电视等黑色家电领域，同年进军家居设备行业，这些行业与之前其从事的白色家电存在中度的相关性。但 1997 年，海尔进军医药行业，这与其本业——家电业无相关性，只是海尔多角化战略的拓展，为进入生物工程领域进行战略准备。

现在，海尔集团的产品已经涉及白色家电、生活家电、数字及个人产品、整体厨房、住宅等五大领域，多角化战略取得了不俗的成绩。海尔的成功，为国内民营企业推行多角化战略和国际化战略起到了良好的示范作用。当然，我们也不能忘记一个人，那就是海尔集团董事局主席张瑞敏（见图 3－10），正是他那卓越的战略领导力，带领着海尔一步步走向成功，一步步走向世界的。因此，在海尔发展的过程中，企业领导者的战略领导力的作用再一次得到了充分的体现。

张瑞敏（1949—　），山东莱州人，高级经济师，中国科技大学工商管理硕士。现任海尔集团党委书记、董事局主席、首席执行官。张瑞敏是海尔集团创始人，十六届、十七届、十八届中共中央候补委员。2012 年荣获瑞士“IMD 管理思想领袖奖”。

图3－10　张瑞敏及其简介

企业进入成熟稳定期后，规章制度会使组织结构僵化，削弱企业的应变能力[1]，制度化提高了企业早期发展阶段的稳定性，却又降低了其创新能力和灵活性，以及对未来竞争环境的适应性，这会导致企业以后的衰落，为提高灵活性，可行的战略是：采用矩阵结构、健全信息系统、开放多种产品线、分权与多元化[2]。

二、领导力勾勒：科学管理巧变革

稳定期，企业规模庞大，在行业中具有一定的分量；企业的产权结构多元化，股份制成为民营企业在此阶段的主要形式；现代企业管理制度成为企业运行的主要方式；在经营战略方面，选取多元化战略和国际化经营战略。同时，企业的官僚化致使其内在创新动力受阻，创新精神与企业制度化管理的矛盾显现。因此，处于此阶段的民营企业战略领导力应具备科学精神，以求对公司(集团)实现正常化的管理。

民营企业在推行国际化战略的同时，企业的声望以及战略领导者个人的知名度都达到空前的高度，企业家参与社会公益活动，承担社会责任，并参政议政，对社会的影响力逐渐提高。

这一时期，民营企业面临两大压力——复杂的组织架构和企业走向衰退的风险，要求战略领导者具有较强的科学管理水平和敢于改革创新的精神及能力。此外，民营企业若要推行国

---

① Lippitt, G. L., Schmidt, W. H. Crisis in a Developing Organization[J]. *Harvard Business Review*, 1967, 45: 102 - 112.

② Scott, W. Financial Performance of Minority-versus Operational Planning Business[J]. *Journal of Small Business Management*, 1983, 22(4): 45 - 52.

际化战略，与国际巨头竞争，必须有国家政策的支持，看企业的战略是否符合国家战略政策的走向，而战略领导者与党政机关之间的关系成为必须考量的重要方面，要求企业领导者讲政治、明政策。

民营企业在这个阶段一般是采用集团化的模式管理，下属企业众多，涉及的产业五花八门；组织结构的复杂性和机制的滞后性很容易出现人浮于事的局面。这就要求战略领导者应具有统领大企业集团的能力，驾驭整个企业组织的能力，以科学的态度与科学的精神管理企业；根据环境的变化，适时地改革创新制度，以更大的魄力与勇气改革企业制度，以满足企业发展变化的需要，这些成为影响企业成败的重要因素。

第 12 节　蜕变：淬火涅槃越自我

一、企业特征：走到岔路口

蜕变期，对民营企业来说也是质变期，蜕变的结果有两个：走向衰退和再次发展（参见图 3－11）。这两种结果是由民营企业在稳定期的经营管理战略等因素所导致的，正所谓有果必有因。

图 3－11　企业成熟期岔路口

民营企业成功进入成熟期之后，容易产生诸多成熟期企业的通病，如果不及时调整经营管理战略，企业走向衰败是必然的。相反，如果能适时地更新企业产品或服务，调整经营管理策略，分化企业组织，有可能进入二次创业期，企业得到再次发展。

在此阶段，民营走向滑坡的原因，很可能是企业的动态均衡已经被打破，企业对外部环境的反应能力明显降低，不能适应行业环境的变化，不能适应科技进步的变化，从而使企业面临被淘汰的危险。此时，企业表现出一种"老年化"的特征，诸如企业生产设施、服务设备等硬件的老化和系统组织、思维观念、决策模式等软件的僵化；企业内部管理滋生很多问题等。企业与环境以及企业内部博弈的最终结果表现为企业综合实力的下降，即对外部风险的抵抗能力日趋下降和内部团结力量的削弱，最终走向衰退。

另一方面，在这个时期，与创业者有着千丝万缕关系的管理者逐渐从管理层名单中退出，取而代之的是外来的职业经理人，原先的管理层将转换为投资者的角色。大批的专业管理人才进入高层，形成了职业经理人管理模式。

图3-12 接班人

值得注意的是，由于民营企业所处市场经济环境的不完善和中国国情的特殊性，对民营企业是否全部采用职业经理人治理企业的模式不能一概而论。但是，采用职业经理人模式是企业发展的大势所趋，随着有中国特色的法治市场经济体系的不断完善，职业经理人管理模式是民营企业未来发展的必由之路。

对于如何及何时采用职业经理人模式，每个民营企业根据自己的发展情况采取不同的办法，有的企业是在蜕变期才采用职业经理人模式，有的企业未进入蜕变期就开始采用职业经理人模式，八仙过海各显神通。

吉利集团自 1986 年起步之后，一直稳定发展，其中家族制对企业的贡献巨大。然而随着企业发展，家族制企业的缺点也逐渐暴露出来。在吉利进行家族制企业改制前，有“汽车狂人”之称的李书福，曾多次面对媒体动情地表示，“家族企业”之痛“痛至内心”。2002 年，在吉利集团已经度过了原始资本积累的大形势下，李书福痛定思痛，决心开启家族制企业管理制度向现代企业管理制度转变的大门。2002 年 5 月 25 日，原浙江省财政厅党组成员、省地税局总会计师徐刚出任吉利集团首席执行官(CEO)，这起空降事件被很多业内人士看作是吉利走出“家族血缘”，走向现代企业的重要转折。曾经由李氏兄弟分兵把持的吉利集团，随着李书福等人退居二线、徐刚等人的加入，吉利走出了家族制企业改革的关键一步。这可以说是民营企业、家族企业向现代企业蜕变的重要案例之一。

就现实而言，并不是所有的民营企业都必须选择职业经理人管理模式，民营企业应该根据自己所处的生命周期，选择最适合自己的管理模式，并且随着企业的发展，调整产权结构，不断地完善企业的管理模式，改进经营战略，保持企业良好的竞争优势，推动企业的可持续发展。

在蜕变期，企业应继续维持多角化经营战略和国际化经营战略，将其作为一项长期的基本策略，并在此基础上适当引进稳定型战略。这种战略是在完善企业内部管理上下功夫，努力提高产品质量，降低企业成本，加强技术改造和革新，在市场上赢得信誉，提高产品竞争力，为民营企业的持续成长打下基础。当企业外部生存环境恶化时，民营企业可以保存实力，休养生息，避免被市场淘汰。但是从企业的长期发展角度看，稳定型战略只是权宜之计。此外，根据市场的变化情况，运用退出战略也是民营企业立于不败之地的重要策略。需要企业领导者能审时度势，把握退出时机和退出方式。

总而言之，企业早期和中期的成功促成了快速成长和扩张的局面，而这很可能会导致企业出现自大、不灵活、短视和文化僵化等弊病，从而使企业加速进入衰退阶段。企业内气氛的特征是盲目乐观、缺乏沟通、战略保守、群体思维和互不信任①。企业内部组织结构的僵化、不思进取、缺乏创新的精神和动力等问题使得组织结构、决策过程、信息管理程序越来越跟不上环境变化的需要。上述症状都是企业进入衰退期的表现。

图 3-13 蜕变期企业发展战略选择

如果企业能采取适当的变革措施扭转局势，它将能继续生存下来。这对企业来说是非常必要的，因为这可能带来新观念，由观念产生思维方式的变化，推动企业经营管理战略的调整。相反，如果企业不采取合理的变革措施，只会不断地衰落下去，倒闭和破产是不可避免的。

① Adizes, I. *Corporate Lifecycles: How and Why Corporation Grow and Die and What to Do about It* [M]. Prentice Hall, 1989.

二、领导力勾勒：取舍有道臻大境

企业处于蜕变期时，要求民营企业战略领导者懂得取舍，善于取舍，通过合理的取舍，为企业的完美蜕变做准备。取舍之道，运用之妙，存乎一心（参见图 3－14）。

取舍一词寓意深刻：有取有舍，不舍不取，小舍小取，大取大舍；欲求有得，先学施舍。

图 3－14　取舍之选

蜕变期是民营企业发展的一个艰难抉择期，有可能“一着不慎，满盘皆输”。战略领导者最终将会面对两种结果：分化组织继续发展，企业衰败灭亡。不论企业的发展走向如何，民营企业家作为战略领导者始终应具有宽广的胸怀，有一种我奋斗过不后悔的情操。

分化组织，也就是通过合理地扩大所有权的分配比例，虽然管理层个人的股权可能会减少，但企业终究得到了再次发展的机会，集团下属的各个分公司可以走小而精的专业化发展道路。管理层个人股权的减少，往往致使战略领导者对分公司所有权的丧失，但是通过所有权的分散，增强了企业员工的向心力和凝聚力，有助于振奋员工的主人公精神，激发员工的创造力，从而推动企业的蜕变发展，让企业获得新生。

民营企业整个意义上的生命周期，从创业期、成长期、稳定期到蜕变期，在内部环境和外部环境的双重压力下，在理论上讲是围绕产权结构、管理模式(治理结构)和经营战略三个焦点问题之间的博弈,实质上是创业者、管理层和员工三者之间的利益博弈。在形式上,产权结构、管理模式和经营战略三者之间互动、相互作用,构成推动企业变化发展的三角关系,反映了民营企业与内外部环境之间的博弈,也是创业者、管理层和员工三者利益博弈之间的体现(参见图 3-15)。

归根结底,民营企业的长远发展是对产权的划分博弈,对产权结构的调整,向管理层和普通员工分配企业的产权比重并使其扩大,有利于民营企业的长远发展,增强企业员工的积极性,把这种积极性化为企业的内在动力,推动企业创新,在激烈的市场竞争中求得生存、发展壮大。

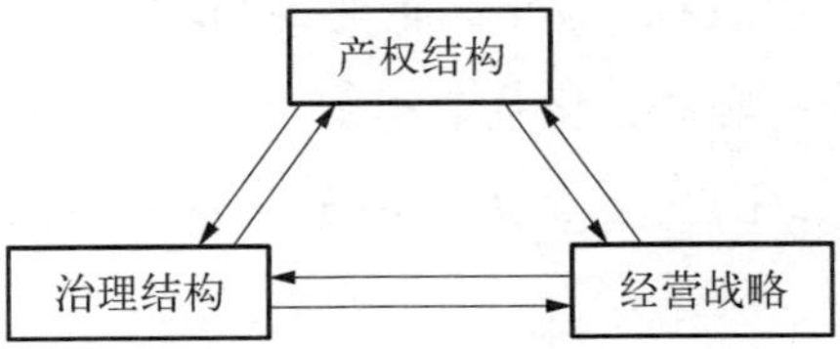

图 3-15　民营企业内部三角关系

图 3-15 展示了民营企业内部三个关键要素之间的关系:

第一,产权结构的决定性作用。对我国的民营企业而言,在民营企业成立伊始,企业结构的单一性——企业为创业者所有。民营企业产权结构的特征决定了其治理结构的选择,绝大多数民营企业采用家族式的集权治理模式,即所有权与经营权集于一身。同样,产权结构决定企业战略方向的选择,经营者只是执行所有者的战略意图,并据此调整经营策略。这些情况主要表现在企业的初创时期。

第二，外循环。在图 3－15 的外循环中，企业的所有者选择治理结构，经营管理者采取不同的管理模式，往往以制度化管理企业，并根据市场的变化，调整经营策略，扩大企业产品的生产，壮大企业规模；而当企业发展到一定规模后，创业者为了避免过多地分散注意力和精力，进一步放权给经营管理者，后者根据所有者的战略规划和市场情况，选取经营战略，处于成长期和稳定期的民营企业多遵循这种外循环动态发展。

第三，内循环。当企业的发展走向蜕变之际，民营企业内部官僚主义盛行，企业创新能力受阻，企业领导者多采取多角化的经营战略，企业的所有者适当分权给职业经理人和企业员工，使后者融入企业股权中，变成企业的所有者之一。而作为企业的所有者若不愿意分化企业组织，便会采取其他经营战略，最后，企业要么死亡，要么进一步分化发展，处于动态的变化发展中。

综上所述，民营企业在不同的发展阶段，对企业家的战略领导力要求既有相同之处，又有所差别；但不外乎围绕产权结构、治理结构和经营战略三者及其关系对战略领导力的要求。这些要求具体体现在创业期对个人修炼的迫切需求、成长期对团队合作能力的要求、稳定期对战略领导者的影响整合力的诉求和战略领导者在蜕变期的自我超越。当然，战略领导者在民营企业发展的不同阶段对战略领导力的这些要求，并不是唯一的，而是战略领导力的主要体现，随着民营企业在发展中遇到关键问题的变化，对战略领导力的要求也随之变化（参见表 3－4、表 3－5）。

表 3－4　不同发展阶段民营企业对战略领导力的要求

阶　段	关键问题	战略领导力
创业期	资金不足	个人修炼
成长期	资金不足、管理混乱	团队合作
稳定期	创新不足	影响整合
蜕变期	企业转型	自我超越

表 3－5　不同发展阶段民营企业战略领导者的特征和主要任务

阶　段	战略领导者领导力特征	战略领导者主要任务
创业期	敏锐的市场意识	开拓市场
成长期	良好的团队能力	驾驭团队
稳定期	科学的管理能力	科学管理
蜕变期	具有取舍的智慧	取舍有道

第 4 章

五力模型：民企战略领导力逻辑架构

决战商海，胆识和资源不可或缺，但事业若要长治久安，则需智勇并济，左右逢源。“五力模型”，堪称民营企业领导者商海破浪中的驭潮之术。五力合击，定能独掌乾坤，笑傲江湖。

五子登科：战略领导力之基础

五个要素：战略领导力之构成

逻辑架构：五力模型关系解密

有其才而无其胆，则有所怯而不敢；空有其胆而无其才，则不过冥行妄作之人耳。盖才胆实由识而济，故天下唯识为难。有其识，则虽四五分才与胆，皆可建立而成事也。

——〔明〕李贽《焚书·杂述》

人的思维最为奇妙，它可以将极为简单的问题复杂化，也可以将极为复杂的问题简单化。而模型或者模式，则是人的一种智慧性的创造。它将无法直观了解到的复杂状况直观化，也将晦涩、模糊的信息简单化。

模型，或者模式，是作为高级动物的人所特有的一种思维方法，是结构事物本质及规律的一种直观呈现，是对社会实践经验的理论性总结。运用模型的方法对现实经验进行总结，最大的优点就是将全局性和规律性的复杂现象以非常直观的方式呈现在观察者的眼前。领导者的战略领导力也有自己的模型。而且，在西方国家，对领导力模型的研究已经有四五十年的时间。但由于中西传统文化、人际关系的不同，许多西方成熟理论或模型引入中国后变得水土不服。因此，本书中不再介绍西方学者的复杂模型。

作为一种对社会现象的抽象化总结，模型的提出经过三个步骤（如图 4－1 所示）：一是寻找社会现实中多个成功案例，进而发现所共有的特性；二是将这些共有特征进行抽象化思考，用简洁、直观的图表进行表述；三是将总结出的模型与社会现实进行对照，以实践应用和案例考察来检验其科学性和可应用性。

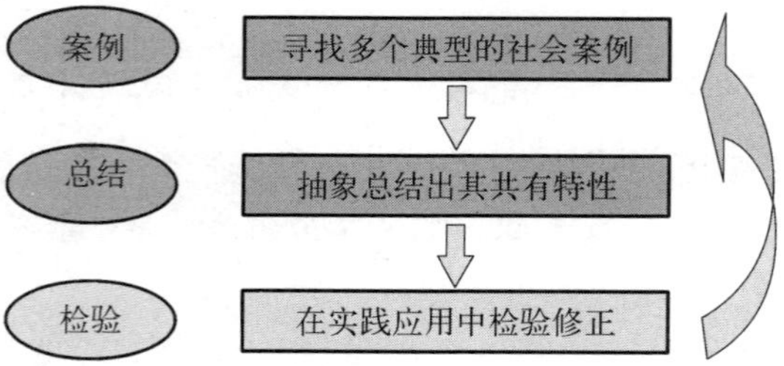

图 4-1　模型提出的三个步骤

第 13 节　五子登科：战略领导力之基础

明朝思想家李贽在《焚书·杂述》中说："有其才而无其胆，则有所怯而不敢；空有其胆而无其才，则不过冥行妄作之人耳。"意思是，做一项事业，必须有才有胆，还要有"识"。这是古代思想家对成功人士必备素养进行的概括总结。

李贽(1527—1602)，明代思想家，泰州学派的一代宗师。初姓林，名载贽，后改姓李，名贽，字宏甫，号卓吾，别号温陵居士、百泉居士等。著有《焚书》、《续焚书》、《藏书》等，对晚明思想解放产生重大影响。

图 4-2　李贽及其简介

今天，我们承认"胆"、"才"和"识"对一个优秀民营企业家的重要意义，但所谓"事异则备变"，仅有这三点恐怕不行。

纵观民营企业自改革开放以来30多年的发展历程，可以发现，战略领导者有五个方面的资源不可或缺：战略胆识、内在思维、人脉团队、社会认同和资本运作。这五类资源，可以分别用五个形象化的“子”来描述，即：胆子、脑子、票子、圈子、位子。五个要素齐备，我们称之为“五子登科”。

一、胆子：战略胆识——横刀立马

《说文解字》对“胆”的解释是“连肝之府也。白虎通曰。府者，为藏官府也。胆者，肝之府也，肝主仁。仁者不忍。故以胆断。仁者必有勇也。素问曰。胆者，中正之官。决断出焉。”胆识，俗称“胆子”，指领导者的魄力与勇气。

|《说文解字》胆|

连肝之府也。白虎通曰。府者，为藏官府也。胆者，肝之府也，肝主仁。仁者不忍。故以胆断。仁者必有勇也。素问曰。胆者，中正之官。决断出焉。

图4-3 《说文解字》“胆”

我们评论一个人“有胆无识”，就是说他勇气可嘉，做事情欠缺考虑。在中国民营企业发展之初，最早一批企业家靠的不是智慧却是“胆识”，也就是敢于第一个吃螃蟹的勇气。我们又将这个阶段的企业家称为“草商”，也就是“草莽之商”的简称。这并非一种歧视性称谓，而是放在民营企业发展历程中对早期创业者一种形象化的表述。

上海市浙江商会民营企业家为我们观察领导者的胆识提供了样本。如果用一个成语来概括创业之初的艰辛,“艰难困苦,玉汝于成”恐怕最为恰当——无论是农民出身的李书福、鞋匠出身的南存辉、裁缝世家的胡成中,还是曾做大学教师的马云,复旦大学毕业的郭广昌,盘点其身世,皆为中下层的平民百姓,这种草根性的出身决定了他们要出人头地,必须明白一个道理——“狭路相逢勇者胜”。

1978 年个体工商户在浙江省温州市重现。温州市特批在东门试点开设城市农副产品市场,因“兴无灭资”而消亡 20 多年的个体户在温州等地卷土重来①。在当时的情况下,地方政府胆大包天的举措是要承受政治代价的,而这些个体户也似吃了“熊心豹子胆”。

为什么地方政府与个体户胆敢做出如此出格的行为?恐怕是遭受了以往苦日子的煎熬,是对历史教训的吸取,而总结历史也是为了更好地面对现实。在众人皆醉我独醒的大环境下,有人敢于清醒地面对现实,敢于走出一条常人不敢走的路子,的确需要点胆量。

民营企业草创之初,众商皆草商。“胆识”决定了他们的出路,最好的形容莫过于民营企业创立之初的“四千精神”——跑遍千山万水闯市场、吞尽千辛万苦办企业、道尽千言万语拉客户、想尽千方百计拜访成功。

这四千精神经是一种“敢为天下先”、“舍我其谁”、“横刀立马”的撼人气势和超凡胆魄。在草商阶段,他们“用放大镜寻商机,用望远镜觅市场,用显微镜淘营销”,敢于“图破壁”,敢于“吃螃蟹”,敢喝“头啖汤”,真正地“杀出了一条血路”。有胆有识,是

---

① 杨晶晶. 个私经济发展大事记(1978—2009 年)[J]. 光彩,2009(9).

民营企业成功的第一步，也是最关键的一步，更是从草根出身的创业者逆袭为成功企业领导者的关键之所在。

二、脑子：内在思维——运筹帷幄

古语中不仅讲到“狭路相逢勇者胜”，还讲到“勇者相逢智者胜”。在群雄逐鹿的年代，仅靠胆子就如同猛张飞一样迟早会吃亏，靠智慧和谋略才能活得更长久。

司马迁在《史记・高祖本纪》中言道，“夫运筹帷幄之中，决胜于千里之外”，如果说决胜千里之外靠胆识，那么“运筹帷幄”靠的就是内在思维，即“靠脑子”。所谓的“靠脑子”主要是指在企业的生存发展过程中，需要审时度势地顺应历史和时代的变化，及时地感知外在世界的最新动态，从纷繁复杂的社会环境中，把握事物变化、运动的规律，并将这些不断变化的细节进行提炼和升华，寻找到对企业来说具有重大影响力或者重要助推力的因素，进而充分利用这些元素。

环顾民营企业发展从草商到哲商的三个阶段，在“草商”阶段，民营企业的领导者往往是以胆识与魄力作为打天下的资本——在草商阶段的闯荡使得自身闻到了市场商机的气味，这种特殊的年代已经不再是市场经济发展的主流，以胆子带动脑子的年代可以称为民营企业“粗放式的发展方式”时期。在现阶段及未来的相当长时间内，民营企业发展的重心已经从过去的“要不要做，可不可以做”发展到了现在的“如何做强，如何做长”的问题。因而，民营企业家在此基础之上的转变就必须是从“靠胆子”逐渐向“靠脑子”换代。

靠胆识创业在一定程度上还有点“逞一时之勇”的味道，有点“瞻前不顾后”的意思，俗话说，“不谋一世者不足以谋一时”，凭借胆识可以在市场经济初创阶段凭借气魄、胆量创下一个个不小的奇迹，毕竟在市场经济刚刚起步阶段，民营企业的领导者还只是处于一种探索的初级阶段，由真刀实枪的“血拼”到运筹帷幄的“创智”，经历了大约 30 多年的时间。

在 20 世纪末和 21 世纪初，“知识革命”在全世界风起云涌，“终身学习”的理念逐步深入人心，草商在潜移默化中也在探索更加有力的“守业”之道，在市场大环境的“倒逼作用”和企业家的自我革新之下，也就华丽地转型为儒商。这一转换，是知识的升级，也是领导者智慧一项成功的修炼。

三、票子：资本运作——左右逢源

票子，文雅一点的说法叫作“资本”。马克思曾一针见血地指出：“资本有其两面性：一是资本的逐利性和贪婪性，二是对社会进步的积极性和推动性。”①开企业，办厂子，归根结底为的还是“票子”的问题。

资本是撬动市场经济的杠杆，是市场经济中最为活跃的因子之一，是资本的作用将人才和技术汇集成强大的市场竞争力。曾经有学者指出，“在经济发展和结构调整的过程中，资本存量的多寡，特别是资本增量形成的快慢，往往成为促进或阻碍经济增长和结构调整的基本要素”②。表 4-1 是浙江企业在全国民

---

① ［德］马克思．资本论［M］．中共中央马克思、恩格斯、列宁、斯大林著作编译局译．北京：人民出版社，2004.

② 张合金、包继新．发挥资本市场在经济结构调整中的作用［N］．光明日报，2011-3-3.

营企业五百强所占的数量①，不包括浙商在其他省、自治区、直辖市的民营企业。

表 4－1　历年浙江民营企业占全国民营企业 500 强的数量

年份	2000	2001	2002	2003	2004	2005	2006
数量	168	168	188	185	183	183	203
年份	2007	2008	2009	2010	2011	2012	
数量	188	185	180	180	144	142	

但是，民营企业与全国 500 强企业和世界 500 强企业的差距依然很大。“民企 500 强净利总和不敌央企两巨头”②。根据全国工商联公布 2010 年中国民营企业 500 强名单③，可以总结出：从行业分布来看，2010 民营企业 500 家的行业布局的特征：建筑业、黑色和有色金属冶炼及压延加工业、批发零售业企业数量分别为 67 家、63 家和 51 家，占据入围行业的前三位，制造业仍占据主导地位，主要集中于劳动密集型产业和竞争性行业。反观 2010 年《财富》500 强企业名单④（评价标准是企业的营业收入），中国上榜《财富》世界 500 强的民营企业仅仅三家，分别为：中国平安保险、华为技术和江苏沙钢。

---

① 根据中国工商联历年发布的中国民营企业 500 强名单整理而得[EB/OL]. http://www.acfic.org.cn/publicfiles/business/htmlfiles/qggsl/index.html.

② 民企 500 强净利总和不敌央企两巨头 民企谋求转型[EB/OL]. http://news.xinhuanet.com/employment/2010－08/30/c_12498908.htm，2010－8－30.

③ 中华全国工商业联合会. 2010 中国民营企业 500 家名单[EB/OL]. http://www.acfic.org.cn/publicfiles/business/htmlfiles/qggsl/cmsmedia/document/2010/7/doc3496.pdf，2010－8－29.

④ Fortune. *Our Annual Ranking of the World's Largest Corporations* [EB/OL]. http://money.cnn.com/magazines/fortune/global500/2010/full_list/，2010.

从世界 500 强企业中挑选出与我国民营企业所处行业较为相符的电子电气设备、一般零售、汽车、专业零售、计算机制造、食品、饮料、饮食服务和软件 9 大行业分析：我国最大的一般零售商联华超市 2009 年营业收入 7 353 百万美元、专业零售商苏宁电器为 8 574 百万美元、饮料业巨头伊利为 4 412 百万美元，而 2008 年我国餐饮百强企业总营业收入也仅为 18 378 百万美元，还不及该行业排名最低的索迪斯（19 818 百万美元）；而 2010 年世界五百强企业各行业资产最少企业排名（单位：百万美元）：软件（47 416）、食品（39 848）、饮料（28 956）、汽车（17 434）、一般零售（12 581）、饮食服务（12 223）、电子（10 643）、计算机制造（9 109）、专业批发（7 464）（如表 4－2 所示）。

表 4－2　2010 年世界 500 强企业行业资产

排　名	行　　业	行业资产（单位：百万美元）
1	软　　件	47 416
2	食　　品	39 848
3	饮　　料	28 956
4	汽　　车	17 434
5	一般零售	12 581
6	饮食服务	12 223
7	电　　子	10 643
8	计算机制造	9 109
9	专业批发	7 464

对中国民营企业来说，这些仍然是天文数量级的，例如，我国饮料行业的龙头——伊利集团 2009 年的资产总额为 1 941

百万美元，而数额较大的专业零售龙头——苏宁电器也只有5 294百万美元。

总而言之，我国民营企业的发展资本实力弱小。在国际化的过程中，资本运作的不足将是民营企业面临的巨大挑战。这就迫使民营企业必须融入国家战略，依靠国家的政策扶持走向世界。这是民营企业战略者必须正视的问题。

四、圈子：人脉团队——高朋满座

"群"是人类社会特有的现象，但"群"不是乌合之众，而是有组织、有纪律的团队管理，它与普通的人事和团队管理并不相同，我们称之为团队，通俗的叫作"圈子"，是指战略领导者个人的人脉关系和民营企业的团队建设。

对民营企业而言，战略领导者人脉关系主要是商会圈，是基于业务链条、产业的相关度而结成的网络。对于一个成功的民营企业领导者而言，市场的拓展、资源的聚集、信息的共享、风险的化解都需要这张网络的良好运行来完成。譬如，上海市浙江商会——这就是"新浙商"们的聚集地，凝聚出"新浙商"在市场竞争中的"抱团精神"。

温州、台州地区商人的抱团意识最强，全世界有温州人的地方必定有温州商会。"浙江军团"互补互赢，资源共享，同心协力把市场做大，所到之处必然集结同乡，组织商会。全国"29个省级商会的建立，数百个市、县地方商会的成立"①。"省内的

① 方元龙. 浙江省经济发展运行情况及开展"浙江人经济"调研的报告——在全国浙江商会秘书处专题工作会上的讲话（摘要）[EB/OL]. http://www.sczjsh.com/?module=zs_news&action=show&id=87,2009-10-24.

5 000 多个专业化市场和各地特色鲜明的区域经济，形成了一种传统经济地理学没有的模式：由优势产业、关联产业、上下游协作配套以及大小企业和谐共生的，符合良性经济生态平衡的内部条状、外部块状的产业区域，极具竞争优势。”①

浙商的抱团精神是民营企业战略领导力中个人关系的展现，而对民营企业内部而言则是团队合作精神。民营企业创业之初，一般以亲情、友情等关系开创事业；事业做大后，利益关系的矛盾就逐渐变得尖锐，团队协作就成为亟待解决的难题。比如，正泰集团股份有限公司董事长兼总裁南存辉认为，一个企业的发展必须最大限度地激活全体员工的积极性，迸发他们的创造精神、团体意识和奉献情怀，这才是一个民营企业跃升更高层级最核心、最本质的要素。

有道是君子和而不同。团队不能任人唯亲，而是向市场要人才。复星集团就是如此，集团不存在任何亲缘关系的干部，民主决策、团队定夺、唯才是举蔚然成风。郭广昌指出：“青年人最需要的不是个人英雄主义，而是集体英雄主义。我们这些人，能力上可能每人只能打 70—80 分，但是我们要做能力的加法和乘法，在复星，我们最大的愿望是培养一批志同道合的青年企业家群体和一个朝气蓬勃的青年创业团队。”

五、位子：社会认同——兼济天下

社会认同，俗称“位子”，是指民营企业战略领导者在社会上的地位与影响力。古语说，“在其位，谋其政，任其职，尽其

① 邱少明.浙商精神特质析论[J].现代经济探讨，2010(7)：77－81.

责”。在这里，所谓的“位”，就是指职位、岗位，又可以引申为地位。

民营企业战略领导者的地位在市场竞争的丛林法则中获得。民营企业的领导者不仅是民营经济的开拓者、铺路者，还应该将他们所积累的宝贵思想财富积极回馈社会，而民营企业的这些工作也需要得到社会的认可。

福柯曾经提出社会的三大权力话语：政治、商业和民间。话语意味着权力，社会地位和社会声望即是话语的象征。民营经济作为商业话语的一支力量，贯穿于社会话语系统中，并对其他两者施加影响。因此，在今天最能体现民营企业社会认同度的方法莫过于两个层面：政治话语和民间话语的认可度，前者以参与国家事务的方式体现，后者以公众舆论的方式彰显。

从计划经济到市场经济，民营企业的生存环境已经翻天覆地：宏观层面，民营企业的合法性逐步确立；中观维度，民营企业的进一步发展巩固了其行业影响力；微观角度，许多优秀的民营企业脱颖而出，逐步做大做强。民营企业的发展最深层次的影响就是自身社会地位的不断提高。

我们来看一组数据，从2003年以来，在第十届全国人大、政协组成人员中，非公有制经济群体中有全国政协委员108人，全国人大代表136人；而同时期的省级政协委员则有1 100多人，省级人大代表630多人；全国县级以上人大代表9 000多人，政协委员3万多人。而在第十一届全国政协委员中，民营企业家就有100多位。企业家参与社会政治话题的频率越高，说明在整个国家中的认可度越强。

表 4 - 3　私营企业主政治参与情况

类　　别	比　例
党员企业主占受访者的比重	33.5%
党员企业主是党组织负责人的比重	66.7%
受访党员企业主中各级党代表的比重	28.3%
其中，省级、全国党代表的比重	0.016%
企业主是各级人大代表、政协委员占受访者的比重	51.1%

再从媒体的角度来说，媒体对民营经济的传播与诠释表明的是其公众层面的影响力。从 2008 年初至 2012 年底，媒体对民营经济的关注度总体上保持着一个稳步上升的趋势(如图 4 - 4)，这说明民营经济的影响力在公众的视野中处于一个逐步上升的过程。媒体的报道和公众的关注之间存在着一个正比例的关系，这彰显民企发展渐受关注的一面。

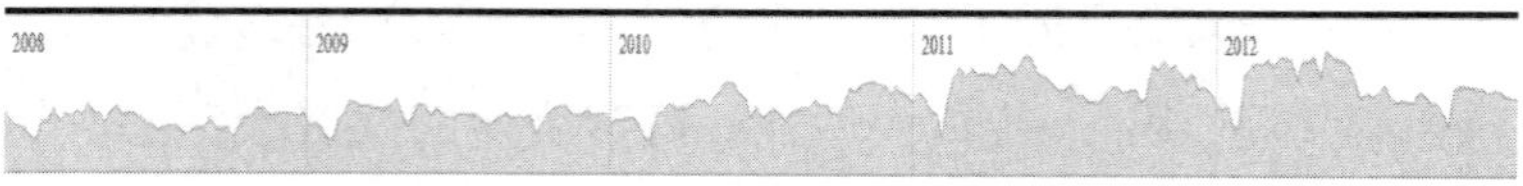

图 4 - 4　媒体对民营经济的关注度

随着改革开放的逐步深入，民营经济不仅成为国家经济收入的重要来源，而且肩负着全面提高居民收入、就业机会、消费能力和幸福指数的重要任务。国家对民营企业的发展也越来越重视。民营经济和国有经济两者在动态的博弈中寻找着平衡点，共同服务于国家发展的大局。

民营企业能够得到国家的重视，与其自身对国家经济的贡献密不可分，但是，民营企业今天的社会地位是靠民企自身在大浪淘沙的市场经济中逐步获得的，从资源的占有、政策的支持、机会的获得等角度来说，它们依然无法跟各方面都占有天然优势的国有经济相提并论。因此，在全面建设小康社会的过程中，民营企业必须尽可能地在争取社会“影响力”和官方支持度的路上走得更远。

胆子、脑子、票子、圈子和位子构成民营企业发展的必要条件，也成为民营企业战略领导者的战略资源。总体来说，民营企业战略领导者具备这五个方面的要素才能在未来的发展中立于不败之地。正如我们分析，这五个方面实际上是民营企业战略领导者素质与能力的全面体现，符合民营企业战略领导力三个层次；“五子登科”的资源要素，是构成笔者下文中“五维论”的重要内容。

第 14 节　五个要素：战略领导力之构成

我们在今天迎来了新中国成立以后民营经济发展的最好时代。这个美好的民企时代，既不是上天的恩赐，也不是偶然的机遇使然，而是一个漫长的自我修炼的过程。

修炼，就是领导能力在不同层面的提升，就是根据企业发展周期进行的领导力探索。具备充足的资金、良好的团队、广泛的人脉、优良的环境与广泛的认同，已经成为民营企业是否能够在市场竞争中立于不败之地的试金石。任何成功的经验、宝贵的教训只有成功上升到一定的层次才能够拥有普遍的借鉴和使用价值。

经过“五子登科”的分析之后，战略领导力的五个构成要素就呼之欲出了，我们姑且将它们分别命名为愿景力、道德力、决策力、整合力和控制力。这五个要素，或者是五种能力，是企业领导者的终极武器，统一于民营企业的战略领导活动的实践以及中国民营经济发展的时代背景中，构造了一个民营企业战略领导力的力系结构。

在中国整个民营企业的发展过程中，无论是其在草商阶段还是儒商阶段，甚至是今天的哲商阶段，五力模型都是考察其战略领导力的重要参考标准。从整体上说，评价一个阶段或者一个时期内民营企业的战略领导力，就是要综合考察这五个要素是否全然具备，以及这五个要素之间的互动关系如何。

众所周知，任何一个组织的管理构架都可以分解为战略层、管理层和执行层。无疑，战略领导者是归属于战略层。战略领导者是一个组织顶层的领导者，是主要负责一个组织的发展方向和战略管理的领导者。因而，必须要求战略领导者具备对企业的战略、架构、人员、文化、制度等方面统领的能力——愿景力、道德力、决策力、整合力和控制力。建构民营企业战略领导力之“五力模型”的前提是理清在民营企业的发展变迁过程中，以及在民营企业在参加当今的社会市场竞争中，究竟是哪些核心要素发挥了决定性的作用。

一、愿景力：拨云见日

按照领导学或管理学的解释，愿景是一种非正式制度安排的文化，是人作为社会性的动物特有的能力。它的价值在于不仅能够为未来设定一个理想化的目标，更在于它所具有的强大的精神动力，能够助推着公司在未来发展的路上愈挫愈奋，勇往直前。

愿景，是一个共同体所具有的使命与理想；愿景力是指战略领导者建立企业共同使命与理想的能力。陈劲说，“愿景”是“一种基于领导者的价值观、信念和经验反映其对未来组织图像的驱动力；一种经简化后对组织过去和未来状况的心智图像，用以描绘关于组织未来欲为图像的叙述”①。战略性愿景是决定一个企业长远发展空间和长远发展潜力的重要因素。企业战略领导力中的愿景力实际上就是民营企业战略领导者在基于企业发展轨迹和发展现状，提炼出企业未来发展的可能性及空间的能力。

愿景，意味着一种理想化的企业发展境界，愿景一旦确立，团队就有了明确的价值观。但企业光有愿景还不行，还需要有与之相匹配的执行力相辅佐，不管有多么美好的愿景，企业的发展都只是画饼充饥，痴人说梦。谈到企业的愿景力，在今天的民营经济中，马云及其团队为我们树立了一个很好的榜样。

2008 年 3 月 17 日，马云在接受记者采访时说，“淘宝要在 10 年以内超过沃尔玛，在我死之前，看到淘宝一年的交易量超过 10 万亿人民币”②。以马云这段文字为关键词的搜索收录达十万多次，在业界引起了强烈的反响。然而，这背后却是一个漫长的奋斗过程，也是一个根据企业发展阶段、社会经济语境对企业未来发展做出的理想化设计。阿里巴巴官方网站“企业文化和价值观”一栏中给出的描述是，“阿里巴巴集团拥有大量市场资料及统计数据，为履行我们对中小企的承诺，我们正努力成为

---

① 陈劲. 创新的地平线[M]. 北京：现代教育出版社，2007：210.

② 韩枝、全智. 马云抛淘宝愿景：我死前年交易量要超 10 万亿元[EB/OL]. http://tech.sina.com.cn/i/2008-03-17/15242082422.shtml，2008-3-17.

第一家为全部用户免费提供市场数据的企业，希望让他们通过分析数据，掌握市场先机，继而调整策略，扩展业务。我们同时希望成为员工幸福指数最高的企业，并成为一家‘活 102 年’的企业，横跨三个世纪(阿里巴巴于 1999 年成立)”①。

马云的愿景力经历了一个逐步完善的过程，虽然在企业的发展过程中经过了多次的调整和修正，但最初的愿景并没有发生本质的变化，从创业之初只有 18 个人的团队开始起步，马云利用自己对未来的规划在资源不够充沛的条件下，实现了强势的逆袭，他说，十八只鸭子排成一条直线很难，但我们通过愿景力的作用，可以让十八个人走成一条直线，这个直线便就是愿景的统帅作用，也是在创业之初，凝聚团队士气，鼓舞团队人心的一种强大武器。所以，对于一个创业之初的公司而言，领导者设定强大的愿景力，可以让团队整体上下齐心，进而争取更多的社会资源，然后通过强大的执行力获得草根的逆袭。

马云的愿景渗入战略决策、企业文化和团队建设的每一个环节，更在无数次的演讲、报告中更是以宏大的描述、充满激情的阐释而著称。他的愿景力已经化作企业发展的动力，化作员工奋斗的动力，而这都与马云的敢想、敢做、敢于放手有关，在辞去 CEO 之前，马云曾经表示为此“思考了九年、计划了六年、实施了三年”，这些思考、计划和实施，便将事业的愿景、企业的愿景与员工的愿景结合起来。

人类是思想的动物。笛卡尔“我思故我在”强调了人的思维能力和存在感。在今天的企业管理活动中，思想的力量便是一

---

① 阿里巴巴的企业文化和价值观[EB/OL]. http://page.china.alibaba.com/group/culture_value.html? spm=a260r.149317.0.66.

个团体保持生机的能量之源。愿景，是一种最为伟大的思想行为，它描绘出未来的蓝图，指引了团队前进的方向。

马云三度高考进入了杭州师范学院。大学毕业后，马云的经历更是十分坎坷，经历过两次惨痛的失败，最后才创建了庞大的商业帝国。马云成功的历程，最耀眼的地方就在于他能够在昏暗中看到曙光，在挫折中坚持，在失败后奋起，并且，他将这些基于自己人生经历所提炼出阿里的信念升华成公司奋斗的信念，从而为公司的发展设定了一个“不畏浮云遮望眼”的愿景。

战略领导者树立企业愿景和使命，通过与企业员工之间的价值博弈，凝聚出企业核心价值观，而员工对企业价值观的形成具有一定的影响作用，教育背景对企业员工价值观的形成具有独特的影响。战略领导者把愿景内化为企业文化后，就要调用整合各种资源，整合的对象不仅仅是内部资源，适当的时候外部资源也要引入；同时，在整合的过程中产生的内部管理问题，需要战略领导者创新制度，平衡各种利益关系，从而最终推动企业愿景的实现。

愿景是企业战略领导者站在企业发展所处的具体阶段，对企业发展的未来进行的规划和设计，在民营企业战略领导力的“五力模型”中，愿景力特指在企业发展中所具备的带有前瞻性的市场经济意识和未来发展可能的预测以及基于这种意识和预测付诸的行动。企业的愿景根据内容的不同，可以分为针对产品的愿景、针对客户的愿景、针对员工的愿景以及更高层面上针对文化传承、产业进步、人类发展的愿景。

在电子商务领域，马云的愿景力堪称无敌。1999 年 2 月，在一次公司会议上，马云说，“我们要办的是一家电子商务公司，我们的目标有三个，第一，我们要建立一家生存 102 年的公司；

第二，我们要建立一家为中国中小企业服务的电子商务公司；第三，我们要建立世界上最大的电子商务公司，要进入全球网站排名前十位”。马云的这一目标正是其企业在发展的初级阶段的一个鲜明的体现。也正是基于这一愿景，马云完成了对企业未来走势的清晰规划。

表 4-4　阿里巴巴的企业文化和价值观

阿里巴巴的使命	让天下没有难做的生意	
阿里巴巴的愿景	分享数据的第一平台，幸福指数最高的企业；“活 102 年”	
阿里巴巴的价值观	“客户第一、员工第二、股东第三”	
	客户第一	客户是衣食父母
	团队合作	共享共担，平凡人做平凡事
	拥抱变化	迎接变化，勇于创新
	诚信	诚实正直，言行坦荡
	激情	乐观向上，永不言弃
	敬业	专业执着，精益求精

资料来源：据阿里巴巴官网整理，参见 http://page.china.alibaba.com/group/culture_value.html? spm=a260r.149317.0.66

当然，愿景不只是一句豪言壮语，除了作为一种巨大的精神力量之外，还须有较强的执行能力，否则再好的愿景也就只能成为“画饼充饥”的笑柄。在我们深入考察了今天浙江商会的若干企业后，发现他们的愿景建立大体包括了三个必要的前提：一是企业所处的环境，包括政治、社会、文化环境；二是企业领导的价值观和个人经历；三是企业领导者对愿景进行分享和调整的能力。

然而，我们需要强调的是愿景离不开创新。对于一个企业来说，只有具备强大的创新能力的愿景才能称得上是有效的愿景。愿景形成后的执行、表达及变革方面表现出来的影响力、感召力就是愿景力。愿景，是基于现状对未来的战略规划，规划必须具有意识的超前性和前瞻性。企业的愿景是基于知识积累、发展经验和价值信念的基础上进行系统的整合和创新而成，愿景的形成是一个跳跃性的过程。“愿景力”既是一种力量，又是一种能力(参见图 4－5)。

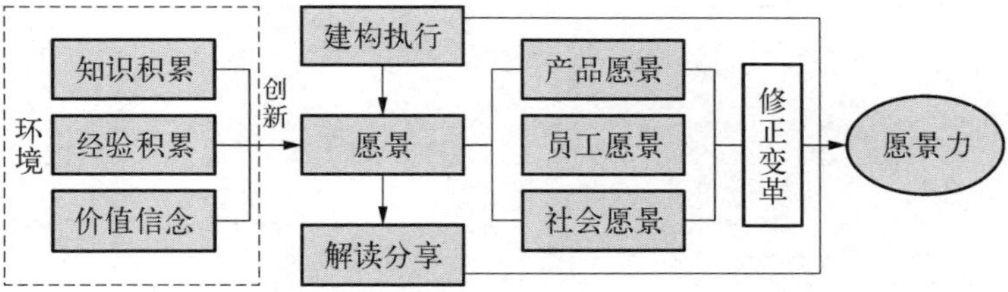

图 4－5 愿景力的模型构建

在这里，要强调几点：第一，民营企业战略领导者应具备利益共同体的意识，即战略管理者和普通员工之间利益的相对一致性；第二，战略领导者要为所有的企业员工提供均等的发展机会；第三，建立战略领导者与企业员工间的信任关系。第四，战略领导者要把企业员工的发展纳入企业发展规划。

的确，“愿景”在 21 世纪初才成为一个时髦的话题，但实际上它在 20 世纪七八十年代的“草商”时代就已经出现了。例如，“下海经商”、“要不要做，可不可以做”的一些思路都已经成为早期创业者时刻思考的问题，有的企业家也树立了“靠胆子吃饭”的简单愿景，甚至也有企业将“修身齐家治国平天下”的豪言壮语当作愿景。只不过可惜的是，在这一阶段，愿景力还没有成为时代的主流被关注。

1981 年，人民日报曾经刊发过一篇《关于一场承包鱼塘的争论》的报道（参见图 4－6），这篇报道中对农民雇工承包鱼塘的情况进行了介绍和点评，这一消息当时在国内引起了很大的反响，甚至有人上书中央，认为这种方式存在着剥削，与社会主义的基本精神相违背。但至今看来，农民承包鱼塘、雇佣劳工是一件再也普通不过的事情，但在当时，却要面临着巨大的言论压力甚至是社会压力。

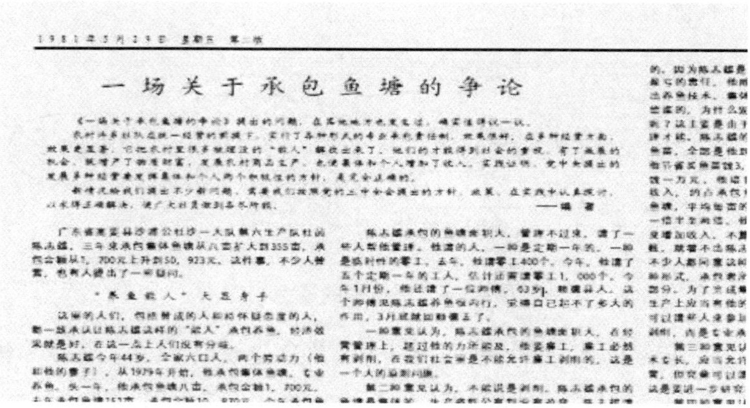
一场关于承包鱼塘的争论

图 4－6 《一场关于承包鱼塘的争论》(1981 年 5 月 29 日《人民日报》)

愿景力更要突破时代思想的桎梏，以前瞻性的眼光思考未来的走向。在市场经济还没有成为主流的时候，对于民营企业来说，愿景力更需要大胆的想象、创新和尝试。在今天，愿景力已经不仅仅在于如何赚钱，如何赚大钱，而是包括了更为丰富的内容：为客户提供优质的产品和服务，为员工提供优厚的待遇和更高的发展空间，为社会创造更多的经济和社会价值。

环顾今朝，市场经济愈发展，战略领导力的作用就愈加凸显。民营企业战领导者对愿景力的培育也越来越重视，对自身的思想境界也越来越关注。民营企业家应该把企业看作为“事业”，而不是“私业”。此种境界主要表现在接班人的选择上。在新旧承接的时候，企业的应该选取德才兼备者接班，而不一定以传统的家族继承的方式传承民营企业，这往往需要换人摆脱家族制的企业，以此全面确立社会化的定位，在产权结构上做出大调整。当然，这也是民营企业战略领导力气魄方面的展现。

二、道德力：明德致远

改革开放之后，中国的第一批创业者深知自己所肩负的社会责任，面对经济发展的浪潮，油然而生一种强大的使命感和社会责任感。

中国民营企业始终保持与人民群众之间的血肉关联——市场经济的实践让民营企业领导者深深地知道一个道理：得民心者得市场。赢得民意，赢得拥护，便可在市场经济中百战不殆。

中国早期的民营企业家在成长之初，受制于社会环境和教育经历的影响，往往对历史和军事方面的图书颇具情愫，他们深深地知道以亲近民心的方式来经营企业对他们所可能带来的影响和意义。经过30多年的征战之后，那些依然屹立不倒的企业将这些累积起来的经验提炼成一种使命感和社会责任感，这就是“道德力”。

人有“经济人”和“道德人”之分。“道德人”就是用道德的规范伦理来约束人的行为，使每一个生活在社会中的人都符合约定俗成的规范。“经济人”是追求经济利益最大化的人，但这与“道德人”是不矛盾的马克斯·韦伯在《新教伦理与资本主义精神》一书中指出，“倘如财富意味着人们履行其职业的责任，则它不仅在道德上是正当的，而且是应该的、必需的”①。

《大学》中说：“有德此有人，有人此有土，有土此有财，有财此有用，德者，本也；财者，末也。”在朱熹看来，有德是一切资源获得的最首要的途径，一个人有了德，必然会拥有更多的资源，因此，在“德”和“财”两者的取舍上，德为本，财为末，两者既是先后关系，又是因果关系。

谈到企业的道德力，我们可以用现任杉杉集团董事长兼总经理、中国服装协会副理事长郑永刚的案例来做说明。郑永刚先生的道德力体现在他的人才理念、企业文化中，注重提携后进，注重经验分享，强调利他精神，并时常站在一个对中国民营企业发展高度负责的立场上发表观点和简介，这就是一个企业家所站立的高度，所拥有的大爱。

在杉杉集团的官方网站上，有这样一段文字来介绍其企业文化和发展理念：“‘正直、负责、创新、奉献’是杉杉企业文化的精髓，是杉杉企业凝聚力的源泉，是杉杉最宝贵的精神财富。正直是企业最看重的品质，一个正直的人，一个正直的企业，才能可持续发展与成长。我们要不断培训，不断学习，充实内心修养，充满浩然之气，充满正大刚强之气，‘仰不愧于天，俯不怍于人’，堂堂正正做人，堂堂正正做企业。”②将正直作为企业发展理念和愿景的，恐怕只有郑永刚。

杉杉集团强调奉献，强调负责，强调社会责任的担当精神，这些既是一个企业经营者的基本素质，也是一个企业能够在市场经济中立于不败之地的素质。郑永刚的这种道德精神，超越

---

① ［德］马克斯·韦伯. 新教伦理与资本主义精神［M］. 成都：四川人民出版社，1986：136.

② 杉杉集团官方网站，http：//www. shanshan. com/shanshan/？About_Id=7.

了一般企业领导者所思考的高度，从中国民营企业的发展现状及未来走向上，积极地为民营企业争取更好的发展环境而呼吁。

邓小平等领导同志在社会主义市场经济体制初步建立的时候就一直强调要求注重经济发展过程中的道德因素，他说："经济建设这一手我们搞得相当有成绩，形势喜人，这是我们国家的成功。但风气如果坏下去，经济搞成功又有什么意义？会在另一个方面变质，反过来影响整个经济变质，发展下去会形成贪污、盗窃、贿赂横行的世界。"①

道德力便是在实现了"道德人"和"经济人"这两者之间进行统一的基础上，对"道德人"进行的深化和细化，是要求企业战略领导者在伦理道德层面的体现。民营企业战略领导者的道德力相对于作为单个的社会个人来说，其构成要素更为复杂(参见图 4－7)。

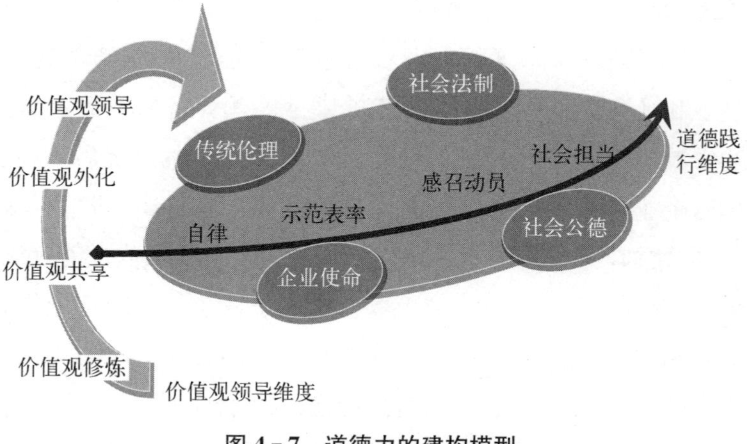

图 4－7　道德力的建构模型

民营企业的道德力分为价值观和道德践行两个层面，是多

① 邓小平. 邓小平文选(第二卷)[M]. 北京：人民出版社，1993：154.

个元素相互交叉构成的一个整体的系统。

价值观领导由四个阶段构成：第一个阶段为领导者的自我修炼，即通过教育、学习，养成完备的价值观，内化成领导者的内在素质；第二个阶段为价值观在企业内部进行共享和普及；第三个阶段为价值观外化阶段，即企业价值观从组织内部走向组织外部，由内而外的同化、感染、动员力量，这些力量是无形的，但可以给企业带来强大的外部资源，为企业、组织争取最大可能的合作资源；在最后一个阶段，企业领导者的价值观已经上升为基于价值观的领导，此时的价值观已经成为组织本身和其他组织进行竞争、合作的强大动力，具有变竞争对手为合作对手，将组织外的资源内化为组织内资源的力量。

从价值观的践行维度来讲，民营企业战略领导的道德力也是由若干复杂要素构成的系统，它包括了最基本层面上的道德、伦理、规范，也包括了较高层面的社会担当。民营企业作为市场经济发展的风向标，同样也是社会主义市场经济发展道德观、伦理观和社会责任的践行者，民营企业战略领导者的道德力是企业发展过程中的责任精神、奉献精神、利民精神的总统领。对于民营企业战略领导者而言，最低层面的要求是自律，即"从我做起"的精神，进而是"示范表率"精神，通过自己的示范行动，带动公司、企业都能够使自己的市场行为顺乎社会主义的集体价值观和伦理观，更高层面的为企业领导者的感召动员能力和社会担当精神，这是一个企业回馈社会、获得社会认同以及为企业获得良好声誉的重要武器。纵观西方发达国家和中国的发展历史，有许多企业家乐意通过参与慈善活动来为社会谋取福利，这也是企业道德力的一个重要体现。对于企业来说，参与慈善活动、投身公益事业，是民营企业道德建设及道德发展水平的重要表现。社会主义初级阶段要求先富带后富，最终实现共同富裕，这也是企业领导者道德力的一种重要体现。从某种意义上说，企业的战略领导者的道德力决定了整个企业的道德力，而民营企业战略领导者的整体道德力决定了当前我国非公有制经济整体的道德水平。

作为执行者，民营企业战略领导者必须把个人的修炼外化为企业文化，作为企业的核心价值观体现出来。同时，应该把价值观外化到行为和人际互动，并注入组织。这实际上是价值观形成的第二个步骤。民营企业家作为战略领导者，在使价值观内化为组织系统的过程中，关键是如何把企业的核心价值观变为员工所认同和接受的观念，因为企业员工是企业文化的主要载体。因此，民营企业的“老板”与员工的人际互动及其效果就显得十分重要了。

笔者曾与马云交流，他说：“好的领导者一定要具有好老师的特质，愿意教别人，乐于分享自己的心得、经验和使命感，是既能不断充实自己又能激发别人潜能的人。”同时，在员工与企业战略领导者的互动过程中，也会使领导者对价值观产生修正的想法，因而对领导者具有自我教育性。这种教育性与自我教育性在实际的人际互动中是存在的，只是沟通的双方或许并未意识到这种客观存在。然而，互动的效果如何，很大程度上要取决于领导者。这是由于领导者在企业中所处的身份地位的特殊性，导致一种心态上的实质性的不平等性。领导者应该意识到这种不平等性的存在，以一种宽容、平等的原则，保证沟通的有效性。这里面涉及正式沟通与非正式沟通的问题。要把价值观渗透到员工、组织中，非正式沟通的效果较为适当。领导者身份的特殊性决定了在互动中的主动性，因而领导者的人际沟通能力将对互动产生至关重要的影响。在价值观外化到人际互动的过程中，对团队的建设成为题中之义。这是民营企业战略领导者的重要任务——培养忠诚团队。

三、决策力：当机立断

汉朝的陈琳在《答东阿王笺》中说："秉青萍干将之器，拂钟无声，应机立断。"这里的"应"就是根据、依照和遵循的意思，时机的不同，领导者做出的决策也不同。当机立断的能力实际上就是领导者的决策能力。

决策力就是强调对机遇环境和时间的判断，做到该出手时就出手，做到当机立断，当仁不让。决策，就意味着在关键的时刻果断拍板，毫不含糊。适时的决策，具有力挽狂澜的威力，具有反败为胜的功效；反之，不当的决策则会带领着企业步入歧途，必然导致"一着不慎满盘皆输"。所谓"成谋虽属乎生知，标格亦资于治训"，领导者的决策力与先天的个人性格有关，也与领导者后天有意识的学习有关。

用现代领导科学的成熟理论解释"当机立断"，就是要求民营企业战略领导者具备相应的制定工作目标、设计战略规划、组织实施动员与具体指挥执行等领导力。再好的目标，如果不能得到好的执行，最多也只是纸上谈兵。从这个意义上讲，民营企业战略领导者是战略执行者以及决策者。

杉杉集团的董事长郑永刚先生在这一方面有着过人的胆识和魄力，他将所有的代理商变成了买手，建立了一个清廉高效的体系，成为服装行业的一个标杆。业界的人称郑永刚是中国商界的巴顿将军，因为他的勇气和决断力异乎寻常，有着号令天下向自己开炮的魄力。

杉杉集团官方网站上的介绍资料显示，2009 年 2 月杉杉集团与日本伊藤忠商事株式会社建立全面合资合作关系。根据协议的约定，杉杉投资控股有限公司将其持有杉杉集团 25%的股份转让给伊藤忠，将其持有杉杉集团 3%的股份转让给伊藤忠(中国)有限公司。双方将在资本、品牌、管理、技术、市场等方面展开全面合作。郑永刚这种“将鬼子引进村”的决策，为企业发展带来了严密的管理体系，使其变成了一个拥有国际化管理制度的企业，与此同时，也为杉杉集团带来了更多的资金、更宽松的环境、更强的竞争能力。郑永刚有一句名言——“将军与元帅的区别在于，将军决战在战场，元帅决策于后方，在市场经济的战场上，我要做元帅。”从此处，便可看到郑永刚的决策力有多么的强劲。

民营企业的领导者须具有全局意识、问题意识、机会意识和决断意识，能够及时发现企业或组织当前存在的潜在机会或者问题，然后确定应对这一机会或问题的目标，进而根据对形势的判断提出若干个可能采用的方案，进而对这些不同的方案进行筛选、假定、预测，最终确定一个最为恰当或者相对理想的方案，在对方案进行评估和演练之后，针对方案中可能存在的问题进行补充和修正，进而最后确定一个具体、明确的方案，执行该方案，保障组织目标的达成。这个过程中包括了发现问题和机会、提供各种选择方案、对各种方案进行预估、执行方案这四个环节，每一个环节都是企业领导者决策力的重要体现。而决策力就是这些环节相互衔接、逐步推进的过程中所体现出来的企业战略领导者的特殊能力。因此，评价战略领导者决策力的标准就是看企业最终选择的解决问题的方案是否最优或者是否能够非常好地完成既定目标(参见图 4-8)。

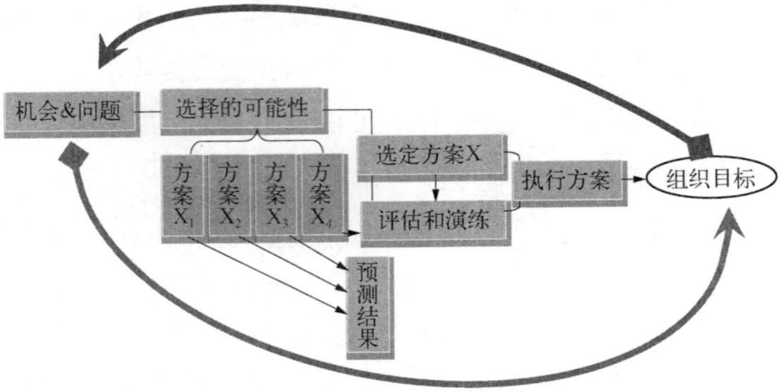

图 4-8　决策力的建构模型

这里有五点需要注意:第一,领导者在决策时应注意预测风险以及应对突发情况的可能性;第二,一个决策往往可以拆解为若干个更细的决策,一个方案也往往包含若干的次级方案;第三,领导者的决策力并非一个人的决策,而是在信息充分的基础上靠团体的智慧;第四,决策力体现在领导者进行决策的整个过程中,是基于现状和目标之间进行螺旋状上升、循环的过程;第五,决策的关键是将愿景力转化为切实可行的执行力。

四、整合力:聚沙成塔

2008 年 12 月 18 日,胡锦涛同志在纪念改革开放 30 周年大会中发言说,"放手让一切劳动、知识、技术、管理、资本的活力竞相迸发,让一切创造社会财富的源泉充分涌流"。民营企业,站在市场经济的浪潮中,便是能够整合这些丰富资源的强大力量之一。通俗一点讲,民营企业家应该具有"聚散沙成铁塔"的能力,这便是整合力。

郭广昌在1992年开始出道，深谙中国民营经济化零为整的整合之道，一路走来，不断地让资本在滚动中变得越来越庞大，进而缔造了今天的商业帝国。郭广昌在接受记者采访时说："现在有些人把复星说成一个神话，给人的感觉是，好像这帮人运气特别好，摔了一跤，都捡到了金子。没那么容易，很辛苦的。复星的第一个100万是靠咨询赚到的，靠知识赚钱；第一个1 000万是房地产营销做到的；第一个亿是靠生物制药赚来的；而第一个10亿是通过资本与产业相结合达到的，复星发展的轨迹实际上非常清楚，复星怎么会是神话呢？"①从第一个100万开始，郭广昌的产业集团如滚雪球般越滚越大，从资源整合，到人才的整合，再到业态的整合，不断的尝试和探索让郭广昌尝到了甜头，也创造了一个个商业上的奇迹。

领导学中认为，整合是一个系统论的概念，是指通过科学的原则、合理的规划，在一定目标的指引下，将若干个孤立、分散的要素根据其各自的特征和它们之间存在的潜在关系，组合成一个完整、有效的整体(参见图4-9)。

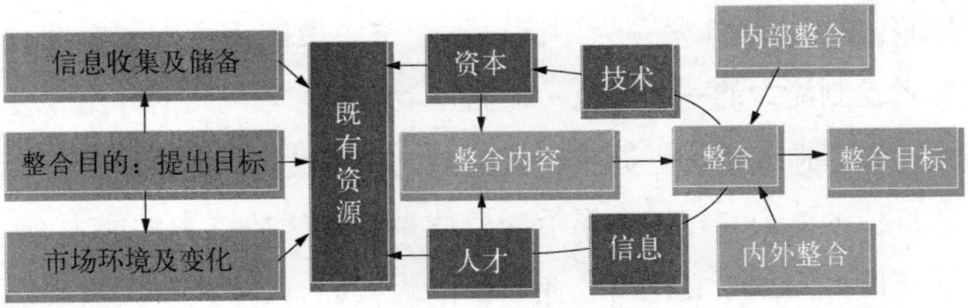

图4-9 整合力的建构模型

战略领导者的整合力包括整合目的、整合的内容、整合的方

① 余德.郭广昌：抓住机遇的整合者[N].经济观察报，2007-12-29.

式以及整合的目标。这表明，所谓的整合，是一个动态的、有规律、分步骤、有计划的过程。一个完整的整合过程就是根据整合目标提出整合思路，进行整合行为，完成整合目标的三位一体、分步骤进行的过程。而民营企业的战略领导力就体现在提出目标、整合资源、达成目标这样的一个过程中。

五、控制力：张弛有度

中国的传统文化深知物极必反，月满则亏的道理，因而格外的注重张弛有道、刚柔相济。控制也包含着一个松与紧的问题，包含着一个张与弛的问题。用中国的“太极”文化来比喻，则恰到好处地表明了领导者在“控制力”层面所应该有的理念和原则。

在今天的市场经济洪流中，有一支团队将企业控制力与太极文化进行了巧妙的结合，这便是复星集团董事长郭广昌及其所带领的复星集团团队，他们将企业领导者的控制力发挥到了极致，也可以看作是今天中国民营经济中最能代表中国企业领导者控制能力的一个典范。根据复星集团官方网站的介绍，“复星持续打造发现和把握中国投资机会的能力，优化管理提升企业价值的能力和建设多渠道融资体系对接优质资本的能力，形成了以认同复星文化的企业家团队为核心，以上述三大核心能力为基础的价值创造链的正向循环，成为复星业务稳定高速增长的坚实基础”①。

① 复星集团官方网站，http://cnir.fosun.com/phoenix.zhtml?c=233760&p=irol-homeprofile.

对于一个处于黄金阶段的民营企业家和一个投资公司的掌门人而言，郭广昌的眼光超越了传统的浙商，它以经营、管理、控制理念层面的文化认同为标准，而不是基于合作双方的利益判断。产业和资本的关系就是鱼与水的关系，水流的强度和大小就如同企业管理中控制力的松紧。

郭广昌有个很好的比喻，他说："资本好像是水，一个产业就像是鱼，水小了，鱼养不活，而如果是洪水，就会把鱼冲走，复星就是要在产业周期的变动中发现企业的价值。"

我们如何看待这个现象？领导学告诉我们，管理的重要功能之一就是控制。对于一个企业或者一个组织来说，设定目标，并且能够保障其所有的资源，以及对这些资源运用都能够按照既定的计划来实施，是组织或企业最为核心的一个工作。

所谓的控制是指"为了保证企业计划与实际作业动态适应的管理职能。控制工作的主要内容包括确立标准，衡量绩效和纠正偏差。有效的控制不仅要求选择关键的经营环节，确定恰当的控制频度，收集及时的信息，而且要求合理运用预算或非预算的控制手段"①。控制是管理的手段，也是管理的一个重要职能；基于此，企业战略领导者的控制力，是其战略领导力的重要体现之一。

从管理学的角度来说，控制的对象包括了对目标的控制、对过程的控制和对效果的控制这三个层面，而控制的要素，则分别是与这三个被控制对象有必然联系的人力和资金两个方面最为

---

① 周三多、陈传明、鲁明泓. 管理学——原理与方法(第四版)[M]. 上海：复旦大学出版社，2007：569.

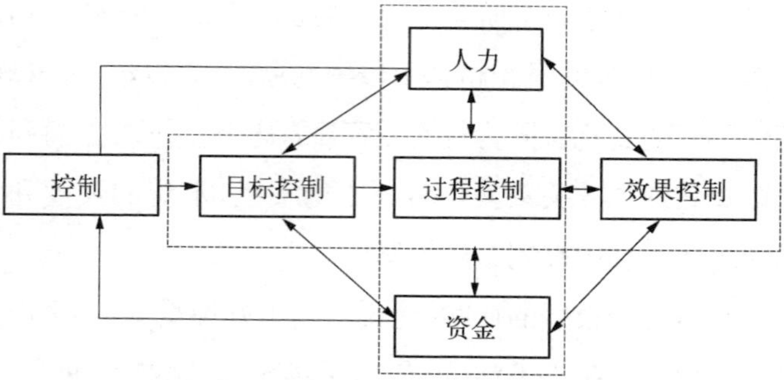

图 4-10　控制力的建构模型

核心的要素。因此,控制力体现的是民营企业战略领导者统揽全局的能力,这个“全局”既有相对的稳定性,又有动态的持续性。因此,领导者的控制力主要体现在两个方面的内容:基于目标、过程、效果进行的持续控制力,以及基于人力和资金进行的资源控制力(参见图 4-10)。

宗庆后有一句名言,“我就是要大权独握,任何一张小小的单据我都要签字。不签字的老板,不是一个好老板”。现阶段的中国企业,如果没有超强的控制力难以成就事业。

第 15 节　逻辑架构:五力模型关系解密

“五力模型”恰似民营企业领导者关于“战略领导力”的一种能力分布图。分布图的作用类似于地图,用简单的方式给人们提供思考和行动的指引,因为它的作用如此巨大,对于绘制地图的人而言,就必须一丝不苟,千锤百炼,尽量减少对行动者的误导。

承前所述，民营企业的战略领导者的领导力是多个要素构成的力系组合体，五个力交互作用，构成了一个完整的分析、研判民营企业战略领导者的“五力模型”。该模型综合了民营企业战略领导者的共同特征，并对民营企业战略领导者的领导力进行了深入的解构。根据系统论的基本逻辑要求，若干个要素的堆积并不能成为一个有效的整体，而整体的作用是否能够非常有效地体现在企业日常的运营中，则更多地取决于这五个要素之间关系的稳定程度和紧密程度。

一、五维力的交互协同

系统的共同特性包括了整体性、关联性、动态平衡性等几个特点。民营企业战略领导力五力模型诸要素之间，存在一个多要素交互的关系——各个要素在质量上的互补与累积，在资源上的叠加与增值，在时间上的协同与并进，故能够在功能上维系组织渐进式的稳定与有序化的发展。五力模型诸多要素之间存在着一种交互，这种交互以各单一元素功能的最大化发挥为前提，以各个要素之间的协同为理想的运转状态，进而构成了完整的“五力模型”。

民营企业的发展需要有一个坚强有力的战略领导者，战略领导者的领导力可以通过上文中的五力模型来解构，此模型中所论及的五个“力”及其相互关系构成了战略领导者领导力的核心内容。图 4－11 中笔者所绘制的就是根据这五个“力”，建构的战略领导者的“五力模型”。

在企业战略领导力五力模型的力系结构模型中，愿景力、道德力、决策力、控制力、整合力这五个要素被纳入完整

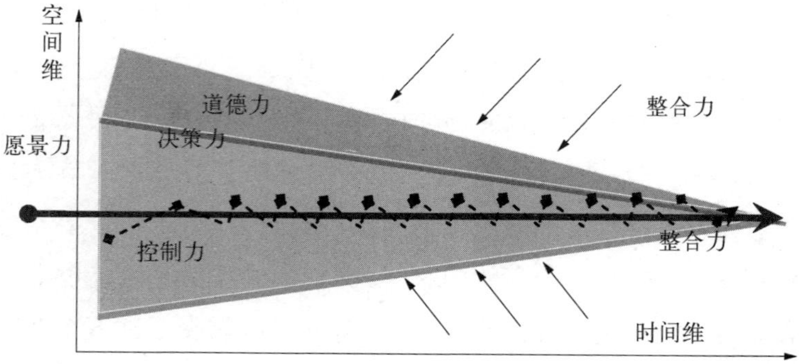

图 4-11 "五维模型"的力系结构

的时空结构中，构成了一个五维交叉，纵横交错的力系模型。通过上述模型的示意图可以看出，愿景力是最为直接的协助组织达成目标的方向要素；而控制力则保证了围绕组织的愿景所开展的一切活动都在可允许的变动范围内；整合力为领导力的实现提供了源源不断的资源要素；道德力则伴随着领导者一切行为的始终，构成了力系结构的伴随性调节因素。

二、五维力的功能分配

万物莫不存在于运动之中。丰富多彩的自然界每天都遵循自身的规律有序运作，一旦秩序出现了问题，各种风险和弊病就会浮现。按照系统论的观点，在整个生态中，每一个链条、每一类物种都会有自己的功能和价值。对于企业而言，甚至对于一个企业的战略领导者而言，他所具备的各项能力，也必然存在于一个相对稳定的结构中。系统论的观点认为，一个完整的系统应该包括要素、结构和功能这三个部分组成。在上一节中，我们对五力模型的要素进行了解构分析，那么，这些要素在整个体系中发挥着怎样的作用？它们之间又存在着哪些必然的关联呢？

道德力是“五力模型”中的“世界观”，是民营企业战略领导者领导力的道德与观念、价值与伦理、情感与理性等诸多元素的整合体，他决定了企业的文化内涵，决定了领导者的魅力与风格，是领导者作为“社会人”的理想体现，具有统领五力模型所有力系的功能，是建构企业文化、培育企业伦理，确保企业具有社会使命感、人类责任感的保障要素。

愿景力是“五力模型”中的动力源泉，是民营企业战略领导者所构建的发展蓝图，最终的目标是实现基于价值观的领导。从这一终极目标来说，愿景力具有与道德力相一致、互为补充的作用。愿景力的存在决定了领导力作用的根本方向，它扮演着民营企业领导者领导力的“引擎”和“指南针”的角色，换句话说，它提供了领导力作用的方向，并为领导者朝这个方向努力提供了必要的动力支撑。

决策力是“五力模型”中的链接因子，是民营企业领导者领导力能够持续进行的根本性保障。一般来说，领导者的领导力发挥作用的过程，伴随着一个时间与空间进行推进和转变的过程，我们知道，过程是由一个个点来构成的，点构成了线，线构成了面，面构成了体。这一个个点就包含着若干个决策的过程。因此，可以说，领导者的决策力，是五力模型能够发挥持续作用的支撑点。

整合力是“五力模型”中的组织因子。系统论中的“自组织理论”认定，组织能够自动地完成由无序到有序的转化。实际上，这个自动转化的过程是由领导者的控制以及组织内部要素的交互来共同完成的,其中领导者的控制是各要素交互关系的前提;因而,领导者的整合力是领导者领导力得以建构、得以实现的内在的驱动机制。

控制力是“五力模型”中的优化因子。控制具有的直接作用是改善受控制对象功能的体现以及发展的状态,说到底是一种优化行为。控制力的作用在于对目标、过程及结果的监督、管理、约束和调整,是确保领导力发挥作用时,成本最省,结果最优的根本所在。企业作为市场经济竞争主体的地位决定了其生存的最直接目标是用最少的产出,获得最大的收益。在五力模型中,控制力是保证领导力整体效果最优的决定性因素。

三、五维力的运动机制

刘基在《百战奇略 · 变战》中说:“凡兵家之法,要在应变。好古知兵,举动必先料敌。敌无变动,则待之;乘其有变,随而应之,乃利。法曰:‘能因敌变化而取胜者,谓之神’。”

“五力模型”的运动机制,指领导力五力模型的构成要素、要素之间的关系、系统的整体状态处在一个永无休止的变化、运动和发展过程中,并且这些层面的运动具有一定的规律性——根据时代、形势以及企业自身发展所处的生命周期而不断地调整;要素自身的变化也会引起与其他要素之间关系的变化,例如当组织的愿景进行调整的时候,其他的各个要素,如控制、决策等也会相应地作出调整,以方便组织愿景达成。

五力模型中的愿景力与控制力的存在决定了领导力体系虽

然在变化，但其整体的趋势、目标任务等是相对稳定的，这也从根本上决定了领导力体系及结构的相对稳定性。

社会发展的种种迹象表明，市场经济越繁荣，企业领导者所面对的内外不确定性就越明显，变化就成为一种常规的现象。领导力产生变化的原因是多方面的，既有外在的如市场环境、竞争对手的变化所导致的变化，也有因为企业的目标、愿景的变化而产生的变化，更有因为力系各个组成部分的构成要素的变化而导致的微观变化；但这些变化是有一定的规律可循的，是可以为优秀的企业领导者所预测、预知。因此，我们可以说，领导力的变化是一个相对的概念。事实上，也只有如此，才能保证一个企业组织有序、规范化地运营下去。

五力模型的运动是基于空间上的运动（空间维度）和基于时间上的运动（时间维度）的集合体。系统的自调整机制、自组织机制的存在，确保了空间转移上的规律性和时间变化上的有序性。五力模型的这一运动机制，可以协助领导者完成对未来的预测，能够做到“运筹帷幄之中，决胜千里之外”。

图 4－12 是笔者绘制的五力模型的运动机制模型。其中左

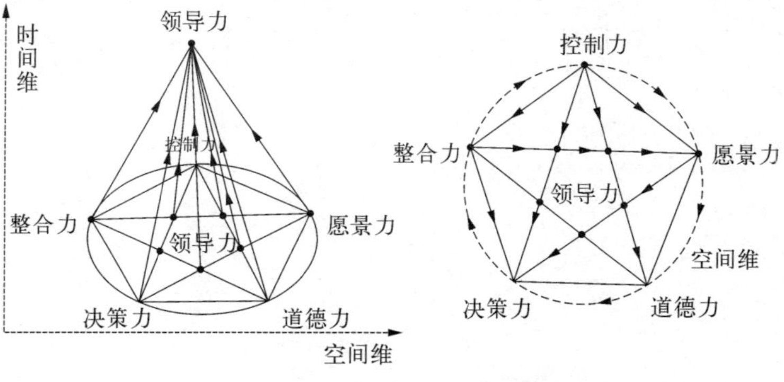

图 4－12 “五维模型”的运动机制

图是该模型的立体结构示意图,右图是该模型的横截面结构示意图,图中的箭头表示运动的方向。通过该模型可以看出,领导力的结构是相对稳定的,整个领导力的构成要素,以及整个领导力体系处在一个永恒的变动过程中。

第 5 章

适时应势：当代民企战略领导力的提升

领导力问题直接关乎中国民营经济的前途和命运，也关乎在未来的世界经济格局中，中国将以何种姿态存在。“中国梦”是中国经济腾飞之梦，也是中国民营企业崛起之梦。面对复杂的国内和国际环境，企业战略领导者应当站在时代的高度，致力于自身领导力的开发和提升。

迫在眉睫：当代民企的存亡之秋

境界几许：战略领导力提升之境

跨越三山：战略领导力的三个层次

路在何方：战略领导力的提升之路

> 为什么1970年列名财富杂志“五百大企业”排行榜的公司，到了80年代却有三分之一已经销声匿迹？这是因为，组织的智障妨碍了组织的学习及成长，使组织被一种看不见的巨大力量侵蚀，甚至吞没了。
>
> ——[美] 彼得·圣吉《第五项修炼》

中国强势崛起成为世界第二大经济体，民营企业绝对功不可没，民营企业领导者更是立下了汗马功劳。30年艰苦卓绝的奋斗，缔造了中国经济发展的神话，30年的探索历练，更成就了民营企业领导者今天的辉煌成绩。

然而，市场竞争的丛林法则迫使民营企业领导者必须以更加开阔的眼光拓展崭新的发展高度——不能按部就班，也不能偏安一隅。遗憾的是，民营企业领导者出身草根的局限性，市场经济中因环境、政策的制约而导致的弊端时隐时现，限制了民营企业获得更高的发展平台。

出路，恐怕只有从自身寻找。

第16节　迫在眉睫：当代民企的存亡之秋

危机正在来临，而且势不可挡。

市场经济已经成为时代发展的主流，竞争意味着适者生存的丛林法则愈演愈烈，竞争也必然会导致一部分企业终将被淘汰出局。因此，领导者必须无时无刻不处在一种修炼自我的过程中。市场经济是助推中国民营企业成为中国经济崛起的重要力量，市场经济也不断倒逼着民营企业家不断的自我修炼。

一、全球行动：企业领导力提升热潮

现代企业至少面临四个致命的挑战：全球化挑战、质量挑战、高绩效工作系统挑战和社会挑战。

全球化拓展了企业资本、技术、人才和市场的机遇，但也带来了迎接陌生市场环境压力的挑战——全球市场的到来也意味着企业要解决如何满足不同传统、习俗和文化背景的消费者需求的问题。同样，全球性的新技术、全球性的管理思维、全球性的资源调度都要渗入企业的日常管理中。如何满足客户对服务或产品更高质量以及更具差异化的消费需求？如何管理多样化的企业领导者队伍？诸多问题，浮出水面，亟待解决。

面临日益激烈的竞争挑战，"唯一持久的竞争优势，或许是具备比你的竞争对手学习得更快的能力"，这是壳牌石油公司企划部主任的话。而这也是越来越受到管理学者和企业注目的一点，即如何使自己的组织比竞争对手学得更快更好，从而获得真正持久的竞争优势。

美国未来学家约翰·奈斯比特说："在这个时期成功的公司要解决两个问题：一个是对最有竞争力、更富生产性的领导者的需求；一个是把办公室与教室连在一起。"近些年来，无论是实务界还是学术界，越来越多的企业领导者和研究企业领导教育的专家们都已经充分地意识到，要获得并保持组织的竞争优势，加强对现代企业领导教育的研究和拓展，不断地对企业领导者进行培训是必不可少的。

"投资于领导者的教育培训"已成为许多大企业大公司投资的重点。一些著名的大公司如 IBM、摩托罗拉、三星等正不断增加对企业领导者的培训和人力资源开发的投资。IBM 公司近几年花费几千万美元用于企业领导者培训。摩托罗拉公司过去就较重视企业领导者培训，而现在更要求每个企业领导者每年必须参加 40 小时的培训。在其公司内部，有一所摩托罗拉大学负责对其企业领导者提供各种内容的培训，这些培训课程与公司的经营战略紧密结合。韩国三星集团也像摩托罗拉一样，始终相信知识是保持长期成功的基础。大通银行把是否参加培训以及培训的好坏作为企业领导者提职晋级的重要依据，在其规定上有一条："凡无正当理由且多次拒绝参加培训者，银行予以解雇。"像这样的例子，还有许多。名列《财富》五百强的许多公司都在自己公司政策中把企业领导者培训作为重要一条，许多公司都规定企业领导者每年必须有一定时间参加培训，并把此项内容作为对企业领导者个人及其主管的考核指标。

而就我国的企业而言所遇到的挑战更加严峻。

中国已正式成为 WTO 第 143 个成员，入世后的市场战略、游戏规则都已经产生巨大的变化，极大地冲击我国的企业。所以当企业面临大环境改变时，首先要做的是"换脑"，即企业领导者观念的转变。因为很多外在的条件决定我们以前所学知识都不足以应对现状。

尽管中国高等教育的不断发展，让越来越多具有高学历、受过良好教育的从业人员走上企业领导岗位，但是根据统计，一个大学毕业生毕业时所学到东西过去可用 16 年，现在有效期很难超过 4 年，就是说知识是有"保鲜期"的。所以对企业来讲换脑是重头戏，通过组织企业领导者的培训，确立新型的经营理念和价值观，达到换脑的目的。另一方面，随着我国加入WTO组织，许多外国企业开始大举进入中国的市场。与这些企业相比，国内企业在技术上和管理上存在着很大差距，特别是在领导者经营观念方面存在明显的差距。同时，随着经济的发展，信息和交通的发达，国内企业之间争夺市场的行为也会愈加激烈。企业持续竞争的源泉在于是否拥有核心能力。根据美国著名的麦肯锡咨询公司的观点，核心能力是指某一组织内部一系列互补的技能和知识的结合，它具有使一项或多项业务达到竞争领域一流水平的能力。核心能力由洞察预见能力和一线执行能力构成。洞察预见能力主要来源于科学技术知识、独有的资料、产品的独创性、卓越的分析和推理能力等。一线执行能力产生于这样一种情形，即最终产品或服务的质量会因一线工作人员的工作质量而发生改变。在迈向知识经济的新时代，任何企业仅是依靠某一项或某几项职能战略，最多只能获取暂时的优势。唯有培育核心能力才能使企业立于不败之地。所以国内的企业只有采取切实有效的方法，弥补与国外企业之间的差距，在管理上、技术上都得到真正的提高，才能培育并提升企业的核心能力。而对企业领导者进行教育培训正是转变全体企业领导者观念和提高企业核心能力的重要手段。通过培训，企业可以转变成为学习型组织，可以在不断修炼学习中增加其专用性资产、不可模仿的隐性知识。如今，越来越多的国内企业和个人都认识到培训的重要性，都开始进行各种类型的培训。同时，也开始创造各种条件，利用各种因素，想办法尽可能使培训的效果达到最大化。例如，我国的长虹公司举资1 000万元兴建培训中心，10多年间举办各类培训班数百期，培训企业领导者数万人次。以前很多人会在一个企业里服务工作多年，有些甚至是一辈子只在一个企业里工作。而现在，企业和企业领导者两者都很难有这种终身保障。对于企业领导者来说，他们必须具备一定的领导适应力来面对可能出现的领导环境的变化。而对于现代企业来说，也有责任确保企业领导者能掌握满足市场需求的最新技能，从而使他们可以在企业间，甚至行业间更换工作。而从国家战略的角度而言，现代企业领导教育的开展与实践也将为提高中国的核心竞争力提供最宝贵且可持续的优质的人力资源动力和领导储备。

二、教育挑战：民企领导教育的尴尬

随着时代的飞速发展和科技进步的日新月异，知识更新呈现出爆发的态势，对民营企业干部综合素质和岗位能力的要求日益提高。而教育培训则成为全方位提高干部队伍素质，实现民营企业可持续发展的重要途径。但目前的领导教育的激励机制、方式、内容都存在着与形势发展不相适应的现象。如何使现有领导教育培训更具有针对性、实效性，如何建立领导教育培训的长效机制，激发干部参训的内在动力，成为民营企业提升干部队伍素质的一个重要课题。

在具体的操作层面，民营企业领导教育却面临着如何创新的尴尬困境。

首先，思想认识不到位。目前，激烈的市场竞争和企业生存发展的巨大压力，使得“效益论英雄”成为评价干部的重要标准之一，因此部分民企对教育培训工作不够重视，把主要精力集中在抓任务、抓效益上，重工作轻学习、重眼前轻长远，使教育培训工作陷入“说起来重要，抓起来次要，忙起来不要”的尴尬境地。

有的企业即使组织培训，通常也只是重复集中在少部分领导干部和后备干部身上。也有一些单位满足于办班的次数，受训的人数，重数量轻质量，忽视培训的实际效果，对教育培训工作的基础性和长远意义认识不足，更谈不上投入一定的人力、物力，将培训真正地落到实处。

其次，工学矛盾较突出。民营企业领导大多事务繁忙，交际应酬不胜其烦，难以脱身工作，专心学习。一些较为优秀的干部和业务骨干都是各单位的顶梁柱，大多担负着某一方面或几方面的工作任务，难以抽出时间参加培训。即使参训，心里仍担心着手中没有完成的工作，无法安心学习。

再次，针对性、实效性不强。目前领导教育的培训形式、内容与解决干部的现实需要不相适应。培训方式大多数以课堂教学为主，上面讲、下面听，理论灌输多、实践考察少；传统手段多，现代化手段少。教育培训的形式、内容及方式都比较老化不与时俱进。

最后，师资力量薄弱。缺乏足够的师资力量、专业的培训教材。这也是制约民营企业领导教育培训工作的又一大问题。

三、问题严峻：民企发展之路遇瓶颈

我国民营企业发展的瓶颈，最根本的来说，是受到体制的局限和应对跨国企业挑战的能力不足。体制方面发展的局限是民营企业的外部环境，而应对国际竞争则是民营企业自身发展的实力体现。唯物辩证法认为，事物的发展是内外因统一的结果。因而，分析民营企业发展的瓶颈，笔者将从民营企业内外部因素切入，从哲学与逻辑的一般性原理方面进行分析。

造成民营企业发展瓶颈的因素包括政策支持(财政、税收、金融等方面)、市场结构、市场化程度等,这些因素基本上构成了民营企业发展的外部因素。从中共十一届三中全会以来,党和政府的政策是逐渐趋向于发展民营企业的(我们在第三章已经分析),尤其是国务院于 2005 年和 2010 年出台的两个 36 条,即《关于鼓励支持和引导个体私营等非公有制经济发展的若干意见》和《国务院关于鼓励和引导民间投资健康发展的若干意见》。这两个文件在法律层面和政策层面对民营企业与国有企业一视同仁,对促进民营企业发展发挥了重要的作用;但是,民营企业发展仍然感到空间狭小,政策对民营企业的发展支持力度不够,其原因在于政策执行者的落实程度不够,因而,温家宝总理在 2011 年“两会”的总理记者招待会上表示:“正在着手制定新 36 条的贯彻细则。”①

然而,笔者依然认为,民营企业的发展仍然不能够有实质性的突破。原因在于,我国经济体制改革已经发展到了极限,但政治体制改革严重滞后。这具体表现在:第一,政府仍然垄断着公共领域以外的许多资源导致国有企业的独享,在这一点上,我们无论是从历年《福布斯》的世界五百强企业,还是从《财富》的五百强企业上榜名单来看,民营企业上榜数目不超过三家,而国有企业的数量却在不断地增加,并且在世界五百强的前十名中占有一定地位。这些上榜的国有企业对资源的独占性表露无遗。同时,从目前国内的上市公司数目来看,80%以上皆为国有企业,而这些国有企业的“老板”大多是(地方)国有资产监督管

① 温家宝.温家宝谈民营企业发展问题[EB/OL]. http://news.xinhuanet.com/video/2011-03/14/c_121185293.htm,2011-3-14.

理委员会(简称“国资委”)。国资委是政府部门，即政府控制着资源，对资源的垄断无形中挤占了民营企业的发展空间。第二，政府控制资源致使国有企业一家独大的局面严重影响了社会心理。对于中国这个拥有十三亿人口的大国来说，竞争激烈程度可想而知，社会民众从个人权利角度，更愿意或者倾向于在国有企业工作，这就从社会心理上压倒民营企业，产生了心理优势。这种社会心理既是这种现实的社会民众体现，也有着悠久的历史文化渊源。我国传统的儒家治国的思想使得家天下和官本位的思想严重，这种思想对整个社会的创新性起到一定的抑制作用，不利于个性的张扬与发挥；同时，对民营企业家的思想观念产生了一定的影响，而更重要的是，这些观念使得民营企业的发展空间天然地变得狭小。

因此，笔者以为，目前经济体制改革已经走到了相当的高度与深度，整个政治体制必须相应有所突破；如果政治体制尚未取得实质性的调整与改变，经济体制改革的空间仍然十分狭小，从而使得民营企业的发展“雷声大、雨点小”，在发展空间上对民营企业产生了束缚与制约。所以，民营企业战略领导者应该具备较强的政治素质，在特定的政治框架内，谋取民营企业的发展。这就是民营企业的内部问题，也就是民营企业发展的内部因素。

外部环境是民营企业赖以生存发展的基础，但是，唯物辩证法的观点认为，内因是事物变化发展的根本因素。对民营企业来说，在我国目前及未来的一段时间内，民营企业的发展必须通过增强自身的竞争力赢取市场，与跨国巨头展开竞争。对于某一个具体的民营企业实体来说，制约其发展的内因可能有多个因素，但是就整个民营企业的发展而言，却往往有着诸多共同特点，特别是在目前民营企业所处的生存环境下，绝大多数民营企业在发展中所遭遇的内部瓶颈也有着高度的相似性。笔者认为，从现有的可观察层面来看，民营企业的内因主要体现在产权结构、治理结构与经营战略（这也是本书第四章所分析的问题）等三方面。这三个方面在民营企业的发展中起着最重要的作用。由于在上文笔者已经分析过，不在此赘述。

对规模较大的民营企业（这也是本书分析的民营企业）而言，民营企业的发展必须要走上国际化的发展道路，与世界五百强企业一比高低，但是现状是民营企业面对国有企业在国内的竞争已经不可比拟，更不必说与跨国企业的竞争。因此，增强民营企业的核心竞争力势在必行，民营企业战略领导力是保持民营企业核心竞争力的关键性因素，提升民营企业战略领导力具有重要的战略意义。

四、危机重重：民企领导力提升之困

首先，接班人的困境与危机。生老病死，人之常态。作为民营企业战略领导者，同样会有离开的一天，那么，对民营企业接班人的问题就是一个必须解决又不可回避的问题。而现状则是“中国 95％的富二代不愿意接班”①。这直接导致未来 10 至 20 年内，民营企业战略领导者可能都得为接班问题而伤脑筋。

民营企业的“哲商”不会为子女接班而大伤脑筋，因为“哲商”不把企业当家业，而是把企业当事业。一是优胜劣汰，物竞

① 陈悠. 内地民企面临接班困境 95％“富二代”拒绝接班[EB/OL]. http://finance.people.com.cn/GB/11673592.html，2010－5－24.

天择。强者生存的自然法则是不可违背的社会规律。俗话说，强扭的瓜不甜。当今的民营企业家若把企业的传承与接班硬塞给自己的子女，只会是把自己辛苦一辈子的劳动成果送上断头台。二是子女自身问题。子女如有兴趣接班对企业进行管理，父母就可以趁早栽培；子女若无意愿，恐怕就要另想他法。“富不过三代”是民营企业可怕的诅咒，家族企业传不过两代则是中国企业面对的难题。原江苏省副省长吴瑞林就说：“中国90％的家族创始人希望子女接班，但95％的子女却不愿意接班。”虽然我国内地现在实行计划生育政策，民营企业接班争产的事件少于港台富豪三妻四妾、孩子一打的恶斗难看局面，但是，为了企业的传承，民营企业战略领导者宁愿罚钱也要生两三个，这就容易产生为争夺家产或经营权而撕破脸的问题。从而，不利于企业的长久发展。

笔者以为，首先，接班人的问题是一个观念的问题，与此相伴的也是事业与家业的区别的问题。我们中国人有句俗话：“富不过三代。老子打江山，儿子守业，能力不足，孙子坐吃山空，守成不足。一代创，二代守，三代耗，四代败。”因此，在中国，应该摒弃一种固有思维，要转变观念，让老子打江山，而江山未必传承给儿子。江山代有人才出，各领风骚数百年。中国民营企业家若能明白这个道理和历史发展规律，那么自身开拓的就是事业，而不是家业；相反，则是辛辛苦苦的一份家业，付诸东流。

孟子曰：“君子之泽，五世而斩”，后来逐渐演变为“道德传家，十代以上，耕读传家次之，诗书传家又次之，富贵传家，不过三代”。改变“富不过三代”的根本办法，就在古人的智慧里面。孙子曰：“善战者，先为不可胜，以待敌之可胜；不可胜在己，可胜在敌。”林则徐在家中作了一副对联：“子孙若如我，留钱做什么，贤而多财，则损其志；子孙不如我，留钱做什么，愚而多财，益增其过。”孟子、孙子和林则徐说的都是一个道理。这不仅仅是事业与家业的不同，而且对一个国家与民族的未来发展也具有重要的意义。黄炎培曾问即将执政的毛泽东，“其兴也渤焉，其亡也忽焉”，如何跳出这一历史周期。毛泽东答曰：“民主！”同样，对于一个民营企业而言，让能者掌握企业航行的方向，不拘泥于自己的子孙后代接班，这是一个企业家长远的战略眼光。中国民营企业家用东方的智慧和西方的经营方法，解决“富不过三代”的问题。

当然，民营企业战略领导者能够达到如此的高度，不是一蹴而成的，需要足够的胆魄与气度。对于民营企业而言，“哲商”之所以为“哲商”，也只有能够达到这样的高度和境界，才能名副其实。以做事业为抱负，以国家发展为己任，把做事业放在国家战略框架下，是中国民营企业战略领导者成为“哲商”的应有之义。

其次，职业经理人的难题。以做大做强事业作为考察接班人的主要标准，其出路在何方？笔者以为，能者上，庸者下。那么具体出路又在哪儿？或许职业经理人是一条可供选择的道路，理由有三：第一，职业经理人是世界企业发展的趋势所在；第二，就企业本身而言，聘用的职业经理人更知道企业的弊端所在，更具有国际化的视野，更有利于把民营企业做大做强。第三，从国家发展战略来看，更需要善于经营管理者支撑企业的发展，以带动国家整体战略的部署和推进。未来 10 年是民营经济发展的机遇期，发展的速度会加快，未来 10 年同样也是我国大有可为的战略机遇期。民营企业已成为中国国民经济增长的主要动力，占全中国的 GDP 比重已达 50%，就业比例则占全国的

80%之多①；另一份数据显示：截至2010年上半年，民营企业创造GDP占全国比例为60%，纳税比例则达全国的50%②。国家的发展离不开民营企业的支撑，民营企业的发展也离不开国家的政策支持。

然而，目前的状况是我国绝大多数民营企业的寿命少则一两年，多则七八年就寿终正寝。其中很大的原因在于经营不善。从企业自身发展来看，需要引入职业经理人机制。我国民营企业接班人以血缘关系为优先选择。这种"家天下"的文化传统在中国根深蒂固，既有有利的一面，也有不妥之处。面对民营企业接班人问题，家天下的文化应该逐渐摒弃。因此，在民营企业的接班人选择上，民营企业战略领导者应该着眼于长远，结合国家的发展战略，具有全球化的视野，怀抱开阔的胸怀，看待接班人的选择。中国民营企业家应具开阔胸怀有追求理想的哲学境界，做一个真正的"哲商"，实现自我的超越。

最后，民营企业转型的困境。目前阶段的中国民营企业，大部分都是以市场为导向，以低成本、赚快钱为第一目的，缺乏核心战略与发展规划，而自身在发展过程中，经常是病症出现才开始求医问药，往往到此时，已为时晚矣！转型的目的是实现民营企业的长期可持续发展，避免走较短生命周期的道路。转型的具体内容包括后天素养转型、产业结构转型、组织管理模式转型、理性思维的转型、社会责任转型、产权结构转型、人才机制转

① 谷亚光.未来十年民营企业将转向"微笑曲线"两端[EB/OL]. http://theory.people.com.cn/GB/13733945.html，2011-1-14.

② 中国优秀民营企业家大典：首届中国民营企业科学发展峰会2011年1月15—17日将在京举行[EB/OL]. http://www.cnpem.org/show.asp?id=386，2010-10-26.

型、企业文化转型、经营战略转型和财务管理转型等。其中产权结构转型、组织管理模式转型和经营战略转型实际是我们在上文分析的接班人问题和职业经理人问题。就目前的状况而言，产业结构转型是一项重大的任务。

中国民营企业与全球五百强最大的区别在于：跨国公司大多是为了一种使命、一个目标或一个产业而奋斗，而中国民营企业大部分都只是为了一个产品、为了一块市场而搏杀。中国民营企业产业结构不合理，具体而言主要体现在行业准入门槛低，先期资源投入小，产品附加值不高，市场竞争白热化，劳动力密集，产品属于整个产业供应链的最低端。

民营企业的发展应结合国家规划的七大战略性新兴产业，调整产业结构，更好地适应市场化、国际化的需要。而在中国大部分民营企业的国际化发展中，必然会出现无数的“第一位变革者”，从这个意义上讲，企业变革的牺牲者们是一批伟大的精英，是悲壮的英雄，他们用自己的委屈、泪水和屈辱换来了企业的进步发展，使中国民营企业逐渐淘汰自己身上的种种陋习、逐渐变得文明进步。在此过程中，民营企业战略领导者很可能是民营企业转型变革的牺牲者，因此民营企业战略领导者应具有大无畏的精神，以创新精神和非凡的气度引领民营企业的发展。

发展的困境、接班人、职业经理人和民营企业转型，四者是民营企业经常遇到又不可回避的老问题，解决好这四个问题，是民营企业战略领导者成为“哲商”的重要标志，也是民营企业战略领导力进入最高境界——哲学境界的主要衡量标准。四者是一个整体，相互联系，一脉相承。从国际发展趋势和我国民营企业发展的整体方向看，职业经理人是民营企业接班人的趋势所在，而民营企业转型问题，需要民营企业战略领导者具有较高的国际化视野和独特的政治素质和修养。一般而言，职业经理人具备开阔的视野，对民营企业转型大有裨益。四者之中，关键性问题是接班人问题，选择好接班人是民营企业未来发展的重要因素。因此民营企业战略领导者必须具有超凡的气魄，立足当下，放眼全局和未来。

第17节　境界几许：战略领导力提升之境

领导力的提升永无止境。领导力的提升伴随着领导者从事领导工作的整个生涯，企业在发展，环境在变化，领导者不仅要与时俱进，更要力求超越竞争对手，甚至要超越同时代的人，才能保持强大的战斗力。领导力提升的境界可以从四个维度去阐释。

一、历史境界：通古今之变

从传统思想角度出发，战略与历史几乎是不可分割的。历史的主题是过去，从战略角度研究历史，其目的并非仅限于了解过去，对过去的研究在于更好地把握现在及放眼未来。因而，历史学家研究历史的目的是为历史，而战略家为战略而研究历史。两者目的显然迥异。

历史使人明智，充盈，富有洞见。总结过去是为了提炼真知，获得启迪，规避风险，预示未来。俗语说“历史总是惊人的相似”，就意味着通过观察历史规律可以清晰地认识到某些相似的过往，获得相类似的经验，避免相同的错误。

历史的价值还在于沉淀——通过对历史事件的思考，发现人性的共同规律；通过经典案例的梳理，总结是非成败的逻辑。今人从兵法中参悟经商之道，从战役中学习用人之道，从王朝更替中寻求代谢之理……都是出于对历史的敬畏，出于对现实的珍视。

民营企业战略领导者，应当对我国改革开放以来民营企业的发展史具有一定的了解，甚至是对我国历史上的民族工业，从民营企业（民族工业）发展的历史中寻找特定的规律，以为当前民营企业发展服务。比如，新中国成立以来，执政者对民营企业发展的政策演变过程，是民营企业战略领导者首先要研究的课题，民营企业家应该站在国家发展的战略高度分析民营企业的兴衰成败，这是民营企业战略领导力的第一境界。虽然对于历史的掌握和学习只需要通过书本基本上就可以完成，但学的过程与悟的过程却相隔千里。知其然，知其所以然只是历史境界的第一个步骤，更为重要的则是通过对历史现象、历史事件、历史规律的观察，总结出有益的经验和教训。

中国民营企业的发展历时 30 多年，这些宝贵的财富是在任何其他国家都无从寻觅的，中国复杂的历史环境、复杂的国情态势造就了在世界上任何一个其他的国家都无法寻找相似的经验可供借鉴的情况，而民营企业家所能学习和借鉴的，唯有历史，唯有通过对过去的成长经历，困难或辉煌的经历作深入的思考和沉淀。

“富不过三代”是一个致命的逻辑，无数个过往的案例都印证了这一怪圈的魔力，对于企业来说，能够在领导者发生变化的情况下依然保持旺盛的竞争力是一个非常大的难题，新任的领导者能否肩负起前人的担子将既有的事业做大做强，又是一个难题。这些思考，在历史上王朝更迭、皇帝异位的情况下屡有发生，而在今天的民营企业中更是屡见不鲜。通过对中国民营企业 30 年发展历史的回顾，通过对今天兴衰成败中的民营企业的发展史回顾，都可以帮助我们寻找到答案。

二、科学境界：识事理之常

领导有“术”，领导亦有“学”。术，就是方法和技巧，也是经验和工具；学，就是规律和科学，也是学问和道理。仅仅注重术的层面容易陷入只见“树木不见森林”的境地，忽略管理活动的规律性、科学性，仅仅注重学的层面则犹如纸上谈兵，缺乏实践性和可操作性。领导“学”与领导“术”有效结合，是制胜之道。对于从创业之始就开始打拼的领导者而言，他们缺的更多的是“学”的问题，因而避免不了草商与生俱来的弊端与不足；而对于企业发展期上任的领导而言，他们缺乏的更多是“术”的问题。知道了这一点，就意味着领导可以有的放矢地在自己所短缺的某一个层面进行强化。

仅以领导的科学思维而言，领导者的科学境界，应该是建立在对既往经验总结的基础上，实现对领导行为理性的、敏锐的认知和把握。

科学的使命在于寻找普遍的规律，科学的价值在于提升人的主动性。科学以实验、数据、计算、推理等各种方式宣告了与神学的分道扬镳之后，就以强大的作用力显现出来。

科学意味着理性，意味着思辨，意味着对规律的总结和充分的应用。从历史中总结经验，有利于我们总结成功的经验，从历史中吸取教训，有助于避免犯下相同错误。将知识上升到科学的高度，能更好地将这些经验和认识得到普及并传承下去。

从历史的途径来研究战略固然有其非常古老的传统，尝试用科学方法来研究战略，甚至于认为战略本身即为一种科学，这一类的观念也已有相当悠久的历史。所谓科学化，其中心观念就是计量，战略家重视计量。

战略领导力有其科学境界，但是科学方法只是战略领导力的一个层次。既不应认为科学方法可以适用于战略研究的全部范围，更不可认为除科学境界之外，就没有其他境界的存在。战略领导力的第一种境界是历史境界，在此境界中的主题是经验。但战略领导力不应以历史境界为限，假使是如此，则将只有历史而无战略。所以，必须进入第二种境界，即科学境界。实际上，这两种境界之间不仅具有连续性，更是密不可分的。

科学所追求的目标为知识，而知识又是以经验为起源。反而言之，经验的累积，经过长期的精炼，也就会升华为知识。历史的流程是由经常在变的事件所组成的，但事件虽经常在变，事理却往往不变。如何从多变的事件中发现不变的事理，则必须使用科学方法，所以战略领导力的科学境界是以“识事理之常”为其理想。更进一步说，必须先通古今之变，然后始能识事理之常。

民营企业战略领导者在实践中，并不能以历史的经验照搬企业的发展。在民营企业发展走上快车道后，民营企业的管理问题显现出来；因而，对民营企业战略领导力的要求把科学境界提上了议程。需要说明的是，科学境界，首先是指民营企业战略领导者具备科学精神，其次才应该是掌握科学知识，运用科学方法。此为民营企业战略领导力的第二种境界。

三、艺术境界：用智慧创造

艺术的魅力在于美学的特质，在于表演的价值。既是人特有的能力，也是人的一种境界。战略本身是一种艺术，艺术的本质在于创新。因而，艺术之境，是智慧运用之境，是创造力展现之境。

战略家本身必须是一位艺术家，也就是他必须有艺术家的心态和气质。这点也可以从领导者的特质理论中得到印证。但战略家不仅仅是艺术家，就如同领导不是表演一样，因而特质理论中对领导者最完美的阐释符合了领导者所呈现出来的人格和魅力，但不能表明领导者具备了这些特质就会成为优秀的领导。

有的领导具备了艺术的魅力，但有可能他只是一个合格的演员。有的领导，不仅具有领导者的气质，更为重要的是这个气质是由内而外的，是源于领导实践的积累，是源于自身能力的升华。马云的气质具有超脱性，他的气质是用智慧创造的，也是在领导力的实践中养成的，这是一种集领导者所有的才干、能力、胆识于一体的外在展现。

因此，领导者的艺术境界是知识和能力的集合，科学服务于知识的生成，艺术服务于思维的创造。缺少了艺术的科学只能是历史知识的积累，缺少了科学的艺术只能是舞台表演的张扬。

我们所说的创造能力、创新精神，实际上是智慧，智慧虽然是以经验和知识为基础的，但仅凭经验加知识而无天赋，其结果还是不一定能够产生智慧；而且同样多的经验和知识，所可能产生的智慧也不一定相等。这也正是所谓艺术的最大特点。

战略领导力在艺术境界中无定法可循，这也正是其与科学境界之间的最大差异。科学与艺术虽然是两个不同的境界，但它们都只是一种相对性的观念，其间也无绝对的分界线。艺术中固然含有科学的成分，而科学也同样含有艺术的精神。假使不是这样，则科学也就不会有创新的能力。

民营企业在发展到一定程度后，外部大环境对民营企业的期望与要求会增加，那么，这就需要民营企业战略领导者具有高超的智慧；而且，民营企业发展到较大规模后，欲再次发展，必须要创新。作为民营企业的战略领导者，必须具备这种创造力。

四、哲学境界：究天人之际

如果战略领导力能够达到艺术境界将是非常了不起的，同时，战略领导者应有更上一层楼的雄心，进入另一层更高境界。这就是第四境界——哲学境界。在战略领导力中，这不仅是最高的境界，而且也是最后的境界。

领导者的至高境界，是超脱了自身弊政的境界，是将领导科学提升为艺术，进而提升为哲学的境界。这个境界是老子笔下"水善利万物而不争"的境界，更是孙子笔下"不战而屈人之兵"的境界。

艺术虽然奥妙，但还是人的境界。哲学则是天人合一的境界。艺术家虽能探无形之秘，但还是有"我"的。哲学家则余欲无言，因为天何言哉，所以他是无我的。因而，哲学的境界又是"无欲"、"有容"的境界，是"不窥牖知天道"的境界，是武侠小说中"以无招胜有招"的境界。

民营企业战略领导者未必是哲学家，但一定要具有哲学思维。哲学思维是一种历经千变万化却能够洞彻一切前因后果的能力，是一种在市场浪潮中处变不惊却又能力挽狂澜的能力。

民营企业战略领导者的哲学境界是个人勇气与魄力的升华，是对民营企业战略领导者是否能进入哲学境界的一种考验。从我国目前民营企业的发展现状来看，进入哲学境界的民营企业战略领导者，可谓凤毛麟角。当然，正因为如此，哲学境界才应是民营企业战略领导者所追求的理想境界。

领导者面临着很多只有领导者自己才能作出判断和抉择的问题，比如公司长远的发展愿景、领导者的接班人问题等。对于愿景，不仅需要高瞻远瞩，更需要见微知著；对于接班人，不仅需要善于用人，还要慧眼识才，奖掖后进，虚怀若谷。

第 18 节　跨越三山：战略领导力的三个层次

战略领导力包括三个层次①：一是战略领导人的自身素质，包括经验、知识、创造力和文化道德修养等；二是战略领导人与被领导者及其团队的互动能力；三是组织领导力，即战略领导人对于组织结构、机制及其文化对于组织成员和社会环境的影响力。本节主要从民营企业自身发展规律角度展开论述，因此，其侧重点是战略领导人的自身素质方面——战略领导力的第一层次。当然，民营企业在与外界环境的互动过程中，不单是战略领导者个人的作用，还包括团队与组织的合力，也就是战略领导力第二、三层次。那么，从这方面讲，结合民营企业发展阶段的不

---

① 奚洁人. 战略、战略领导和战略领导力[N]. 文汇报，2008-8-3.

同和所处的制度环境，我们把民营企业战略领导力的表现形式或者说对战略领导力的要求划分为三个层次。

一、独善其身：个人修炼

纵览民营企业 30 多年发展史和民营企业生命周期，民营企业战略领导者在民营企业发展过程中发挥着关键性的作用。在民营经济刚刚起步的阶段，早期的创业者更多凭借的是胆识和谋略，这些特质往往与先天的继承或遗传有关，因为在早期对于创业者而言，并没有先进的经验可以学习，也没有成熟的模式可以照搬，这些要靠自己的“敢与不敢”的霸气去赢得天下，因而在那个时候，“龙生龙，凤生凤”的思维能够根深蒂固也就不足为怪了。

民营企业愈加发展，民营经济愈加壮大，领导者后期的自我修炼就显得越来越重要。这就意味着，某些领导虽然并不一定具有先天的某种性格或特质，但能够通过学习、修炼来掌握领导者的技巧和能力，依然可以通过学习和借鉴成功的经验和成熟的思路而实现科学和有效的领导。

无论是整体民营企业的“草根”时期还是单个民营企业的创业阶段，在民营企业战略领导力方面都具有某种共通性，即以史为鉴的历史境界，在这个境界的指导下衍生出对民营企业战略领导力的具体素质要求。

总的来说，这些素质包括：胆识、魄力、勇气、经验、知识、创新精神和道德品质等等。这些素质既是成功的民营企业所展现出的战略领导力，也是未来民营企业发展所必备的元素。当然，在当今以及未来的相当长的时间内，民营企业的发展，增强自身的核心竞争力，以达到与跨国企业“同台共舞”的水平，还必须具备国际化视野。这不但是民营企业自身发展的需要，更是国家战略发展规划的要求。总体而言，民营企业战略领导力的个人素质只是一个方面，民营企业的发展所需要的战略领导力还需要团队合作和社会影响力。

二、和而不同：团队合作

团队合作精神和团队合作能力是随着民营企业规模的壮大而对民营企业战略领导力提出的新要求。企业规模的壮大，企业员工数量的增多，势必要求企业战略领导者加强团队建设、增强与团队的合作。因而，这就使得民营企业战略领导者具有科学精神，探索有效的方法科学地管理好团队。当企业发展到一定程度与规模的时候，从企业发展的长远角度看，科学的管理方法应该是引入职业经理人的管理模式。团队合作精神的关键是具备让职业经理人发挥作用的空间，团队的合作能力主要是与职业经理人处理好关系，以达到战略领导者具备足够的精力发挥战略规划方面的作用。

战略领导力在第二层次主要体现在与被领导者和团队的人际互动能力。狭义上讲，战略领导者与团队之间的互动应具备高超的沟通艺术，这是一个领导者必须具备的能力；就本文来说，扩大到更广泛的范围，这里面涉及民营企业发展到一定规模后的产权结构问题。对民营企业而言，战略领导者与团队之间的人际互动，若能引入产权，适当分配企业产权比例给团队成员，尤其是引入职业经理人以后，在产权结构方面应该迈出更大的步伐，那么会达到更好的效果。因此，我们认为，团队建设不仅仅是战略领导者人际互动能力的体现，同时也应该是在产权结构方面改革的魄力与气度。这种气魄，使得民营企业战略领导者在战略领导力方面达到了艺术境界——创新能力保持企业的发展。

三、兼济天下：影响整合

民营企业战略领导者在产权结构方面的创新行为，势必产生连锁效应。对民营企业而言，战略领导者在领导团队中的产权结构变革的创新行为方面将产生积极的作用，引起效仿行为，自上而下的激励机制将会形成，这对调动整个公司员工的积极性大有裨益。从而在整个组织架构中，战略领导者的影响力得到前所未有的提升，以致深入人心，虽然战略领导者的影响力还是停留在企业组织的内部，但精神的力量是无穷的，人际传播中的口碑传播的影响力也是无穷的。民营企业战略领导者的行为方式让员工受益，根本上增强了企业的市场竞争力。毛泽东说："人多力量大"，实际上是说人多团结的时候力量是无穷的，这种行为方式最终的结果是塑造出了企业核心价值观，这种无形的资产是企业最核心的竞争力，从而推动了企业共同愿景的形成和促进了使命的完成。

战略领导者在民营企业内部的产权改革促进了企业核心价值观的形成，战略领导者的个人影响力空前膨胀，成为员工的精神领袖。随着企业的发展，战略领导者在社会上的影响力不断增强。这种影响力体现在政治和社会两方面。在政治领域，民营企业家参政议政，尤其是全国和地方的人大代表、政协委员以及工商联中，民营企业家的人数在不断上升。在社会领域，这种影响力表现在媒体，特别是财经媒体和网络媒体铺天盖地的新闻报道中，甚至在青年大学生中都具有广泛的影响力。郭广昌、郑永刚、胡成中等成功的民营企业家成为青年大学生崇拜的对象，成为他们精神的导师。

第19节　路在何方：战略领导力的提升之路

领导力的提升是一个极为现实的重要课题，它关乎领导者自身的领导实践，也关乎企业的生死存亡。在愈来愈大的市场经济压力下，提升领导者的领导力，已经迫在眉睫。而提升的路径，必须经过科学合理的规划与有效的实施。

一、整合创新：战略领导力提升的理论探索

回顾领导学理论研究的历史，不难发现大多数理论都侧重于研究领导要素中的一部分，或者静态地研究领导过程中的一个环节。因此，这些理论都无法全景式地再现领导活动全貌，也难以找出高效领导的实现路径并指导领导实践。LMX 理论与 P－G 理论的博弈改进，似能"全景式、动态、双向"地展现领导过程，并为价值领导的实现指出了一条可能路径。五力模型中所包含的元素以及这些要素之间的关系是一个相对稳定的系统，可以看作是基于领导者所掌控资源模型、领导者目标-任务、领导者-成员这三个方面进行考察、管理和运用的模型。五力模型与学术界所一贯推崇的 P－G 理论和 LMX 理论具有一脉相承

的理论渊源，对其既有继承又有发扬，同时又建构起了适合中国国情以及适合中国民营企业战略领导力进行培育的理论支撑体系。

LMX 理论与 P－G 理论各自只是描述了领导实践过程中的一个小片断。如果我们将两者加以整合，似乎会使理论与领导过程的实质更近一些。LMX 理论发现了领导者与追随者关系的重要性，并指出了把下属尽可能地转化为内集团成员，并重用内集团成员去高效实现目标的领导方向；P－G 理论更是在如何将员工转化为内集团成员方面，从领导者单向角度提出了颇有实践色彩的具体方法。

然而，两者整合后对领导的描述离领导过程的真实状态仍然相距甚远。怎样才能使 LMX 理论与 P－G 理论更贴近于领导过程的真实状态呢？博弈论的引入，也许能在这点上使 LMX 理论与 P－G 理论得到新的改进。LMX 理论有三个不足，饱受学界诟病：第一是该理论的用人方式至少在表面违背了公平的原则；第二是其基本思想没有得到充分阐述；第三是在测量 LMX 理论中领导者-成员交换的问题上存在很大争议。博弈论的引入，让这三个不足迎刃而解。

LMX 理论将下属划分为内集团成员与外集团成员，并建议领导者通过重用内集团成员来高效地完成组织目标。这种做法的确是不公平的，也会伤害那些外集团成员并造成内耗。博弈论的引入首先在道义上使这一做法合理化。因为团体理性是最大的公平，团体目标的高效实现是最大的利益。无论内集团成员还是外集团成员都是组织的成员，组织目标的高效实现是全体成员的最大利益。个体理性服从团体理性，这才是真正的公平。同时，博弈论结合 P－G 理论还揭示了个体理性与团体理性统一的实现路径——通过博弈使尽可能多的外集团成员被转化成内集团成员。博弈论使LMX理论有了根除这一不合理做法的可能性。换言之，博弈的引入使LMX理论不合理、不公平的用人方法从长远看具备了道义上的合理性，并在实践上找到了根除这一现象的路径。

LMX理论的基本思想——“高质量的领导者-成员交换”的形成方法，一直未得到充分阐述。例如，领导制作模型强调了角色、日益增加的影响及互惠形成的重要性，但它没能解释这些概念对于建立成熟合作关系的作用。同样，该模型强烈建议在领导者-下属关系中建立信任、尊重与责任，却不能指明用什么方法来发展这些关系。同时，在用量表来测量LMX理论中领导者-成员交换水平的问题上，因标准各异，对测量结果一直存在很大争议。如果把领导制作过程当作一个博弈过程，在不同的制作阶段设置不同的测量量表，这一理论的基本思想将得以全景式、鲜活地展示，并可以得到测量数据的实证支持。

在第一领导制作阶段，组织内进行着“三方、两类”博弈，即领导者与非内集团成员进行的非合作博弈、领导者与内集团成员进行的合作博弈、内集团成员与外集团成员进行的非合作博弈。在这一阶段非合作博弈为主流，团体理性与个体理性冲突明显，组织内耗严重，效率低下。经过领导者发起多次博弈，组织内部进入混合博弈阶段——第二领导制作阶段，内集团成员不断增多，组织的凝聚力逐步增强，领导-成员互换达到中等质量。进入第三领导制作阶段后，绝大多数组织成员已被转化为内集团成员，各方博弈进入以合作博弈为主的阶段，个体理性与组织理性日趋统一，组织日益繁荣。以博弈参数（如：利益、角色、影响）设置的量表能动态地真实反映不同领导制作阶段领导者-成员的交换水平。在博弈的视角下，一个全景式、鲜活、真实的领导过程得以再现。

P－G 理论是独特的实践指导理论，但仍不够“实用”，因为它没有解释领导行为与员工积极性之间的关系。P－G 理论没能说明领导者应该怎么做才能激励下属积极地工作。同时，这个理论把领导过程看成是单向的过程——领导者影响下属。这种行为增加了下属的依赖性，没有认识到下属的能力和主动性，不符合领导过程中下属对领导也有影响和互动的实际情况。博弈概念的引入，使得领导者与下属成了对等的博弈参与者。双方都是理性的，都追求各自效用的最大化。领导过程是一场由领导者发起的、与下属开展的不完全信息动态博弈。领导者根据博弈对手(下属)的特征及任务特征不断调整战略，选择不同的领导行为，以期使下属成为内集团成员，增强其完成组织任务的能动性，最终高效地实现领导目标。下属则收集领导的特征和愿景特征等信息，不断比较战略得失，最终决定成为内集团成员或拒绝，从而实现作为下属的个人效用最大化。当下属的个体理性与团体理性一致时，下属将高度认同领导的价值观，并与领导一起努力去实现组织愿景。

博弈论使 P－G 理论能恰当地解释领导行为与员工积极性之间的关系，同时也在双向互动中说明了下属的能动性和潜能。LMX 理论发现了领导-成员互换水平决定组织效率之间的关系和努力方向，即将组织成员尽可能地转化为内集团成员，并重用他们去高效地实现组织目标。但 LMX 理论只是一个描述性理论，对如何将外集团成员转化为内集团成员语焉不详。民营企业战略领导者与员工、团队之间的博弈，是基于价值观的领导所实现的共同愿景，这种博弈不仅存在于核心价值观的形成过程中，而且在价值观塑造成为企业文化的过程中，这种博弈依然存在，它更多地表现为企业利益与员工、团队利益之间的博弈。从LMX理论角度来看，民营企业战略领导者在把员工吸纳为内集团成员后，会重视与内集团成员的交流，这在一定程度上挫伤外集团成员的积极性；同时，作为民营企业的战略领导者，应该主动地与员工交流，尽管在实际的工作中无形中把员工区分为内外集团成员，且对内集团成员而言，更容易成为企业的领导团队成员。P－G理论的确前进一步，但也只是一小步，因为其关注到企业战略领导者对员工具有主动作用，却忽视了两者之间的互动关系。

P－G理论的核心是基于公司、组织的奋斗目标以及围绕这一目标采取具体决策而进行管理的一种体力框架。该理论从纷繁复杂的管理现象中提取出了领导者最为重要的两个因素：组织的目标和达成目标的方法(路径)。

将LMX理论和P－G理论整合后引入博弈论，实现了理论模型由静态到动态的转化，这一转化意味着基于价值观领导在理论整合过程中得到了强化，因而"LMX与P－G理论的博弈改进模型"(如图5－1所示)从某种意义上就成为基于价值观领导的实现路径。这一理论模型也印证了前文中笔者对民营企业发展历史及生存现状的分析，从而表明，本理论模型具有从实践到理论的抽象化特征，又从另一个侧面印证了该理论模型对民营企业的实践所具有的指导价值。

但是在实际的管理过程中，尤其是在中国民营企业的管理过程中，面临的情况、问题更为复杂，组织、企业所赖以生存的环境也更为复杂，单纯的基于路径-目标进行的管理虽然可以帮助民营企业战略领导者迅速地掌握管理工作的主线，但未免忽略了管理活动的复杂化。

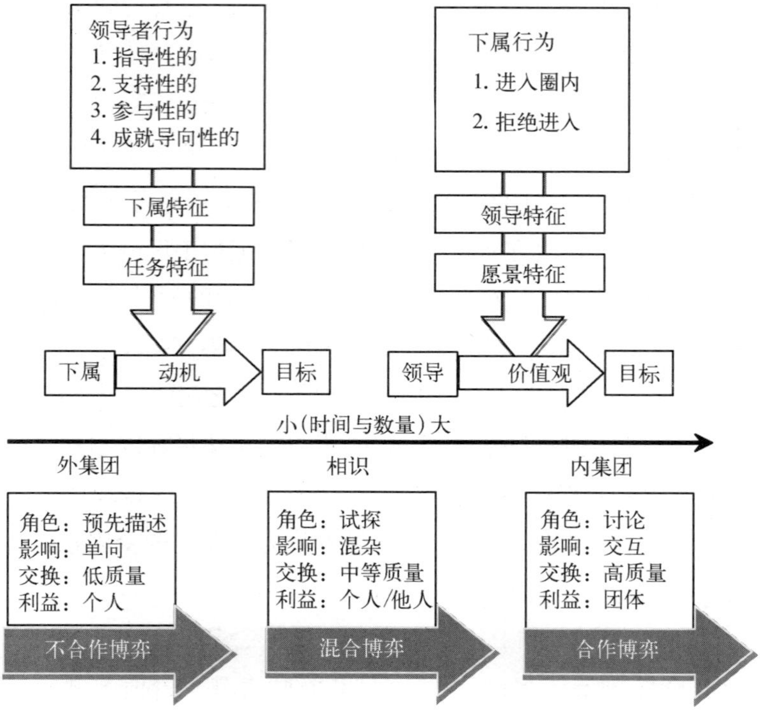

图 5－1　LMX 与 P－G 理论的博弈改进模型

二、知行合一：战略领导力提升的实践前瞻

“五力模型”强调“基于价值观的领导”(即五力模型中的“道德力”)的作用，强调目标对企业、项目整个发展过程的引导、指导作用(即五力模型中的“愿景力”)，强调管理者在具体的领导、管理活动中进行的一系列控制、决策和整合活动。从这个意义上说，五力模型是对目标-路径的一种多维的、动态的、复杂化和全景式的考察。而 P－G 理论框架中，强调的是因为领导者管

理活动目标的不同而导致的领导方式的差异。P-G理论的框架作用模式可以采用图5-2来表示[①]。

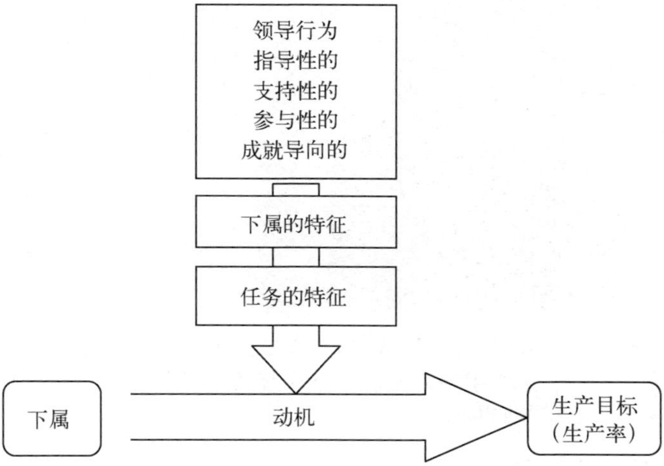

图5-2　P-G理论的作用框架

P-G理论模型将目标和路径作为领导工作的主线，重点考虑的因素有两个：一是目标本身的模糊程度和难度；二是团队成员本身的能力。那么战略领导者的领导力在这个理论模型上如何体现出来呢？答案是领导者的领导力主要体现在对目标的判断以及对团队完成该目标的能力的深度把握上。也就是说，只有领导者在非常有效地对目标是否容易完成、目标的清晰程度以及团队成员的能力做出准确判断的情况下，才能保障目标能够顺利实现，同时保障组织和团队的成员获得相应的收益。

民营企业战略领导力的"五力模型"中是否暗含了基于目标-路径的逻辑内容？答案是肯定的。五力模型中强调领导者

① ［美］彼得·诺思豪斯．领导学：理论与实践［M］．吴荣先等译．南京：江苏教育出版社，2002：59.

图 5-3 笔者与《领导学：理论与实践》作者、美国西密歇根大学沟通交流学教授彼得·诺思豪斯(Peter Northouse)合影

的愿景力和决策力，实际上就是基于目标-路径的深度思考：P-G理论的目标是企业或组织为之奋斗的理想，实际上是愿景的另一种表达，它可以根据目标的难易程度进行更进一步的解构；而领导者的行为模式，则是根据愿景的具体判断和掌握作出的若干"选择"(决策)。对此，我们可以作进一步的探讨，在具体的领导行为中，领导者需要对公司、项目的"愿景"(即五力模型中的"决策力"，包含了目标的含义)作出准确的把握，进而选择恰当的"决策"(即五力模型中的"决策力")。同时，P-G 理论强调对团队成员的能力进行深入的了解，针对不同能力的团队成员实施针对性的领导行为，这就与五力模型中的"整合力"相匹配了，"整合"意味着根据愿景的要求，将所有有利于愿景达成的要素凝聚成一个浑然不可分割的整体，进而保障愿景的实现。由此，"五力模型"中的控制力就发挥了较为宏观的作用，它根据目标的类型以及目标进展的过程进行适度的控制，控制既是管理的过程，又是参与的过程，根据领导者参与项目执行的深浅，就可以体现出 P－G 理论模型中不同的领导行为了；同理，五力模型中的“整合力”也包括了对员工的能力、特质进行筛选、组合的过程。

笔者结合 P－G 理论对目标的划分以及基于目标特点和团队成员能力，对五力模型的作用模式进行如下的解读（见图 5－4）：

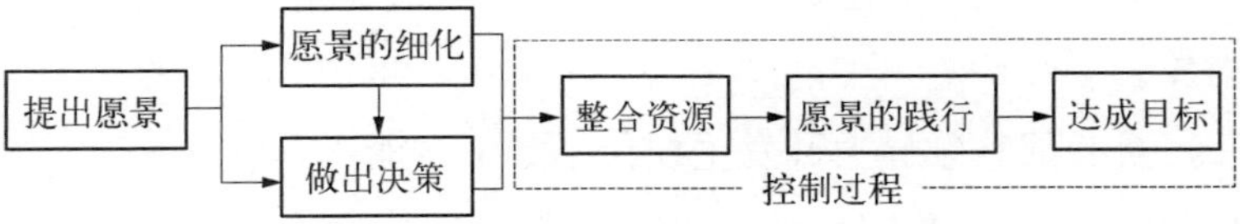

图 5－4 “五维模型”对 P－G 理论的改进

根据图 5－4 中的框架我们可以看出，愿景的提出、细化及达成的过程实际上就包含了若干次的决策和控制过程。但这一模型显然没有完整地表述出基于 LMX 以及博弈论的精髓。对此，P－G 理论提出了一个单向的目标实现模型，探索了一条可能路径。但正因其单向、静态的描述而使 P－G 理论失去了指导领导实践的意义。在五力模型视角下，我们对博弈论的引入，使两种理论得以改进，并使其整合后产生了一个实用的新模型——LMX 理论与 P－G 理论的改进模型。这个模型以动态、双向、互动的博弈方式更科学地阐述了领导过程，并揭示一条价值领导实现的可能路径。在组织中，领导者通过与下属开展不完全信息的动态博弈——领导制作，促使组织中的外集团成员选择进入内集团，承担更多职责，认同领导者价值观，使个人效用最大化与领导效用最大化趋同，进行合作博弈，最终高效地实现组织目标。

三、教育为本：战略领导力提升的教育可能

教育分为自我教育和社会教育两类，这两种教育方式对于领导者的领导力培养及提升都发挥着不可替代的重要作用。

首先，加强战略领导者的自我教育。自我领导是综合性的领导，自我战略领导力开发必须走综合性开发之路。其中，它的特点是“我”的角色为：决策者，执行者，领导者，也是验证对象。

自我战略领导力开发主要包括如下方面：一是知识技能领导，知识技能是我们日常工作所依持的工具，这方面能力的高低将最大程度地直接影响到我们的工作效率和成绩。对它进行领导因角色不同而不同。如技术领导者强调掌握技术的广泛性，对于具体技术的深度可以不比技术人员强。但要求他们要有长远的眼光和开放的心态，理解、跟踪全球的技术标准，而不是仅仅局限在中国。他们要做的是在行业背景下对现有的各项技术进行分析，找到适合本公司的技术来确定开发什么项目和产品才能在现有的市场状况下获得更大的盈利。他们是架构的搭建者也是决策者。而对于真正的技术人员，却体现在对技术广而深的掌握。二是社会关系领导，包括领导关系和下属关系以及他们之间关系的综合领导。领导的目的是使自己能充分协调同其他任何角色的关系，为使自己的工作能顺利进行并获得成效以及其他利益能得以实现等。三是精神理念领导，就是对自己树立的各种价值观，为人处事原则等能够进行规范领导。每个人都有自己的精神理念，它被社会所承认和推崇的程度必将决定你的事业能够做多大，是否有前途。唯有不断地丢弃自己已

有的错误、畸形的观点，树立起正确的观点才是必然的趋势。而精神理念领导的目的也在于此。四是日常领导，包括日常工作和生活习惯还有情绪化领导。日常工作和生活习惯领导可不必分析。情绪化领导是领导一个人在理性和情绪性两者间的关系。懂得如何在日常工作和生活中控制自己理性和情绪性两种力量的运用。以上是自我领导的几个方面，他们之间其实存在内在的联系，只有综合领导才能起到作用。

其次，优化战略领导者的社会教育。对领导的教育，因为其教育对象的特殊性要求现代企业领导教育创新对策，首先是转变观念、提高认识。对民营企业领导培训工作的不足认识主要有以下几种：第一，有了经济效益就有了一切，将经济效益当作衡量一切工作好坏的终极标准，干部培训可有可无；第二，借口工作忙、人员少、任务重、缺经费，没有精力和能力开展教育培训工作；第三，由于培训工作与干部选拔任用没有直接联系，不值得放在重要位置；第四，培训工作不能产生看得见摸得着的直接经济效益。上述观念致使很多单位的干部培训成为各项工作中的短板。

再次，丰富授课方式及内容，加强培训针对性。针对目前领导教育培训方面存在的教学方式落后，针对性、实效性不强，参训人员缺乏积极性和学习动力等问题，可在以下几方面加以改进：首先，因材施教，自主择训，增强培训的针对性、实效性和吸引力。施训单位要积极开展培训对象需求调研和需求分析，按照提升干部素质和各方面能力的原则，既要考虑单位岗位工作的需要，也要注重干部自身发展规划，设计安排教育培训目标，真正做到“缺什么，补什么”。制定培训计划时应注意分清不同岗位、不同年龄阶段、不同学历层次、不同任职经历的干部对培训内容的具体需求，在班次设置、培训内容、抽调对象和时间安排上做出统筹安排，增强培训的针对性，做到按需施教、按能施训，将培训逐渐从知识灌输型转变成能力提升型，提高培训的吸引力。同时，可实行干部培训主动申请制，允许单位和干部本人有培训的机构、内容和时间、方式上的选择权，让干部自主择训，变“要我学”为“我要学”，激发干部参训学习的内在动力，彻底改变过去那种先定下主题、设置好培训内容，然后再安排干部来培训的以“我”为主的培训模式。

教育培训的方式方法是能否激发学习的主动性、创造性和积极性的重要因素。实践证明，灌输式、注入式和保姆式的教学方式与思想活跃的在职参训干部是不相适应的。因此大力推进研究式教学，综合运用讲授式、案例式、模拟式、体验式等教学方法，使培训方式从接受性、灌输式、封闭式教学为主向研究式、互动式、开放式教学为主转变，这是实现培训目的的较好途径。这就要求教师从传统的知识传授者、教学控制者向教学的组织者、引导者、主持人的角色转变，努力营造教和学之间交流互动的环境和氛围，引导激发学员参与教学活动的积极性、主动性和创造性；也要求学员从被动的接受者转向主动的学习者和教育的参与者。使整个教学过程成为激活思想、分享智慧、提高思维水平和认识能力的过程，从而不断提高教学质量、增强培训效果。

充分运用现代科学技术进行辅助教学。可用计算机网络技术、多媒体技术等实施视听教学和网上教学，引进案例分析、情景模拟、角色扮演等教学手段，增强对学员的全局性、应变性、敏感性、拓展性训练。尽量多组织一些社会考察、社会调查、实践锻炼等活动，力求达到理论教学与指导实践相统一的目的。

整合培训资源，培养高质量的师资队伍。提高培训质量，老师是关键，第一要加强对教员的思想教育，增强他们在领导教育培训工作中的责任感和使命感，不断更新知识，不断探索受学员欢迎的教学方式，努力使自己的业务水平适应新形势新要求的需要；第二是采用考察调研、交流挂职等办法，组织教员外出考察、调查研究，到其他单位或基层单位进行交流，对基层情况做到心中有数，提高实践能力，增强授课的实效性、针对性；第三是实行教师聘任制，按照双向选择的原则，公开招聘、平等竞争、择优聘任、淘汰不合格教师，拓宽教师来源渠道，吸引优秀人才从教；第四是外聘一批理论功底深、实践经验丰富的领导干部、专家学者和企业经营者为兼职教师，以解决师资力量不足的问题。

第 6 章

普泽天下：战略领导力的实践价值

成王败寇，市场经济的逻辑从未停止过它对强者的赞美和败者的惋惜。然而历史的规律总是惊人的相似，我们在为无数个创业先锋所折服的同时，也在为不少的滑铁卢之战而扼腕。世界上永远没有一套包管成功的模式可以照抄，但永远都会有一些先进的典型可以为我们借鉴。

实践模型：运用之妙，
在于一“型”

现实镜鉴：以人为镜，
可明得失

立业立德：澄怀观世，
修齐治平

招商的力量

价值无处不在。价值的魅力不仅在于创造，更在于分享。分享的价值是“成大事”的智慧，是“家天下”的胸怀，是领导者“修齐治平”的宏伟理想。在理想和实践之间，中国的民营企业家正在用他们的脚步，丈量领导力的长度。

第 20 节　实践模型：运用之妙，在于一“型”

“五力模型”是当代民营企业战略领导力的全景展示，也只有集“五力”于一体的战略领导力才有可能提升到最高境界。同时，“五维”合力进行企业组织内外博弈的结果，即战略胆识、内在思维、资本运作、人脉团队、社会认同成为当代民营企业发展的必要条件。这就对民企战略领导者提出了五个必须完成的任务。民营企业战略领导的三个层次所要求的素质和能力，主要体现在战略领导人的五项任务上。而这五个任务与基于价值观的领导理论所倡导用价值观影响组织和成员所历经的四个步骤是吻合的。

一、考察："五力模型"与民企演变

改革开放的 30 多年，是民营企业白手起家，历经磨难，最终在市场浪潮的血雨腥风中，走出一条坦途的 30 多年。与其他任

何一种经济形态相比，民营经济，从一棵弱不禁风的小树苗，茁壮成长为一棵郁郁葱葱的参天大树，靠的不是对资源的垄断，不是与权贵的结盟，而是敏锐的市场嗅觉、大胆的思路革新。

如果说民企 30 多年充满了血雨腥风，那么这场长达 30 多年的探索历程，能够最终迎来旭日东升的坦途，民营企业领导者的战略领导力必是当仁不让的不二法门，而这长达 30 多年的探索历程，便是民营企业领导者在五个层面的能力得到不断提升的过程。“天之道，损有余以补不足，人之道则不然，损不足以奉有余”，老子《道德经》中的这段文字描绘了一个宏大的优胜劣汰的竞争环境。资源、人脉、口碑……都在民营企业这 30 多年发展的历程中走向成熟，日臻完备。

单个民营企业发展所需要的力系结构中的五个要素，也是为民营企业 30 多年发展史所证明的，具备五个要素，才能算完整意义上的“领导力”。我们从民营企业演变轨迹的角度来探讨民营企业战略领导力的资源情况（参见表 6 - 1）。

表 6 - 1　不同时期民营企业战略领导力要求

时期 境界	俗称	精　神	资　源　情　况
萌芽期	草商	“四千”精神	战略胆识、内在思维
发展期	儒商	团队精神	战略胆识、内在思维、资本运作、人脉团队
成熟期	哲商	利他精神	战略胆识、内在思维、资本运作、人脉团队、社会认同

从目标与手段关系角度出发，愿景力是目标，道德力是软性调控机制，整合力、决策力和控制力都是手段。愿景和道德是企业文化的重要组成部分，执行必须固化为企业制度，战略领导者

整合各种资源，调整产权结构，保证企业愿景的实现。这是一个博弈的过程。在此过程中，基于价值观的制度与文化的作用凸显出来，最终在民企中实现价值领导，促进企业使命的完成。

“五维论”的实质是民营企业战略领导者的战略领导力的三个层次（如图6－1所示）：一是战略领导人的自身素质，包括经验、知识、创造力和文化道德修养等；二是战略领导人与被领导者及其团队的互动能力；三是组织领导力，即战略领导人及其文化对组织结构、机制和社会环境的影响力。民营企业战略领导力的三个层次是一个系统的结构，每一个层次都是民营企业发展不可分割的重要组成部分。这三个层次是民营企业战略领导力从低级向高级发展的完整统一体。其中，个人素养构成这个完整系统的基础部分，但也发挥着核心作用。当今民营企业的发展对战略领导力的三个层次要求，三个方面相辅相成不可或缺，每一个层次都不能离开其他两个层次而单独存在，三个层次共同发挥着作用。民营企业战略领导者达到战略领导力的三个层次，也就实现了真正的“领导力”的最高境界：战略胆识、内在思维资本运作、人脉团队和社会认同，这在当今民营企业发展过程中，受到了民营企业战略领导者广泛认同。

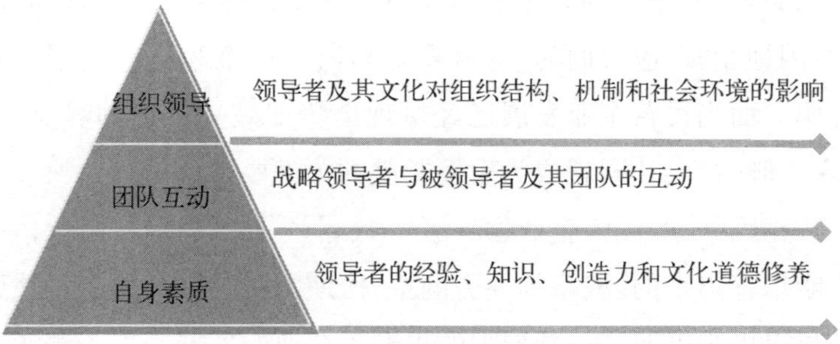

图6－1　战略领导力的三个层次

较强的企业领导力，是体现民营企业战略领导力较高发展水平的标志，如何实现领导力的完整、科学建构，并维持一个较为稳固的发展态势，是民营企业领导者不得不思考的问题。

民营企业战略领导者既要和企业内部的领导团队、员工之间取得合作博弈，又要面对外部环境，把这种合作博弈外延化，范围扩大至企业所处的动态环境。这种合作博弈的取得，是以民营企业的基于价值观的领导为愿景的。民营企业战略领导者如何使企业的使命与愿景让企业内部员工和社会认同并接受，达到合作博弈的状态，具体路径如何实现，笔者在后文中会有具体论证。

二、应用："五力模型"与生命周期

俗语说，有志者事竟成，但光"有志"还不行，需要将"志"的内涵拓展至完整的思维模式、敏锐的市场嗅觉、充分的自我判断、良好的愿景提炼，而这正是一个企业能够从无到有、从弱到强的关键所在。拥有胆识、擅用谋略、富有智慧的民营企业领导者在改革开放的第一股浪潮中迅速萌发，进而凭借横刀立马的战略胆识，一举夺得首轮战绩。世事变幻莫测，君子须相时而动，因地制宜，应势而为，这就需要靠内在思维和战略胆识双轮并驱。而当民营企业发展已经呈现出势如破竹的强劲势头，资本、人脉、社会认同就成为后发制胜的关键要素。

正因如此，民营企业领导者的战略领导力是在市场竞争中不断培育出来的，战略领导力的提升，使"马太效应"的市场法则凸显得更为鲜明——领导力的提升为企业的发展带来了源源不断的资源，甚至在很大程度上影响了民营企业的生存环境和国家对民营企业的政策。从某种意义上说，民营企业能在市场经济发展的过程中呼风唤雨，正是得益于领导力全方位的提升——胆子、脑子、票子、位子和圈子，以历史作为对照，这每一个"子"都体现出一个从无到有、从有到强的动态变化过程，领导力的提升仿佛正在预示着这样一个颠扑不破的道理：加强自身就是改变环境。

任何理论模型都需要放在空间和历史的维度进行实践验证方能证明其存在的价值。在不同的历史发展阶段，企业所呈现出来的面貌、姿态和状况都不尽相同。企业的不同生命周期对领导者多种能力的要求也不尽一致。根据企业发展的生命周期定律，企业在不同的发展阶段，五力模型中各个构成要素各自的强弱情况都是不一样的(如图 6－2 所示)。

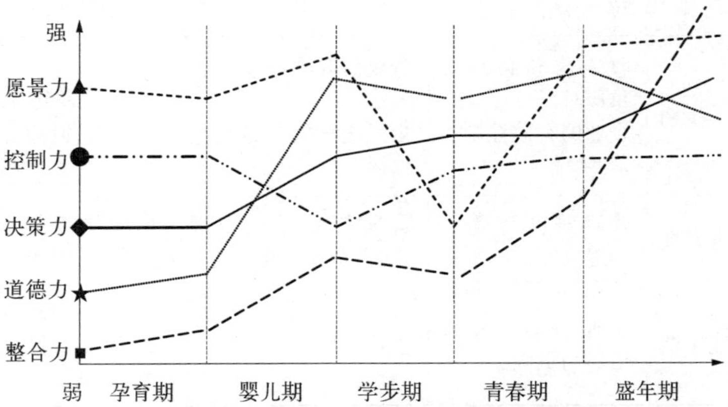

图 6－2　生命周期律与"五维模型"

整合力在整体上呈现出稳步上升的态势，道德力中间会有下降的趋势，而决策力则基本上呈现出较为温和的上升态势，控制力则相对来说，变强的幅度并不大，甚至还会因为所处的阶段不同而出现了变弱的趋势，从愿景力的角度来说，一般的企业在每个生命周期都会有很好的愿景，但其强弱也会因为所处的阶段不同而呈现出一定的波动。

根据伊查克·爱迪思在《企业生命周期》中提出企业在各阶段出现的问题，战略领导力的五维模式可以成为解决单个民营企业在不同发展阶段所碰到的这些问题的有效途径（如表 6-2 所示）。在解决这些问题的过程中，“五维”所运用的“力”，同样也契合了企业生命周期的基本规律。

表 6-2 解决民营企业个体发展过程中的问题

阶　段	关键问题	可能出现问题	“五维”中作用力
孕育期	责任与风险的程度，概念付诸实施	创业空想	愿景力、道德力
婴儿期	资金流的有效运转、市场的争夺	因资金流枯竭而死亡	愿景力、决策力、道德力
学步期	收入与利润的双重成长 企业的有效控制	分权而造成企业失控 多元化投资导致现金枯竭	愿景力、控制力、决策力、道德力
青春期	管理制度与流程的建立	管理失控、企业内部斗争、企业老化	愿景力、控制力整合力、道德力
盛年期	企业创新精神的培养与巩固	企业老化	愿景力、控制力决策力、整合力、道德力

对于中小民营企业的领导者而言，他们需要的不仅是领导力，更多的时候需要的是管理能力，战略领导力是他们努力的方向和发展的动力。对于上规模的民营企业战略领导者及其团队领导者而言，战略领导力是他们成为战略领导者的法宝。目前，我国正处于迄今为止最好的发展时期，在科学发展观的指导下，

一些组织开始构想跨越式发展战略，更多的组织制定了追求卓越的目标。然而，根据领导力规律，能否最终实现跨越式发展和造就卓越的民营企业，关键在于民营企业领导者是否具备和能否不断提升自己的战略领导力。

三、沉淀："五力模型"的实践功用

理论的价值在于阐释事物的本质特征和运动的规律，更在于实践层面的指导意义。在一套规范的理论建立之前，我们只有通过"摸着石头过河"的方法逐步验错，从而寻求解决问题的正确途径。但经过大量的经验和实证之后，"摸着石头过河"所可能产生的错误就会被人类有目的、有计划而且是有章可循的活动所取代。

五力模型要求民营企业战略领导者不断进行理念创新与目标定位与再定位。企业战略领导者能否根据所处的行业环境、企业的内部资源制订出有激励力量的战略发展目标，直接关系着企业经营的成败。企业家是企业的灵魂所在，作为企业战略领导者，民营企业家要修炼崇高的价值观，应有良好的个人素质和修养。作为企业掌舵者，凭借自身特殊的身份和地位而产生的权力行使习惯，在一定程度上容易产生独断专行的行事风格。因而，在企业文化建设中，民营企业领导人要把握好自身的角色，实现自我定位、自我约束、自我实现乃至自我超越。

五力模型倡导民营企业的战略领导者积极培养忠诚的团队，并不断地发展基于价值观的领导可能，实现将组织外资源转化为组织内资源的理想转变，不断塑造具有示范性、凝聚力和感召力的组织文化。此外，民营企业战略领导者应适时调整组织的核心价值观，完善组织架构、运行机制、行为规范、人际关系和文化氛围。通过这一过程，把价值观外化到组织层面。

从核心价值观的形成过程来看，价值观的形成最终要落实到民营企业战略领导者个人的身上——回归原点，即民营企业战略领导者的自我管理。五力模型的逻辑架构暗含了民营企业战略领导者应该不断加强自我修炼和学习，提升自己整体领导力。具体来说就是需要民营企业战略领导者具有较强的认识自我、改变自我和超越自我的能力，包括正确总结经验，反思自己，不断增强自己对于工作目标和环境的适应性，保持思想的创造活力，提升创造力，不断创造新业绩等。民营企业战略领导者的自我管理，目的在于以核心价值观和共同愿景、使命影响企业的内外部员工，从而把价值观渗透到组织的“血液”里。

阿里巴巴能够把价值观渗入企业的“血液”之中有两大途径。一是选人。阿里巴巴选用新人进入企业，要考察被选者是否与阿里精神吻合，是否与其价值观有冲突。二是股权结构。阿里巴巴分散的股权结构一直让人担心马云对阿里巴巴主导权的丧失，但分散的股权容易调动员工工作的积极性和主动性。利益激励的方式对企业价值观的灌输不啻为一种有效的途径。此外，在 2011 年的商家欺骗事件中，阿里巴巴 B2B 公司首席执行官(CEO)卫哲、首席运营官(COO)李旭晖双双辞职①，原因在于维护价值观管理不力。马云的这一做法体现了民营企业战略领导者的魄力，也就是把价值观看作企业的生命。

民营企业战略领导者五项任务的实现和完成，契合了价值观的形成，而价值观形成的四个步骤，同我国传统文化提倡的

---

① 张天蔚. 阿里巴巴 CEO 引咎辞职体现行业老大责任[EB/OL]. http://news.xinhuanet.com/fortune/2011-02/23/c_121112003.htm，2011-2-23.

“修身、齐家、治国、平天下”能够一一对应，有很高的共通性。郭广昌领导的复星集团的核心价值观就是由此演变而来——修身、齐家、立业、助天下。复星的核心价值观可以解读为一个企业如何处理与社会的关系问题。复星通过不断学习、不断修正自己和团结合作，最后回报社会。这种价值观对战略领导者及其企业的发展大有裨益。我们在第四章对复星进行案例分析时已经作出结论，这种话语体系的构建，是一种社会影响力的体现，这是民营企业家的战略领导力的重要方面。当然，价值观在形成过程中，要不断地修正，并吸收精华，在此过程中也必然存在着博弈。

第21节　现实镜鉴：以人为镜，可明得失

战略领导力的本质是构想民营企业的发展愿景并全力和坚定不移地推动愿景实现的能力。完整意义上的民营企业战略领导力是由愿景力、整合力、执行力、组织创新力和持续力构成的五力模型。成功的企业大多相似，失败的企业各有不同。成功者大多五种能力齐备，而失败者必然在某个能力层面有所不足。“知其不足而补之”不失为一种有效提升自己的路径。在本节中，我们选择了五个典型的案例，这些案例中的企业领导者无一例外地都拥有着过人的领导力，我们分别从五个层面一一剖析。

一、愿景力实践路径：郭广昌的“修、齐、立、助”

复星创始人是由四人组成的团队，均毕业于复旦大学，他们

是公司战略的制定者和执行者。四人具有一致的理念，且个性互补、知行兼优，洞悉中国市场，是优秀的实干型儒商团队。郭广昌为复星国际的董事长。核心管理团队成员有丁国其、吴平和秦学堂。执行董事由郭广昌、梁信军、汪群斌、范伟、丁国其、秦学棠和吴平组成，非执行董事刘本仁，独立非执行董事为陈凯先、章晟曼和阎焱，公司秘书史美明。

复星的核心价值观取自《礼记・大学》，以“修身、齐家、立业、助天下”作为企业核心价值观，这是从企业创立之初就确定的。

郭广昌所带领的复星国际领导团队，成员为梁信军、汪群斌、范伟和谈剑，创业之初的五个人是有具有共同教育背景（毕业于复旦大学）和地域背景（除去谈剑皆出自浙江省）的校友组成。郭广昌与梁信军有长期相处的经历，广信科技咨询公司就是由两人创办，且取自两人名字。1992 年广信成立之时，郭广昌是复旦大学团委干部，梁信军是校团委调研部长，汪群斌是生命科学学院团总支书记，范伟是学校誊印社的经理，谈剑还在读书。梁、汪和范三人同为遗传工程专业毕业。五个人职责分明，而又具有共同的理念，个性互补，组成核心团队。

“郭广昌不保守，从来没有觉得有什么事情只能想不能做，他的系统思维能力很强，处事比较公正，是一个很合格的董事长；在他之外，最适合做总经理的是汪群斌，他对行业的战略意识敏锐，情商智商兼具，行动能力、学习能力和业务操作能力都很强，是个领袖型的企业家；范伟呢，同他们两人的优点很像，有点差异的地方就是他不太爱说话，是讷于言敏于行的那一类，但从品牌策划上，他又是其他人所不能及的；谈剑的学习能力很强，有段时间她分管我们行政的时候，在财务上做得非常专业，一般的财务总监都比不过她。而且，在人际关系与业务合作上，她都很有一套。”[①]这是梁信军对其他四个人的评价。

梁信军是复星国际的副董事长兼首席执行官，主要负责重大项目投资、信息产业和媒体投资；社会职务有中国人民政治协商会议上海市第十一届委员会委员，中国青年企业家协会副会长，全国工商联冶金业商会常务副会长，上海台州商会会长。梁信军的口才好、反应快、精力充沛、善于沟通交流。因此，梁是复星国际的党委书记兼新闻发言人。汪群斌是执行董事、总裁，复星医药董事长，还担任上海生物医药行业协会会长，上海湖州商会会长等社会职务。范伟是执行董事、联席总裁，复地集团董事长，社会职务是上海市工商联房地产商会会长。谈剑出任复星集团监事会主席一职，负责软件体育产业和政府公关。汪群斌、范伟和谈剑三人都具有很强的执行能力，重实干，而这正好与郭、梁的个性相匹配。这种搭配，产生了一个优秀的合作团队。

复星国际现在的执行董事由郭广昌、梁信军、汪群斌、范伟、丁国其、吴平和秦学堂组成，后三人分别为财务、管理和法律专家（参见图6-3、图6-4），这三人作为社会公众股份注入复星国际，前四人构成复星控股的股东（参见图6-5）。谈剑不是董事，也不是复星控股的股东。通过图表发现，复星国际的领导团队，是建立在朋友关系的基础上，引入专家治理的模式。这种创始人团队与专家团队的搭配组合，使得团队的凝聚力极强，有利于企业走向国际化的道路，从而做大做强（创始人团队详见图6-3）。

---

① 上海市浙江商会网.郭广昌的商业帝国[EB/OL]. http://www.zccs.org/news_790.html,2010-9-14.

郭广昌
董事长

- 复旦大学哲学系学士，复旦大学工商管理硕士
- 中国第十届、第十一届全国人民代表大会代表，2004年CCTV中国十大年度经济人物，全国工商联常委，上海市工商联副主席，上海浙江商会会长

梁信军
副董事长、首席执行官

- 复旦大学遗传工程系学士，长江商学院高级工商管理硕士，高级工程师
- 中国人民政治协商会议上海市第十一届委员会委员、中国青年企业家协会副会长，全国工商联冶金业商会常务副会长，上海台州商会会长，上海复旦大学校友会执行会长

汪群斌
执行董事、总裁

- 复旦大学遗传工程系学士
- 上海生物医药行业协会会长，上海湖州商会会长，从事生物医药业务16年

范伟
执行董事、联席总裁

- 复旦大学遗传工程系学士
- 上海市工商联房地产商会会长，从事房地产业务16年

图6-3　复星国际的创始人团队

丁国其
执行董事、高级副总裁、财务总监

- 会计学学士，会计师，《中国总会计师》杂志社专家指导委员会委员，从事财务工作19年

吴平
执行董事、高级副总裁

- 企业管理学学士，上海商业联合会副会长、上海百货协会副会长、上海购物中心协会副会长，从事管理工作15年

秦学棠
执行董事、高级副总裁

- 西南政法大学法律学士，律师，从事法务工作25年

图6-4　复星国际核心管理层团队

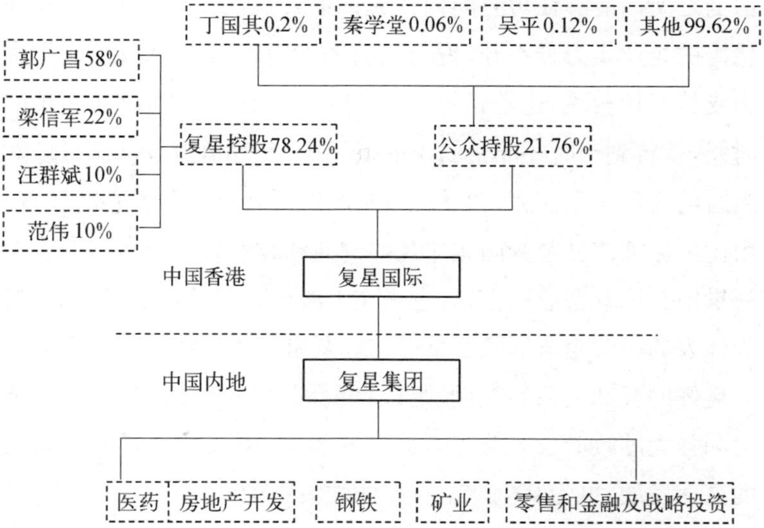

图6－5　复星国际业务及股权结构图

这里还有必要提一下郭广昌及其团队出色的协调能力，尤其是其表现出来的优秀的政府公关能力。笔者以两个例子说明。

第一，舆论话语。据悉，郭广昌从早期就特别注重维持良好的“政商关系”。郭广昌及其团队能够在较短的时间内就取得政府高层的支持与认可，首先应从复星的企业文化和理念方面进行分析。复星的核心价值观为“修身、齐家、立业、助天下”，近期又提出“汇聚成长力量”的新使命，其核心价值观及新使命符合我国社会发展主旋律和主流价值观，引起了社会的共鸣，受到了政府部门的欢迎，营造了有利于自身发展的舆论氛围。

第二，政府的大力支持。1998年，复星集团旗下的复星医药上市时，竞争异常激烈，有上百家公司在排队等待上市，复星医药之所以能够在短时间内排到前面并成功上市，与复星医药优秀的企业实力分不开，更与当时的上海市政府对该企业的大力支持密切相关，这是其一；其二，俞正声在担任建设部部长的时候，就曾到当时还非常弱小的复星房产（复地前身）视察过，对当时的复星房产而言，领导视察是政府对其重视和关心的体现，由此可见郭广昌及其团队非凡的沟通和政府公关能力；其三，上海世博会民营企业联合馆，也是在上海市政府首肯下，以郭广昌为代表的民营企业家联合承办的。复星集团这些能够与政府建立良好的互动关系的案例，足以证明郭广昌及其团队的协调能力和强大的政府公关能力。而这些能力，不仅推动了复星集团的高速发展，也为其创造了良好的政策氛围。

民营企业的发展离不开国家的政策支持，民营企业要获得发展必须取得相应的政治地位。郭广昌及其团队表现出的出色的政府公关能力，说明郭广昌不仅懂政治，而且善于政治公关，这也是民营企业战略领导力的重要体现。

二、道德力实践路径：李书福的“企业要听党的话”

李书福，浙江台州人，吉利控股集团创始人兼董事长，沃尔沃汽车公司董事长。他以制造冰箱及冰箱零配件开始创业历程，随后进入摩托车制造业，并于 1997 年进入汽车制造业。李书福是全国政协委员，中国汽车工业协会副会长，中国民办教育协会副会长，曾先后获得中国十大民营企业家、中国汽车工业杰出人物、中国十大慈善家和 2009 CCTV 中国经济年度人物等荣誉。

在 2011 年“两会”期间，李书福接受记者采访时，曾表示企业要听党的话，让怎么干就怎么干①。李书福后来解释说："1986 年，吉利沐浴着改革开放的春风，诞生在台州的一个小山村。在地方各级党委政府的关心支持和帮助下，通过 25 年的发展，从小到大，从弱到强，从浙江走向全国，从中国走向世界，成为世人所瞩目的全球化公司。总结吉利的成长历程，反复证明了一个道理：没有党的领导，就没有吉利的今天；只有坚持党的领导，企业才有正确的经营方向，才有强大的精神动力；只有听党的话，永远跟党走，中国才有和谐的发展环境，才有持久的生机活力，世界才有安宁，才有更为美好的明天。"②

李书福的这番表达不是流于表面的说辞，他自己的确是发挥党的引领力的忠诚践行者。

一是为党建活动建好基础设施。2006 年 5 月份，李书福在台州路桥吉利汽车城就建成了一个功能齐全的党建中心，他主动让出自己以及几名副总在行政大楼二楼的办公室，用于改建党建中心。二是建立党建组织架构。在吉利集团和各子公司的经营管理班子中，党委书记都是经营管理班子成员，参与决策，保障企业正确的经营方向。同时，反腐倡廉、纪检监察、安全保卫、职工权益等工作列为经营管理会议的常规议题，由党委定期向经营管理委员会成员通报。在吉利的 8 个基地设置党群办公室，分别配备 2 名专职党务干部。现在整个吉利集团专职党务干部达到 19 名，平均 900 名员工配有 1 名专职党务干部。三是

① 凤凰网. 李书福：企业一定要听党的话让怎么干就怎么干[EB/OL]. http://news.ifeng.com/mainland/special/2011lianghui/content-4/detail_2011_03/08/5031563_0.shtml.

② 杜大强、王晓宇. 对话李书福：民企离不开党的引领[EB/OL]. http://www.fgdjw.gov.cn/fgdjw/system/2012/02/28/014783445.shtml, 2012-2-28.

以“财、人”全力支持党建工作。吉利集团全面落实了“企业党建工作经费按本企业职工工资总额 5‰—8‰在税前列支”的规定。深化“党员人才工程”，支持党组织制定出台人力资源相关制度，实现在同等条件下党员优先录用、优先提拔。此外，加强培养党的干部，把党务工作者送到市委党校、省委党校甚至中央党校参加学习培训。开展党建专题调研，研究吉利如何加强党建工作，更好地发挥党组织和党员作用。吉利党委曾邀请海南大学三亚学院、杭州高新区（滨江）共同组织调研小组，用近 1 个月的时间，开展了面向全集团 9 个基地制造厂、研究院的党建工作调研。在集团新一届经营管理委员会首次会议上，将党课作为会议的重要内容，吉利全部 23 名高管人员一起接受了党课教育。

随着改革不断深化，中国正面临着一次巨大的发展战略机遇期。吉利集团主动履行企业社会责任，积极参与和谐社会建设。从 2007 年 5 月份开始，吉利集团主动转型，把道德和责任作为企业发展的基本出发点和归宿，作为百年企业建设的立命之本。在继续保持产品价格优势的前提下，不打恶性价格战，而是要打技术战、品质战、服务战和企业的道德战。所有与吉利合作的上下游企业必须保证绿色发展，在科研方面大规模投入，在人才培养方面大规模投入，吉利控股集团每年用于人才与科研方面的投入超过 10 亿美元。

实际上，以李书福为代表的浙江民营企业家群体，不仅听党的话，还听老百姓的话，为人民服务。

企业当然是听老板的，而老板归根结底还得听老百姓的——谁造得出老百姓满意的产品，谁就有市场；拥有了市场就找到了利润之源，拥有了消费者的信赖就找到了衣食父母。在李书福的眼里，像汽车这样仅由“四个轮子一个方向盘一个发动机一个车壳，里面两个沙发”组成的“普通的交通工具”，售价只有降低到了像发达国家那样的水平“一年的收入足够买两辆汽车”，才是正常和符合汽车发展规律的。因此，提出要为中国老百姓生产“质量品质要达到日本、韩国同档次汽车的水平，而价格仅为三五万元”的汽车。2001年年底，李书福终于在国内民企中首获轿车“准生证”，从此，吉利便不断地刷新着中国汽车市场的最低价。

三、决策力实践路径：郑永刚的“中国的巴顿将军”

郑永刚，1958年出生于浙江宁波，18岁参军，曾有做将军的理想，部队复员后，先后在外贸公司和棉纺织厂工作。我们分析这段经历，有两点需要注意：一是郑的“干一行爱一行”的精神，让其一直与服装相伴，以服装起家发展壮大，专业性较强；二是这段经历所处的背景环境，郑永刚复员之时正值“文革”结束和改革开放之初，所在单位也是国有企业，而当时国有企业是全社会绝大多数人的期望选择，也是“铁饭碗”。但是，郑永刚的个性与国营企业（当时对国有企业的称呼）体制不相适应，郑转而选择了乡镇企业。这与郭广昌的性格相似：不喜欢被动适应，喜爱主动创造，是典型的“驱动型”性格。这是一次具有转折意义的选择。郑选择到乡镇企业——宁波外贸手套厂，担任“一把手”，使得该厂扭亏为盈，被称为“扭亏能手”，随后又接任鄞县棉纺织厂厂长一职。1989年被选中掌管甬港服装厂，而这就是杉杉的前身。早期工作的成绩，展现了郑永刚优秀的经营管理才能和敏锐的市场意识。

郑学明，现任杉杉投资控股有限公司董事局副主席、杉杉集团总裁，还担任中国服装协会副主席、第二届中国服装协会男装专业委员会副主任委员、宁波经济理事会副理事长等社会职务。郑学明是地地道道的“杉杉人”，从郑永刚接手甬港服装厂他就一路跟随，是郑永刚的得力助手。

胡海平，1967 年出生，浙江定海人，1991 年浙江大学全日制硕士研究生毕业。现任杉杉投资控股有限公司总裁，社会职务有联合国工业发展组织企业家顾问，上海浦东国际商会副会长，浙江大学研究生联合会副会长、校友总会理事、竺可桢学院上海分会会长、上海青年企业家协会理事、舟山中学上海校友会会长和中国化学电池协会理事。

胡海平是杉杉的重要人物之一。1991 年研究生毕业后参加宝洁公司竞聘，以英语、经营、创新、沟通等综合能力考评第一的成绩，被聘为宝洁公司亚太地区营销总经理。1996 年离开宝洁、加入杉杉后即出任集团副总裁。胡海平花三年时间整顿杉杉下属企业，推动“杉杉股份”上市，并在内部引入现代企业管理制度，使企业进入健康发展轨道。1999 年，被董事会任命为集团总部搬迁总指挥，负责将杉杉总部从宁波迁到上海。同时，借上海政策优势和人才资源，构建了“杉杉”高科技。同年兼任上海杉杉科技有限公司总经理，引进了第一个高科技项目，即锂离子电池负极材料的产业化项目。此后，历任杉杉科技（集团）有限公司总裁、杉杉投资控股有限公司执行总裁、中科廊坊科技谷有限公司董事长。胡海平在杉杉扮演的是一个职业经理人的角色，但这种角色又具有特殊性，是在杉杉的自我培养中稳妥接掌权力的职业经理人的角色。

陈光华，1960 年出生，大专学历，高级会计师。现任杉杉投资控股有限公司常务副总裁，宁波杉杉股份有限公司董事。2010 年 4 月起任宁波银行股份有限公司股东董事，但不持有股份。陈光华也是跟随郑永刚一起成长起来的杉杉人，其经历主要与财务相关。

邱妙发，杉杉纺织服装集团董事长，兼任宁波明达集团针织有限公司董事长。邱妙发并非杉杉原班人马，其原来的宁波明达针织有限公司与杉杉合资组建新公司，邱妙发加入杉杉，成为杉杉控股的股东。

郑永刚、郑学明、胡海平、陈光华和邱妙发构成杉杉控股的股东（见图 6－6）。与复星国际不同的是，杉杉控股引入了职业经理人的管理模式。杉杉领导团队以创始人团队为基础，适当地引入外部力量，包括采取职业经理人模式和增加股东数量的

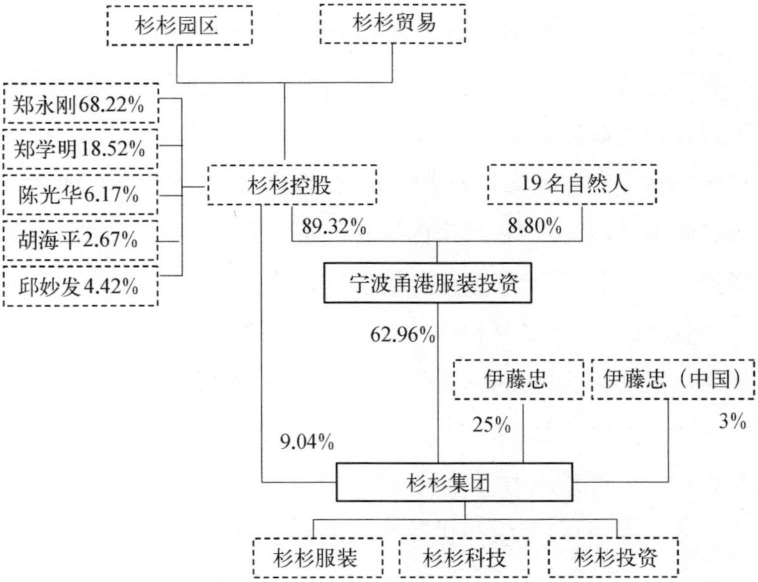

图 6－6　杉杉业务结构及股权结构

方式扩大领导团队(图 6－6 为杉杉集团业务机构及股权结构[①])。

杉杉的前身是一家员工不足 300 人、负债 300 多万元的地方国有服装厂。1989 年郑永刚接手后,立刻打出"创中国第一名牌"的旗帜。1991 年,杉杉开始实施规范的股份制改造。杉杉在创业期似乎与一般意义上民营企业所处创业期的发展特征不同:第一,企业实施的经营战略;第二,所有权的结构。在创业初期,杉杉能够以战略眼光看待企业的发展,这不能不说与郑永刚个人的视野与经历相关。郑永刚在这之前曾有领导两家企业的经验,杉杉在创业期所表现出的超前意识与郑永刚个人的素质、能力等息息相关,集中体现了民营企业战略领导者的战略领导能力。

1994 年杉杉集团成立,企业步入发展的成长期。1996 年,宁波杉杉在上海上市。1997 年,杉杉当时最主要的企业——杉杉服装完成了 10 亿元的销售。此时,郑永刚意识到原先依照传统方式建立起来的销售网络的弊端——代价极其昂贵,包括运行成本和库存。因而,1999 年推出"特许经营"的战略,即主加盟商体制,以解决销售带来的库存问题。1999 年杉杉集团总部迁到上海,同时开启了多元化的发展道路,杉杉科技有限公司成立,选择锂电池负极材料作为第一个突破口。杉杉在这个领域成为全国第一、世界第三大的服装生产企业。2001 年杉杉启动"多品牌、国际化"战略。在服装领域,引入多品牌战略,从西装发展到衬衫再到休闲装等系列产品后,杉杉在业界首先引入了设计师品牌,而后开始和伊藤忠商事等日本企业合作。杉杉拥

① 根据公开报告整理所得,获取资料截止日期为 2010 年 6 月 30 日。

有了一大批服装品牌，包括3个自创品牌，“玫瑰黛薇(Roseew)”等9个设计师品牌，“玛珂·爱萨尼”等8个国际合作品牌，合计品牌20多个。2003年，杉杉并购中科英华。

在这一阶段，郑永刚既是杉杉股份的董事长也是总经理，也是杉杉集团的董事长兼总裁，所有权与经营权统一，也就是说，郑永刚既是老板，也是职业经理人。2004年对杉杉而言是一个分水岭。

2004年，杉杉控股有限公司成立，杉杉步入稳定期。郑永刚出任董事长，并继续兼任杉杉集团董事长和宁波杉杉股份董事长。2007年6月，郑辞去杉杉股份董事长职务，总经理汪建明同时辞职；郑学明被任命为董事长，聘任代明华为公司总经理。这标志着郑永刚从具体的事务性产业时代进入指挥资本的投资时代。目前，郑永刚担任杉杉控股董事局主席，杉杉集团董事长；郑学明担任杉杉控股董事局副主席、杉杉集团总裁；胡海平担任杉杉控股总裁。三人构成杉杉的“三驾马车”，充分发挥胡海平的职业经理人作用。而下属的宁波股份和中科英华两大上市公司和其他公司由职业经理人负责经营管理。这反映了民营企业在走向成熟发展的过程中产权结构和治理结构之间的互动关系，也是民营企业战略领导者与团队成员之间的互动能力的体现。

四、整合力实践路径：马云推崇的“六脉神剑”

如果说市场就是一个江湖，那么江湖上总会有各种“传说”，虽然马云已经淡出阿里巴巴，但他的“六脉神剑”却一直是市场江湖中独树一帜的传说。

“六脉神剑”是一个比喻，它由六个要素构成，分别是客户、团队、创新、诚信、激情和敬业（参见图 6－7）。这六种要素分别对应着六种态度：将客户放在首要位置，表明了一种服务至上的理念；强调团队的协作精神，将员工放在至关重要的位置，表明了一种抱团精神和激励意识；创新意识则格外强调审时度势的变化发展，以紧跟时代发展的潮流，审时度势作出判断和行动；诚信意识则以正直和诚恳的态度和担当的意识作为核心，秉持一颗正直、坦荡之心；激情是一种乐观向上、面向未来和永不言败的姿态，敢于面对一切挑战，更能顶着压力从逆境中奋起直追；最后一个要素是敬业精神，即以专业的知识和服务，执着的信念，精益求精的风格做好本职工作。

图 6－7 “六脉神剑”模型

2013 年 5 月 10 日，马云正式卸任阿里巴巴 CEO。马云在退出之后，其所缔造的阿里巴巴，将一批志同道合的优秀人才汇集到一起，拧成了一股绳，建立了一个庞大的商业帝国。马云退出后，“六脉神剑”依然是阿里巴巴的商业精神和发展动力。如果说马云的愿景力是其商业智慧的一个标杆，那么他的整合力堪称业界的一面旗帜。他曾经有个有名的比喻：不仅要让十八只鸭子排成一条直线，而且能够让十八个人拧成一股绳。这实际上就是整合的力量。要将多个人整合到一起，必须有强大的愿景力作为支撑，同样也要具有令人信服的组织、管理、动员、协调和布局谋篇的能力。

马云的整合力在他从阿里巴巴退休后，又达到了一个令人叹为观止的高度。2013年5月28日，马云联合阿里巴巴集团、银泰集团、复星集团、富春集团、顺丰集团、中通、圆通、申通和韵达等多家民营企业，组建物流网络平台——“菜鸟网络科技有限公司”，马云出任董事长。

菜鸟网络的建立，再一次彰显了马云及其团队强大的整合力，这一整合引起了强烈的轰动效应，根据检索，各界媒体对这一公司的报道数量高达800多篇。菜鸟网络所凸显的强大整合力更为业界惊叹，据公开的资料显示，截至目前，菜鸟网络已经整合了包括电商企业、物流仓促、供应链服务等企业，通过自建、共建、合作、改造等方式，将以前分散的力量汇集到一起，共同谋划一套“中国未来商业基础设施”。

马云的整合力告诉我们，有时，整合也是一种创新。这一创新，使原本分散的资源聚合到一起，进而实现效益的最大化，马云离开阿里巴巴后将各界的资源汇聚到一起，这就是整合的力量。对于一个创业者而言，能够从零做起，整合人脉、整合资金、整合渠道就是一种成功；对于已经有所成就的企业家来说，整合人脉、整合资金、整合渠道更是守业之道、拓展之道。

五、控制力实践路径：郑永刚独创“引狼入室”

2004年，杉杉控股出资收购松江铜业24.92%的国有产权，实现相对控股。2009年，杉杉集团与日本伊藤忠商事株式会社建立全面合资合作关系。关于杉杉的国际化战略，笔者以为杉杉自2001年就提出此战略，但在2009年才是真正意义上地实现了国际化战略。我们在上文对国际化战略有概括：指突破国家界限，向国外发展业务，参与国际分工和交换，实现产品交换国际化的一种战略。因此，从这个角度来说，杉杉的国际化战略在此时才刚刚起步。杉杉在稳定期的发展，既是郑永刚带领团队突破困难所展现的团队互动能力的体现，也是在战略领导力上的一个突破，它体现战略领导者与外界的互动，对整个组织和社会的影响力。

郑永刚最为业界震惊的是 2009 年与日本伊藤忠商株式会社的战略合作。有人称之为一场“引狼入室”的合作。因为，这意味着杉杉集团将有 20%股权让渡给伊藤忠。但这次合作并不仅仅是一种资源、资本、市场等的合作，更为重要的是在管理模式、管理战略上的合作。合作是以“引狼入室”的形式开展了第一步，但郑永刚说，“杉杉集团绝对不会被收购，杉杉的主动权将永远抓在我们自己手里”。郑永刚看重的是日本企业所带来的资金，更为重要的是日本企业所拥有的先进管理经验和管理模式。郑永刚说：“全球企业界主要有两种发展模式，一个是美国模式，一个是日本模式。美国模式强调创新、专业化、个人英雄主义和短期的股东回报率。而日本的商社，通常都是多元化的企业集团，强调团队合作和精细化管理，商社对下属企业起到孵化和培育的作用。”

杉杉集团从 20 多年前的资不抵债到今天的全国五百强，这一蒸蒸日上的发展过程，是郑永刚千方百计不断探索的结果。中国民营企业的发展历史仅仅经历了 30 多年的时间，虽然在今天已经成为中国经济发展中颇有竞争力的一支力量，但因为中国经济、社会环境的复杂性，以及缺少本土历史上成功的经验可以借鉴，要突破发展的瓶颈不仅需要领导者有过人的胆识、智慧和谋略，更需要有国家化的眼光，从战略管理的模式、从跨领域的市场运作、从资本及团队的运筹等角度汲取一切有益于自身的养分。

我们在改革开放之后，更多的是言必谈欧美，学必仿欧美，很少有人注意到日本企业特殊的发展模式。郑永刚的这一“引狼入室”的创举，是引进日本的模式而为我所用。

这就是我们所一直强调的控制力的实践路径。控制的内容是多元的，既有企业的发展目标，又有企业的发展模式，既有企业的发展愿景，又有企业的经营领域。对于外部人来说，郑永刚与日方的合作就是一次“引狼入室”，但“引狼入室”是否最终“养狼为患”，这就取决于一个公司或一个企业及其领导者的控制力。以控制力见长的领导者会将一切隐患转化为机遇，将一切风险转化为动力，将一切变革转化为契机。郑永刚通过对日、美不同发展模式的详细研判，最终引入了日本的商社模式，这无疑是一次创举，但背后更多的是深思熟虑和对自己控制力的自信。

控制力，不仅仅是控制的能力，还包括放权与透明的能力。这一点在日本商社模式中多有体现，郑永刚引入日本合作方，不仅引进了成熟的管理模式，还在企业领导者的控制力层面得到了提升。因而，“引狼入室”不仅没有“养虎为患”，反而助推企业朝着更好的态势发展，其积极的作用已经在杉杉集团的发展过程中慢慢地体现出来。

根据郑永刚的判断，在全球经济处在寒冬之际，杉杉集团与日本商社展开大规模的合作，从管理、内控、产业等方面进行全面对接，对财务、经营、采购等环节进行多方位的集中培训，最终将日本商社有效的组织管理体系引入杉杉集团，更使得杉杉集团如虎添翼，在市场经济的浪潮中稳步向前发展。

诚如郑永刚所言，有竞争才有进步。日本商社的引入，带来的不是威胁，而是软实力，是一次大胆的尝试，更是对自身控制力的一次全面的检验。

第 22 节　立业立德：澄怀观世，修齐治平

而今不是隔海观潮的时代，任何一个民营企业所经历的荣辱得失，都是我们已经经历或者即将经历的阶段。对于任何一个企业而言，站在中国市场经济的浪潮中，都不可能独善其身，而是需要一个更为澄澈的视野，更为宽广的胸怀，更为远大的志向，更具张力的言说或者阐释。

一、修身以立业

艰难困苦，玉汝于成。民营企业家从无到有的过程，从破土而出到长成参天大树的过程，与其说是时代、时机和环境赋予的，不如说靠自己的打拼争取的。

客观地说，从 20 世纪 80 年代开始起家的一批民营企业家，具有天然的“草莽”特性，他们的成功多是一种政策导向下的成功，靠的是个人的胆识和顽强打拼，而在文化修养层面存在着天然的不足。这一批人在今天的市场经济中大多已经成为主角，但是，我们也无可否认，缔造了中国民营企业和中国民营经济基本格局的这些优秀的企业家们，今天都已经面临着市场经济的再一次选择，如何能够在加入 WTO 后的新环境下，在知识和科技已经成为第一生产力的前提下，有效地提升自己的适应能力、

应变能力、革新能力、传承能力，已经成为迫在眉睫的问题。

“每天早上，我指着镜子里的那个人说，他就是你的救星。”在这样的豪迈气概下，民营企业一步一个一脚印逐步发展壮大。于是，领导力实践的第一个境界，便是修身修炼的境界，所谓“打铁还需自身硬”，就是这个道理。修身立业，修身是前提和基础，立业是阶段性的目标，没有领导者自身过硬的素质、涵养，任何的创业都无从谈起。

修身的方法有两种：一是自我修身；二是社会教育。自我修身是知其不可而为之，知其不足而补之；社会学习是利用高等教育、讲座报告、论坛峰会等各种社会场合进行提升。丰富的阅读、广泛的涉猎、经验的累积、实践的探索……都为企业领导者提供了丰富的养料，这就是企业领导者的自我学习和自我修炼。然而仅有自我的修炼是不够的，他需要有更为宽广的视野、更为发散的思维和更为敏锐的洞察力，这就需要领导者积极地调用外部的资源，进行社会学习，全方位进行自我提升。

现代社会人不能故步自封，而企业领导者更需要走在世人的前列，否则永远没有脱颖而出的机会。企业领导者的自我修炼为的是提升自己的素养和潜能，但最根本的目的却是为自己的事业发展提供长足的智力支撑和源头活水。

二、业成而广德

中国的传统文化中都蕴含着丰富的商业道德和伦理思想，在今天为许多优秀的企业界人士所推崇，不仅仅从中体悟到管理、用人的方法和谋略，更为重要的是，一些抽象的伦理价值观念也逐渐跟今天的时代背景结合起来，成为他们的思想武器。

西方的文化思想，从卢梭、孟德斯鸠等早期的启蒙思想家开始，所提出的关于社会契约、人文理性、社会责任等具有丰富意蕴的伦理思想，至今都对市场经济具有重要的指导性。

无论是中国的还是西方的，无论是经典的还是现代的，这些都是商业道德中所不可或缺的人类瑰宝，更是我们今天的民营企业家“立德”所需要具备的丰富内涵，需要本土化，需要时代化，需要结合今天民营企业的发展进行改造。

《左传》里说：“太上有立德，其次有立功，其次有立言，虽久不废，此之谓不朽。”立德是将一个人或一个企业的创造及成绩抽象及提升为价值的维度，进而将经济和社会的具体贡献力转化为道德、文化层面的贡献力。从左丘明开始一直到唐代学者孔颖达，无数志士仁人都将这“三立”定为自己一生的终极理想。

“立德”是“三立”的最高境界，强调价值的社会助推力；“立功”是“三立”的过渡境界，强调作为的社会贡献力；“立言”是“三立”的初始境界，强调言说的社会影响力。对于古代的知识分子而言，立德为上，立功次之，立言又次之。对于今天的企业而言，立德依然是最高境界，但立业或立功却是最初始的境界。企业的影响力不在于是否建立某一套学说思想，而是以实实在在的成绩来实现对社会、经济的全面影响和贡献。

古语说：“邦有道，贫且贱焉，耻也；邦无道，富且贵焉，耻也。”这就意味着，在盛世时期，企业个人都应该充分运用自己的才华和能力，发掘自己的潜力和发展空间，实现自己的理想追求。而理想在今天又被分成了立业、立功和立德三个层次。为此，民营企业最先追求的是缔造自己的商业基础，进而将经济的贡献力转化为社会的影响力和社会的助推力。

中国民营企业的“立德”理想是与中华民族的伟大复兴结合

起来的，也带有振兴中国梦的痕迹，中国的品牌在世界上拥有一席之地，与中国民营企业的努力分不开。中国民营企业作为重要力量参与缔造的“中国制造”乃至“中国智造”已经成为一个鲜明、亮丽的符号远播世界各个国家，不仅强化了民族的身份认同，也在很大程度上提升了中国的国家形象。

而今，中国民营企业的贡献已经超出经济的范畴，更多的在于对人类普遍追求的幸福和梦想的关照，包括对环境的改善，对资源的节约，对公益事业的关注和支持等。因此，从某种意义上说，中国民营企业正在助推中国社会的全面进步，已经不限于经济领域，而是面向着更为宽广、蔚蓝的未来。

三、济世泽天下

民营企业在实践中，不仅仅是一个从无到有、从弱到强的过程，这个过程所带来的社会影响力更是前所未有的。它改善了大众的生活水平，提供了广泛多样的就业空间，作出了日渐丰厚的经济贡献，更为重要的是，它所彰显的价值影响力，已经慢慢变成一种责任精神、担当意识，正在改变着你我，也在改变着我们的世界。

民营企业已经书写了中国经济发展中最为炫彩的一段历史。在某一次省级的“两会”上，有代表提出，中国有60％以上的就业、50％以上的GDP、45％以上的税收都是由民营企业创造的。中国民营企业，从艰难百战的创业中走来，一路栉风沐雨，创造的不仅仅是自己的利润，更多的是这些让人赞叹的数字。

中国民营经济已经成为中国经济最强者之一，它们敢于创新，敢于向困难挑战，敢于在逆境中谋生存，敢于在资源匮乏、社会认可度低的最初阶段杀出一条血路……这些可圈可点的历程，从某种意义上昭示着，民营企业不仅在创造经济贡献，也在创造历史。中国改革开放以来的进步都在民营企业的身上得到了充分的体现，中国改革开放取得的伟大成就，也在民营企业的身上找到了某种印记，中国越来越宽松和开明的政策环境也与民营企业的努力不可分割。

民营企业的成长足迹告诉我们，环境可能无法更变，但可以去适应，但适应环境的最后，必然是创造更宽广的发展空间。历史的种种迹象表明，民营企业对自身生存空间的争取，对自身生存环境的适应甚至是改善，不是通过占有垄断资源来完成的，不是通过与权力话语合谋来实现的，而是通过自身领导力的提升来完成。通过自我的修炼，通过自己的探索，通过自身的尝试，通过一次次“摸着石头过河”的艰苦努力，民营企业的领导力不断改良，不断提升，不断进步，从而提高了自身的生存发展潜能。而发展潜能提升后，不是培育资源、创意、渠道、资本的垄断化，而是以更为开放和包容的精神，不断地进行分享，在这种利他精神的感召下，中国民营企业赢得了自己更为宽广的生存空间，也创造了世界市场上独一无二的“中国制造”。

中国民营企业的发展面临着多重压力，既有来自公有制经济的压力，又有来自政策和制度的压力，更有来自舆论氛围的压力。我们一直倡导国有企业改革，原因之一就在于国有企业在今天的市场经济中无限拓展自己的边界，挤压了民营经济的生存空间；我们一直强调民营企业对中国经济的巨大贡献，但民营企业在资金、政策层面很少得到来自政府的全力支持；我们一直肯定民营企业解决了就业，提升了经济总量，但它的商业伦理问题却一直沿用《资本论》的固定思维在资本家与剥削这些层面游走。

民营企业吃的是草，挤出来的是奶。在多重压力下，尽管步履艰难，我们不可否认的是，中国民营经济已经在为中国经济的发展和经济总量的崛起创下了伟大的功绩。这些功绩，既不是纯粹的机会使然，也不是靠垄断性的资源获取，更不是靠与权贵资本合谋，而是源于民营企业自身的努力，源于民营企业以领导力建设为核心的综合能力和综合素养的提升。

我国是中国特色的社会主义国家，国有经济确保了我们政治制度的纯粹性和先进性，但社会主义就是要人民群众能够通过体面的劳动、诚实的经营、合法的努力来赢得收入，获得尊严。无疑，在中国人民通往尊严之路上，民营经济不仅功不可没，而且战功显赫，有目共睹。民营经济是中国走向市场经济后的产物，它以分散在民间的资本为基础，以优秀的民营企业家为先锋，以广大的人民群众为动力，历经 30 多年的风雨逐步缔造了今天的发展格局。人民是社会、国家发展的根本动力，真正有创新力、创造力、贡献力的经济形态源于民间，也源于人民。与其说民营企业是在夹缝中谋求生存和发展的空间，毋宁说，是民营企业与广大的老百姓一起联手，去创造财富，去解放自己。

我们今天遇到了很多问题，是值得民营企业家甚至是整个社会去反思的，首先是企业生存环境的问题，其次是企业边界的拓展问题，再次是民营企业的地位问题，最后是民营企业家所应该获得的尊重的问题。民营企业的这些生存困境，与自身的创新能力、变革能力、国际化能力、产业传承能力等结合起来，在民营企业内外交困的局面中相互博弈。能否成功突围，在于时局，也在于自身。

十六大报告中将民营企业界定为“社会主义建设者”，而民营企业的确非常精彩地扮演了“建设者”的角色；在十八大报告中，又强调“毫不动摇鼓励、支持、引导非公有制经济发展，保证各种所有制经济依法平等使用生产要素，公平参与市场竞争，同等受到法律保护”。民营经济发展已经经历了 30 多年的历程，“平等使用生产要素”、“公平参与市场竞争”、“同等受到法律保护”……这样的政策也终于在翘首期盼中到来。我们应该看到民营企业的发展思路越来越清晰、发展机遇越来越广阔、发展势头越来越强劲。通过民营企业的自身修炼，民营经济的社会地位和在党和国家领导人心目中的角色越来越重要，它能够被写进十八大报告，以顶层设计的方式得到关怀，正是民营经济的幸运，也是民营企业应该得到的尊重。

无论是从政府顶层设计的视角，还是从大众的视角，抑或是从民营企业的视角来说，提升民企的领导力，是关乎民营经济能否成为公有制经济平等竞争的主体，能否以自身的贡献获得在社会范围内的合法性，能否突破资金、技术、人才各项要素短缺的资源困境的关键。

后　记

知行合一，一直是我对自己的要求。为此，以将近不惑之龄攻读博士学位，研究领导科学理论，期望通过不断的理论和实践研究、寻师访友、独自思索等方法，来解开自己在经营管理中的种种困惑与不解。

忆改革开放30多年，叹民营企业经营之多艰，赞民营企业家多壮志，颂国家政策之开明。虽然经过30多年的改革开放，各项制度和政策也不断趋于完善，但在我国当前的市场经济环境下，民营企业发展的每一个阶段仍面临着重重危机，从诞生、发展、稳定到蜕变，一着不慎，就有可能满盘皆输，数十年功业毁于一旦。中国的民营企业家，尤其是企业创始人，每一刻都要小心翼翼、战战兢兢地经营着自己的企业，生怕一不小心财散业消。民营企业发展的顺利与否，与领导者的战略领导力能力大小、水平高低、眼光高下有着直接的关系。因此，提升每一个民营企业管理者的战略领导力水平就显得十分必要。

提升民营企业领导者的战略领导力水平对企业生存而言有着重要的意义，有助于民营企业创始人在创业初期及早规划好企业未来的发展方向，少走弯路；有助于民营企业领导者在发展期选择合适的发展策略推动企业的发展，加速前进；有助于民营企业领导者在稳定期开展现代企业制度的管理和革新，稳定发展；更有助于民营企业管理者在企业蜕变期巧妙取舍，让企业获得新生，基业长青。

提升民营企业战略领导者的领导力，可以从愿景力、道德力、决策力、整合力、控制力等五力的提升与修炼着手，根据战略领导力的五维模型，构建一条不断完善的战略领导力提升学习途径，形成民营企业战略领导力提升体系。甚至，我希望有一天能够成立一个民营企业战略领导力研究中心，对如何提高民营企业战略领导力进行更深一步的研究。

志当存高远，弃燕雀，取鸿鹄。提升民营企业管理者的战略领导力，让更多的民营企业管理者学会用哲学家的眼光看待企业的发展战略，用哲商的思维去引领民营企业不断前进，用哲商的力量推动民营企业不断发展，帮助我国的民营企业管理者拥有世界级企业家的眼光和胸怀，让更多的民营企业登上世界各个行业的第一。前路漫漫，任重而道远，吾辈努力之。

师恩难忘！本书所作的研究离不开奚洁人教授的悉心指导。读博期间，笔者开展了此项研究，导师每每在关键时刻，指点迷津，使笔者茅塞顿开。在此项研究开展和成书过程中，奚洁人老师都倾注了大量心血，学生对此感激不已。在笔者开展研究过程中，有幸得到了导师组其他成员的悉心指导，使我受益匪浅。难忘中国浦东干部学院郑金洲老师的渊博学识和跨学科研究的功底、马钦荣老师的治学严谨，难忘于洪生老师、夏健明老师的精彩教学，也难忘华东师范大学丁刚老师、杜成宪老师、霍益萍老师的谆谆教诲。

兄弟情深！本书的完成离不开上海浙江商会弟兄们的支持，他们为此项研究所需的“民营企业战略领导力问卷”与“浙江商会副会长访谈”工作，进行了不厌其烦的配合，其间浙江商会名誉会长李晓晋先生、杉杉集团的郑永刚先生、复星集团的郭广昌先生、分众传媒的江南春先生、阿里巴巴的马云先生、德力西的胡成中先生，以及万丰奥特的陈爱莲女士等浙江商会的“大佬”都在百忙之中与本人进行讨论并提了许多宝贵意见。在此，我为商会的凝聚力而自豪，也真心地感谢弟兄们真诚地与我分享成功的经验，这些支持，使得笔者的研究工作获得了宝贵的第一手资料。没有这些资料，本书无疑将失去实践的基础，成为无根之木、无源之水。

同窗情真！杨光富、刘毓航、李玉芳、王红霞、杨丹、李冲锋、文茂伟、蒋莱、王芳、吴涛、高顺伟等博士同学在我读博期间给予许多友情支持，情真意切，我对此非常珍惜。本书的形成，也得到了学界前辈、相关机构、工作同仁们的大力支持与帮助，笔者在此对所有关心和帮助过我的人致以衷心的感谢。

最后，笔者要特别感谢父母与妻儿，在他们默默且坚韧的奉献中，笔者感受到了亲情的可贵和家庭的幸福。这是本人战胜一切治学乃至工作困难的根本力量所在！

罗　欣

2013 年 8 月

图书在版编目(CIP)数据

哲商的力量/罗欣著. —上海:复旦大学出版社,2014.5
ISBN 978-7-309-10559-9

Ⅰ. 哲… Ⅱ. 罗… Ⅲ. ①民营企业-企业发展战略-研究-中国
②民营企业-企业领导学-研究-中国 Ⅳ. F279.245

中国版本图书馆 CIP 数据核字(2014)第 072808 号

哲商的力量
罗 欣 著
责任编辑/岑品杰

复旦大学出版社有限公司出版发行
上海市国权路 579 号 邮编:200433
网址:fupnet@fudanpress.com http://www.fudanpress.com
门市零售:86-21-65642857 团体订购:86-21-65118853
外埠邮购:86-21-65109143
上海华教印务有限公司

开本 890×1240 1/32 印张 8.625 字数 184 千
2014 年 5 月第 1 版第 1 次印刷

ISBN 978-7-309-10559-9/F·2035
定价: 30.00 元
